U0882963

权威·前沿·原创

皮书系列为

“十二五”“十三五”“十四五”时期国家重点出版物出版专项规划项目

BLUE BOOK

智库成果出版与传播平台

广州乡村振兴蓝皮书

BLUE BOOK OF GUANGZHOU RURAL REVITALIZATION

广州乡村振兴发展报告（2023）

DEVELOPMENT REPORT ON GUANGZHOU RURAL REVITALIZATION (2023)

主　编／孟源北　林广志

社会科学文献出版社
SOCIAL SCIENCES ACADEMIC PRESS (CHINA)

图书在版编目(CIP)数据

广州乡村振兴发展报告.2023 / 孟源北，林广志主编.--北京：社会科学文献出版社，2023.4
（广州乡村振兴蓝皮书）
ISBN 978-7-5228-1518-3

Ⅰ.①广… Ⅱ.①孟… ②林… Ⅲ.①农村-社会主义建设-研究报告-广州-2023 Ⅳ.①F327.651

中国国家版本馆 CIP 数据核字（2023）第 040756 号

广州乡村振兴蓝皮书
广州乡村振兴发展报告（2023）

主　　编 / 孟源北　林广志

出 版 人 / 王利民
责任编辑 / 王小艳　张苏琴
责任印制 / 王京美

出　　版 / 社会科学文献出版社 · 马克思主义出版分社（010）59367004
　　　　　地址：北京市北三环中路甲 29 号院华龙大厦　邮编：100029
　　　　　网址：www.ssap.com.cn
发　　行 / 社会科学文献出版社（010）59367028
印　　装 / 三河市东方印刷有限公司

规　　格 / 开 本：787mm × 1092mm　1/16
　　　　　印 张：19　字 数：285 千字
版　　次 / 2023 年 4 月第 1 版　2023 年 4 月第 1 次印刷
书　　号 / ISBN 978-7-5228-1518-3
定　　价 / 168.00 元

读者服务电话：4008918866

广州乡村振兴发展报告（2023）
编　委　会

主编简介

孟源北　广州行政学院常务副院长、校务委员会副主任，广州市第十五届、第十六届人民代表大会代表，法学博士，研究员。长期从事当代马克思主义理论、党的创新理论研究，在《中共中央党校（国家行政学院）学报》《理论视野》《光明日报》《学习时报》等报刊发表论文40余篇，并出版著作10余部。先后主持中共中央组织部、全国党建研究会、省市社科规划和高端智库多项科研课题，曾获2018年国家级教学成果一等奖。

林广志　历史学博士，澳门科技大学社会和文化研究所所长、教授、博士生导师，兼任社会科学文献出版社皮书研究院研究员。曾任政协第十届广州市委员会常务委员。主要从事历史文化、区域合作及公共政策研究，参与主编《澳门经济社会发展报告》《澳门旅游休闲发展报告》《中国与葡语国家经贸合作发展报告》《粤港澳大湾区发展报告》等多部智库报告。

摘　要

乡村振兴战略是习近平总书记在党的十九大报告中提出的重大战略。十九大报告指出，农业农村农民问题是关系国计民生的根本性问题，必须始终把解决好“三农”问题作为全党工作的重中之重，实施乡村振兴战略。党的二十大报告再次对推进乡村振兴做出了深刻论述和全面部署，并且做出了“全面建设社会主义现代化国家，最艰巨最繁重的任务仍然在农村”的重要论断，阐明了总书记曾多次强调指出的“民族要复兴，乡村必振兴”的深刻道理和内在逻辑。中共中央和国务院连续多年发布“中央一号文件”，对新发展阶段优先发展农业农村、全面推进乡村振兴战略做出总体部署，为做好当前和今后一个时期“三农”工作指明了方向。

广州作为国家中心城市，全面贯彻落实习近平总书记重要论述精神，全面落实省“百县千镇万村高质量发展工程”，坚持问题导向、目标导向，充分发挥党建引领作用，聚焦探索发挥“城”的优势、“镇”的功能、“村”的特点，持续建设宜居宜业的和美乡村，形成一批在全国有影响力和竞争力的名镇名品，取得了一定成绩。广州切实加强党对“三农”工作的全面领导，强化五级书记抓乡村振兴政治责任制，把乡村振兴作为“一把手”工程，“一把手”必须当好乡村振兴“一线总指挥”；促进农民持续增收，确保不发生规模性返贫；夯实粮食安全根基，推进“穗种强芯”攻关行动，打造岭南特色种业创新高地；做强都市现代农业，高标准建设国家级、省级现代农业产业园；培育壮大农村电商、乡村旅游、数字农业等新业态，进一步提高特色农产品、精品花卉、现代渔业等现代农业产业链发展水平；推进乡村建设行动，深化农村人居环境整治提升，塑造岭南特色乡村风貌；健全乡村治理体系，深入推进抓党建促乡村振兴示范区创建，全面提升“头雁”工程质量，以更大的力度、更实的举措推进乡村全面振兴。2022 年，广州市农林牧渔业总产值 575.3 亿元，同比增长 3.2%；广州农业生产服务活动机械化和精细化程度越来越高。2022 年全市农林牧渔业及辅助性活动实现产值同比增长 7.8%，其中机械服务、灌溉服务、农产品初加工服务和其他农业服务同比分别增长 58.0%、52.9%、16.6%和 24.8%。至 2022 年底，全市成立净菜、预制菜企业 220 家，预制菜业务成为拉动农林牧渔专业及辅助性活动增长的又一亮点。

本报告阐释了乡村振兴战略的重要意义，系统回顾了广州市推进乡村振兴战略的主要做法，重点总结了广州党建引领乡村振兴的经验，分别从产业振兴、人才振兴、文化振兴、组织振兴、“城中村”治理等方面进行了梳理。此外，对加强乡村党建，尤其是带头人队伍建设、经济联社党建、书记能力提升等进行了专题关注，并介绍了乡村组织振兴的“从化实践”、红色村党建的“溁湄实践”、活化乡愁记忆的“文冲经验”、留用地开发的“增城模式”、粤剧非遗保护的“番禺模式”和乡村振兴示范带建设的“花都样板”。

2023 年，广州将按照“一区一策”精准施策，把白云、花都、增城、从化四个区打造为城乡融合发展示范区；把黄埔、番禺、南沙三个区打造为产城融合发展标杆区；把越秀、荔湾、海珠、天河四个区打造为实现老城市新活力引领区。同时，广州还将全力强化镇街联城带村功能，集中资源力量打造一批全国千强镇，形成一批在全国有影响力和竞争力的名镇名品，持续建设宜居宜业的和美乡村，有力推进城乡一体化规划建设治理，开启广州农业现代化新局面。

关键词： 广州　乡村振兴　农业现代化发展

目　录

Ⅰ　总报告

Ⅱ　分报告

Ⅲ　专题篇

Ⅳ　案例篇

总报告

General Reports

B.1

广州全面推进乡村振兴的创新实践与发展预测：城乡发展与共同富裕

孟源北　林广志　王　超*

摘　要： “十四五”时期是广州实现老城市新活力、“四个出新出彩”和巩固提升城市发展位势的关键阶段，也是广州全面实施乡村振兴战略、落实农业农村优先发展总方针、推动农业农村现代化实现高质量发展的重要窗口期。广州市立足新发展阶段，贯彻新发展理念，服务和融入新发展格局，坚持农业农村优先发展，把乡村作为国际大都市的稀缺资源和城市综合功能的重要承载地，以精细农业、精美农村、精勤农民为主攻方向，坚持高效生态农业发展方向，深化农业供给侧结构性改革，持续推动农业高质量发展、一、二、三产业融合发展，着力建设全省乃至全国都市农业现代化先行区和乡村振兴

* 孟源北，广州行政学院常务副院长，研究员，主要从事党的创新理论和基层党建研究；林广志，澳门科技大学社会和文化研究所所长，教授，博士生导师，主要从事“一国两制”相关问题研究；王超，澳门科技大学社会和文化研究所 2022 级国际关系专业博士生，广州行政学院市情研究所所长，教授，主要从事基层党建研究。

引领地，促进农业高质高效、乡村宜居宜业、农民富裕富足，全面推进新时代美丽乡村建设，走好具有广州特色的超大城市乡村振兴之路，持续为全省乡村振兴做出示范和表率。

关键词： 城乡均衡发展　共同富裕　乡村振兴

实施乡村振兴战略是实现共同富裕的必由之路，是关系全面建设社会主义现代化国家的全局性、历史性任务，是应变局、开新局的关键之举。民族要复兴，乡村必振兴。农业基础稳固，农村和谐稳定，农民安居乐业，整个大局就有保障，各项工作都会比较主动。作为改革开放前沿阵地和现代化大都市，广州举全市之力推进乡村振兴，大力实施创新举措为乡村振兴提供强大动能，印发《关于做好2022年全面推进乡村振兴重点工作的实施方案》（以下简称《实施方案》），围绕做好乡村发展、乡村建设、乡村治理等工作，聚焦农业农村数字化、绿色化、国际化转型，坚持稳中求进，突出提质增效。《实施方案》部署了54项重点任务，提出“六稳六提升”工作目标，即重要农产品稳产量提品质、乡村产业发展稳主体提能级、乡村建设稳基础提内涵、乡村治理稳民心提效能、农民收入稳渠道提增量、城乡融合稳机制提后劲，努力推动广州乡村振兴取得新成效，勇当全省乡村振兴迈进全国第一方阵的排头兵，奋力推动广州乡村振兴取得新进展、农业农村现代化迈出新步伐。

一　乡村振兴战略的意义

2017年，党的十九大提出实施乡村振兴战略。2020年，党的十九届五中全会明确要全面推进乡村振兴、加快农业农村现代化。[①] 2022年2月22日

① 《中国共产党第十九届中央委员会第五次全体会议公报》，http：//www.xinhuanet.com/politics/2020-10/29/c_ 1126674147.htm？baike。

《中共中央 国务院关于做好2022年全面推进乡村振兴重点工作的意见》发布，这是21世纪以来指导“三农”工作的第19个中央一号文件，推进了“三农”工作重心的历史性转移，以开创农业农村现代化的新局面。从基本方向上看，政策的演进始终坚持把解决好“三农”问题作为全党工作的重中之重这一根本定位，同时战略重心有所调整，提出从“城乡一体化发展”转向“坚持农业农村优先发展”，战略导向更加明晰，重点在于解决城乡发展不平衡的问题；从发展目标上看，乡村振兴战略仍然坚持“四化”同步发展的战略逻辑，同时战略目标有所提升，提出从“推进农业现代化”转向“推进农业农村现代化”，核心在于破除城乡二元结构，推进城乡深入融合发展；从总体要求上看，乡村振兴政策体系的战略框架和主题导向在坚持一贯性和持续性的同时，又在具体安排上不断升级和发展，更加突出整体性的战略要求，提出从“生产发展、生活富裕、乡风文明、村容整洁、管理民主”转向“产业兴旺、生态宜居、乡风文明、治理有效、生活富裕”，顺应了社会主要矛盾的变化，标志着我国逐步实现由农业大国向农业强国的转变。目前，我国已经实现整体脱贫和全面建成小康社会的目标任务，在实现共同富裕的道路上迈出了坚实的一步，但是，依然面临着发展不平衡、城乡居民收入差距较大、乡村治理水平有待提高等亟待破解的问题。实现共同富裕的最艰巨和最繁重的任务仍然在农村。乡村振兴作为中华民族伟大复兴的重要任务，与共同富裕的战略任务具有价值取向和目标导向的一致性，是实现共同富裕的内在要求和必经之路，必须充分认识党中央做出这一重大战略部署的政治考量和深远意义。

（一）乡村振兴战略是实现共同富裕的必由之路

共同富裕本身就是社会主义现代化的一个重要目标。习近平总书记强调，脱贫攻坚战的全面胜利标志着我们党在团结带领人民创造美好生活、实现共同富裕的道路上迈出了坚实的一大步。[①] 在消灭绝对贫困和全面建成小

① 《全国脱贫攻坚总结表彰大会在京隆重举行》，http：//paper. people. com. cn/rmrb/html/2021-02/26/nw. D110000renmrb_ 20210226_ 1-01. htm。

康社会后，以习近平同志为核心的党中央把逐步实现全体人民共同富裕摆在更加重要的位置，系统谋划了分两步走全面建成现代化强国的战略安排，有力指导和推动中国社会主义现代化建设迈出坚实步伐，并采取有力措施保障和改善民生，为实现人民的美好生活愿望进而实现共同富裕创造了良好条件。共同富裕是马克思主义的一个基本目标，也是自古以来我国人民的一个基本理想。乡村振兴战略关系到亿万农民的权益和福祉，与脱贫攻坚相比，乡村振兴是全域、全员、全方位的振兴，从农村贫困地区到全部农村地区，从建档立卡贫困人口到全体农民，从“两不愁三保障”到乡村产业、人才、文化、生态、组织振兴，可以说对象更广、范围更宽、要求更高、难度更大，不仅关系发展的正义性，更关系农业农村的现代化，要求缩小城乡差距、持续促进农民增收，推进共同富裕的质量。这就必须始终把满足人民对美好生活的新期待作为发展的出发点和落脚点，自觉主动解决地区差距、城乡差距、收入差距等问题，坚持在发展中保障和改善民生，统筹做好就业、收入分配、教育、社保、医疗、住房、养老、扶幼等各方面工作，政策应更加注重向农村、基层、欠发达地区倾斜，向困难群众倾斜，促进社会公平正义，让发展成果更多更公平地惠及全体人民，推动共同富裕取得更为明显的实质性进展。

（二）乡村振兴战略是应变局、开新局的关键之举

习近平总书记强调，从世界百年未有之大变局来看，稳住农业基本盘、守好“三农”基础，是应变局、开新局的“压舱石”。[①] 在新征程上，即使面对新冠疫情等影响，我国仍然能够创造经济快速发展、社会长期稳定这“两个奇迹”，一个很重要的支撑就是“三农”稳定发展、粮食和重要农产品供给充裕、农村社会保持和谐稳定。当前，外部形势复杂多变，更加需要稳住农业这一块，稳住农村这一头，赢得应对风险挑战的战略主动和回旋余

① 习近平：《坚持把解决好“三农”问题作为全党工作重中之重，举全党全社会之力推动乡村振兴》，求是理论网，http：//www. qstheory. cn/dukan/qs/2022 - 03/31/c _ 1128515304. htm。

地。这就要求必须把解决好“三农”问题作为全部工作的重中之重，切实增强风险意识和底线思维，主动迎接挑战，全力破解难题，牢牢守住粮食安全和不发生规模性返贫两条底线，挖掘农村内需潜力，畅通城乡大循环，构建新发展格局，扎实有序做好乡村发展、乡村建设、乡村治理等重点工作，全面推进乡村振兴，用做好“三农”工作的确定性来应对各种风险挑战的不确定性，按照党中央所部署的在三个五年规划期内基本实现农业农村现代化、六个五年规划期内全面实现农业农村现代化的时间表和工作路线图有力有序推进各项工作。

（三）乡村振兴战略是构建新发展格局的重要举措

习近平总书记指出，构建新发展格局是我们应对世界大变局的战略举措，也是我们顺应国内发展阶段变化、把握发展主动权的先手棋。把战略基点放在扩大内需上，农村有巨大空间，可以大有作为。[①] 几亿农民同步迈向全面现代化，能够释放出巨量的消费和投资需求。城乡经济循环是国内大循环题中的应有之义，也是确保国内国际双循环比例关系健康的关键因素。全面推进乡村振兴是挖掘农村内需潜力、畅通城乡经济循环、构建新发展格局的重要举措。这要求必须充分认识新发展阶段做好“三农”工作的重要性和紧迫性，坚持把解决好“三农”问题作为全党工作重中之重，推动城乡融合发展见实效，健全城乡融合发展体制机制；促进农业转移人口市民化，继续把公共基础设施建设的重点放在农村，在推进城乡基本公共服务均等化上持续发力，注重加强普惠性、兜底性、基础性民生建设；深化农村改革，加快推进农村重点领域和关键环节改革，激发农村资源要素活力，完善农业支持保护制度，尊重基层和群众创造，推动改革不断取得新突破；实现城乡之间资源要素的自由流动，改变长期以来各种发展资源向城市单向流动的关系，促进农业高质高效、乡村宜居宜业、农民富裕富足。

---

① 《真抓实干做好新发展阶段“三农”工作》，http：//www. qizhiwang. org. cn/n1/2022/0411/c443708-32396078. html。

二　广州实施乡村振兴战略的路径与策略

“十四五”时期是广州实现老城市新活力、“四个出新出彩”和巩固提升城市发展位势的关键阶段，也是广州全面实施乡村振兴战略、落实农业农村优先发展总方针、推动农业农村现代化实现高质量发展的重要窗口期。广州深入贯彻习近平总书记重要讲话和重要指示批示精神，牢记嘱托、感恩奋进，坚定不移地推动实现老城市新活力，按照“四个出新出彩”的要求深入实施乡村振兴战略。《广州市农业农村现代化“十四五”规划》立足新发展阶段，贯彻新发展理念，服务和融入新发展格局，坚持农业农村优先发展，把乡村作为国际大都市的稀缺资源和城市综合功能的重要承载地，把实施乡村振兴战略作为落实广东省委“1+1+9”工作部署和加快实现老城市新活力、“四个出新出彩”的关键抓手；以精细农业、精美农村、精勤农民为主攻方向，坚持高效生态农业发展方向，深化农业供给侧结构性改革，持续推动农业高质量发展和一、二、三产业融合发展，着力建设全省乃至全国都市农业现代化先行区和乡村振兴引领地；促进农业高质高效、乡村宜居宜业、农民富裕富足，全面推进新时代美丽乡村建设，走好具有广州特色的超大城市乡村振兴之路，持续为全省乡村振兴做出示范和表率。广州市已连续三年在广东省推进乡村振兴战略实绩考核中获得珠三角片区第一名，连续两次在国家“菜篮子”市长责任制考核中获得优秀等次，一幅“农强、村美、民富”的乡村振兴崭新画卷已铺展在南粤大地上。

（一）优化结构提质增效，农业综合实力持续增强

广州市始终把坚持农业农村优先发展摆在重要位置，着力打造都市现代农业，不断优化农业结构，推进供给侧结构性改革，促进农业提质增效转型升级，农业综合生产能力明显提高，农业生产结构不断优化，农村经济整体实力显著增强，呈现农业高质高效、乡村宜居宜业、农民富裕富足的良好局

面。2021 年，广州市农业总产值为 551 亿元，增速位居全国副省级城市前列，带动农村居民人均可支配收入比上年增长 10.4%，增速连续十四年高于城镇居民，为广州实现城乡融合发展提供了重要支撑。

1. 聚焦粮食安全，保障粮食生产稳定发展

手中有粮，心中不慌。广州市深入实施粮食安全战略，全力保障粮食安全和重要农产品供给，粮食生产持续向规模化、集约化发展，特别是严格实施非粮化整治，粮食综合生产能力增强，粮食产量稳步提升，粮食“面积、产量、单产”三项指标屡创新高。2021 年广州市粮食播种面积 43.84 万亩，总产量 15.08 万吨。其中水稻播种面积 34.48 万亩，产量 12.29 万吨，以从化区、增城区为水稻主产区。玉米播种面积 4.47 万亩，薯类播种面积 4.14 万亩，豆类播种面积 0.75 万亩（见图 1、图 2）。种粮大户从 2018 年的 282 户增加至 2021 年的 1356 户，增长 381%，种粮大户（水稻）补贴面积从 2018 年的 2.9 万亩增长到 2021 年的 14.03 万亩，增长 384%，占全市水稻种植面积 40.7%（见表 1）。粮食生产正向着规模化、规范化、科技化方向发

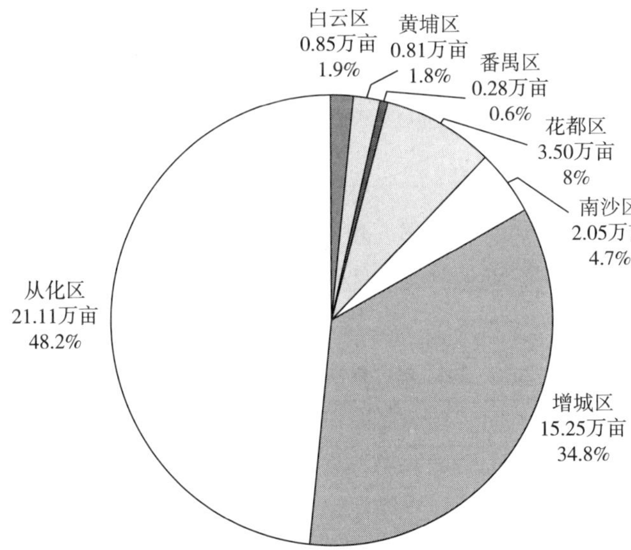

图 1　2021 年广州市各区粮食播种面积和占比

资料来源：广州市农业农村局调研数据。

展。2022 年以来，广州新增设施农业面积超 1 万亩，撂荒耕地整治面积超 1.27 万亩，双季稻亩产首破 3000 斤，粮食播种面积同比增长超 1 万亩。2019 年以来，广州市粮食播种面积、总产量和单产连续三年“三增长”，得到省委领导同志批示肯定。2019 年和 2020 年连续两年获得广东省粮食安全责任考核优秀等次（分别排名全省第 1 位和第 2 位），并获全省通报表扬。2021 年完成省下达粮食播种面积、粮食产量任务目标，且粮食播种面积比 2020 年增加超过 1 万亩，得到省政府通报表扬。

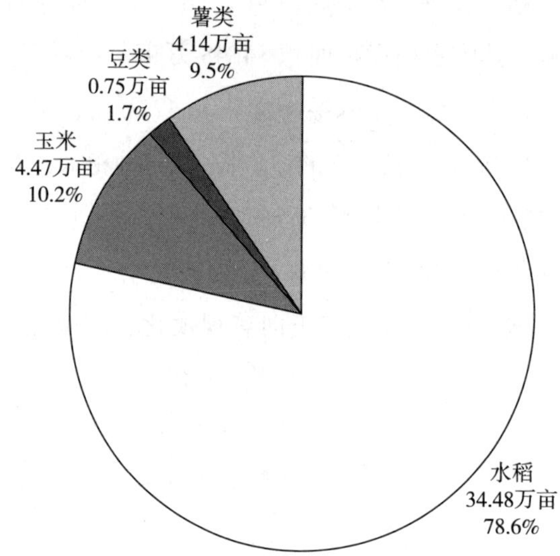

图 2　2021 年广州市粮食作物结构比例

资料来源：广州市农业农村局调研数据。

表 1　2018~2021 年广州市水稻种粮大户增长情况表

项目	单位	2018 年	2019 年	2020 年	2021 年
水稻总面积	万亩	32.44	30.53	33.12	34.48
大户补贴面积	万亩	2.90	5.17	9.36	14.03
大户数量	户	282	436	1115	1356
大户补贴资金	万元	864.32	1549.86	2807.71	4209
总金额	万元	878.82	1567.66	2833.51	4240

资料来源：广州市农业农村局调研数据。

2. 聚焦提质增效，农产品稳产保供

广州实施都市现代农业产业链高质量发展三年行动，统筹抓好疫情防控和农业稳产保供，印发实施广州市本地农产品生产供应市场应急预案，支持农业企业复工复产，推进都市现代农业1+6链长制，提升粮食、生猪等重要农产品保障能力，实施重要农产品增量提质和“零弃耕”专项整治行动，推动农业产业重大项目集中签约和启动开工。截至2020年底，圆满完成年度粮食考核任务，肉类总产量达11万吨，蔬菜、水产品自给率分别达到100.6%、90.2%。“菜篮子”规模化、标准化建设成效显著，累计建成国家级水产健康养殖示范场37个，农业农村部、广东省畜禽养殖标准化示范场各10个，广东省现代化美丽牧场2个，广东省生猪屠宰标准化企业2个，百亩以上的蔬菜规模化种植场114个。全力打造现代种业、绿色蔬菜、岭南佳果、特色花卉、生态畜禽、现代渔业六个百亿级产业，花卉年产值全省第一，水族产业年产值全国第一。

3. 聚焦优势特色，新兴产业异彩纷呈

广州市结合各区资源禀赋和优势产业，突出错位发展、优势互补，分别规划打造天河农科硅谷、白云“菜篮子”枢纽区、黄埔共同富裕先行区、从化新乡村建设示范区、增城农业现代化示范区、花都临空农业融合发展示范区、番禺渔业经济引领区、南沙特色种业创新区、荔湾越秀海珠都市农业体验展示区。高标准打造现代农业产业园。依托花卉、丝苗米、蔬菜、水产等优势特色产业，自筹资金，组织7个主要涉农区创建1个国家级、22个省级现代农业产业园，三年来投入各类资金近25亿元，累计带动农户6.9万户。从化区花卉产业园入选第四批国家现代农业产业园认定名单，实现广州国家级现代农业产业园“零突破”。增城区入选全国首批农业现代化示范区。依托各镇、村特色农产品，积极培育“一村一品”“一镇一业”，累计创建8个全国示范村镇和149个省级、154个市级专业村镇，数量居珠三角地区首位。截至2021年底，累计培育国家级、省级、市级农业龙头企业分别为15家、145家、330家，上市龙头企业11家（数量全省第一）；市级以上农民合作社示范社65个，市级以上示范家庭农场59家。实施数字赋能农业行动，打造数字农业产业园、5G 数字农业试验区、广州农博士等数字产业和服务平台，智慧种养、无人农场、云上花市、荔枝定制、“农业+人工智能”和“农业+5G”等应用新场景不断涌现。

（二）生态引领创新驱动，现代农业绿色发展

广州市始终坚持“绿水青山就是金山银山”理念，着眼于实现碳达峰、碳中和目标，发挥农业在减排和增加碳汇上的优势，从农村资源环境立体开发、创新生产方式、农业面源污染治理、绿色生态技术创新等方面协同发力，化解增产与降碳矛盾，加快农业发展绿色转型，着力推进绿肥和生态肥药技术创新与应用，通过严格标准、全程追溯、政府背书，增加优质绿色农产品供给，打造高端品牌示范标杆，提高市场话语权和核心竞争力，引领农业向高端发展，大力发展优质高效生态农业。

1. 强化生态立农，绿色农业得到新提升

广州市于 2021 年启动乡村示范带建设工作，规划在 63 个涉农镇街建设一批新乡村示范带，覆盖超 400 个行政村、30 万农户。坚持产业立带、产业兴带，示范带聚集了 22 家国家和省级现代农业产业园，深度打造花卉等 6 大特色农业产业链，培育了 155 个“一镇一业”“一村一品”专业镇村，搭建了隆平院士港等一批农业科创平台，涌现出“乡村+文创”“乡村+游乐”“乡村+民宿”等旅游休闲与创意体验农业等农业新业态，不断打造美丽生态农业高地。花都区一体规划构建 1 条包括一带、三区、18 节点的“花漾年华”乡村振兴示范带，打造 5 大 IP，形成 10 个特色品牌的建设格局。增城区创新推出“带长制”和“专班制”，重点打造朱村“时光穗道”等 6 条新乡村示范带。从化区充分用活“千企兴千村”平台，引进 3 家世界 500 强企业落户新乡村示范带，探索“政府搭台、村企合作、三方共赢”的新乡村示范带可持续发展模式，并已取得初步成效。白云区结合帽峰山、流溪河等独特生态资源，与专业建设运营公司合作，布局落实新乡村示范带规划建设。黄埔区依托绿色农业、黄色客家农耕和红色革命老区等“三色”资源，引入国企深度参与纳米水乡新乡村示范带建设与运营，初步建成以特色精品村迳下村为核心的

岭南田园综合体示范带。南沙区采取 EPC 模式，建设星海云纱滨水新乡村示范带。番禺区初步规划了东部高端休闲、西部岭南文化、中部现代游乐、北部科教科创等 4 大新乡村示范带片区。2021 年底，全市 88%的行政村达到省定美丽宜居村标准，180 个行政村达到省定特色精品村标准。

2. 强化科技强农，产业振兴注入新动力

广州市以实施乡村振兴战略为契机，促进高等院校、省属以上科研院所对接广州农业产业，不断提升农业科技的支撑引领作用，2020 年，广州市农业科技进步贡献率达 72.54%，全市水稻耕种收综合机械化率达 77.4%，主要农作物基本实现良种全覆盖，为实现农业现代化奠定了坚实的基础。建成市、区、镇三级农技推广体系（见表 2），其中有 2 个市级农技推广机构，7 个涉农区建有 8 个区级农技推广机构和 41 个镇街级农技推广机构，基本实现涉农镇街“一镇（街）一机构”。建成 1 个国家现代农业科技示范展示基地、2 个新型农技推广服务驿站和 20 家市级农业科技示范基地，共有示范新优品种 51 个、先进适用技术 27 项，示范总面积达 3 万亩，辐射带动面积 31.7 万亩。2018~2020 年配合科技部门实施 190 项农村科技特派员项目，共示范推广应用新品种、新技术（新成果）200 多项次，建立科研试验示范基地 40 个。此外，建立“广州农博士”技术服务平台，每年为广大种养户提供便捷的农技远程咨询问诊服务约 2000 人次。

表 2　市区镇三级农技推广机构情况表

区	级别	推广机构个数	性质	主管部门	核定编制（人）	在编人员（人）	在编人员且从事农技推广（人）
市级总计		2	参公/公益一类	广州市农业农村局	90	70	41
白云	区级	1	公益一类	白云区农业农村局	24	23	16
黄埔	区级	1	参公	黄埔区农业农村局	6	4	4
花都	区级	1	公益一类	花都区农业农村局	71	68	23
番禺	区级	1	公益一类	番禺区农业农村局	31	30	24
南沙	区级	1	公益一类	南沙区农业农村局	18	17	7

续表

区	级别	推广机构个数	性质	主管部门	核定编制（人）	在编人员（人）	在编人员且从事农技推广（人）
从化	区级	2	公益一类	从化区农业农村局	40	40	40
增城	区级	1	公益一类	增城区农业农村局	30	30	10
区级总计		8			220	212	144
白云	镇街级	4	公益一类	镇政府	48	44	12
花都	镇街级	15	公益一类	区农业农村局/镇政府/街道办事处	168	126	87
番禺	镇街级	5	公益一类	镇政府/街道办事处	29	27	8
南沙	镇街级	6	公益一类	镇政府	88	61	36
从化	镇街级	8	公益一类	区农业农村局/镇政府/街道办事处	56	52	21
增城	镇街级	3	公益一类	镇政府	39	35	13
镇街级总计		41			428	345	177

资料来源：广州市农业农村局调研数据。

3. 强化数字赋能，智慧农业日新月异

广州主动顺应信息化发展趋势，认真做好《广州市数字经济促进条例》实施工作，将信息作为农业生产要素，加快乡村光网建设和农业基站建设，乡村信息基础设施不断完善，农业基础数据资源建设日益加强，用现代信息技术对农业对象、环境和全过程进行可视化表达、数字化设计、信息化管理，农业生产数字化有序推进，农业经营网络化快速发展。从物联网应用于农业生产，到电子商务带动农产品热销，再到直播带货，农业数字经济“一号工程”全面推进，移动支付、数字工厂等一批数字产业、数字技术加速布局，以“农业+5G”“农业+人工智能”“农业+直播带货”为代表的数字农业快速发展。广州增城丝苗5G精准种植试验田，利用5G技术采集和监测水稻数据开展精准采集、精准施肥，将遥感、地理信息系统、定位系统、计算机技术、通信和网络技术、自动化技术等高新技术与农业生产有机地结合起来，实现在农业生产过程中对农作物、土壤从宏观到微观的实时监

测，同时实现对农作物生长、发育状况和病虫害、水肥状况以及相应环境信息的定期获取，并生成动态空间信息系统，对农业生产中的现象、过程进行模拟，以达到合理利用农业资源、降低生产成本、改善生态环境、提高农作物产品和质量的目的。

（三）全面深化农村改革，乡村风貌呈现富美图景

广州市以建设岭南特色精美农村为核心，立足城乡一体，突出以人为本，尊重地域特色，传承风土人情，推动生产生活生态“三生融合”，全面提升生态宜居环境，提高人居品质、美化村容村貌、完善基础设施，建设生产生活生态高度和谐统一的新时代社会主义新乡村。

1. 坚持“三大革命”，人居环境持续改善

广州以农村生活污水治理为切入点统筹实施专项整治农村垃圾、污水处理和厕所革命，努力提升农村人居环境整治工作水平；推进“三线”整治，常态化开展村庄清洁活动，推进农房外立面改造；重点抓好主要高速铁路、高速公路沿线乱搭乱建临时建筑清理整治和裸房外墙装修工作。围绕“三清三拆三整治”“三线治理”、生活垃圾污水治理、农贸市场改造等重点工作，高质量推进新时代美丽乡村建设。为了解决农污治理问题，广州市坚持“科学规划，分类治理，建管并重”，加快推进收集管网和处理设施建设，结合资源化利用努力探索农污治理新模式，形成了政府主导，社会共建、共治共享的良好局面，为全面实施乡村振兴战略贡献了“水务力量”。通过在各村建设污水管网（或暗渠）统一收集生活污水，收集后将其纳入城镇污水处理系统，或就地建设污水处理设施、污水资源化利用（或自然生态消纳）等一种或多种方式组合实施污水治理，即通过将污水输送至城镇污水处理厂或自建的生活污水处理设施，或者通过资源化利用的模式进行生态治污。2020 年广州市率先在全省基本实现生活污水治理自然村全覆盖，南沙区获选全国农村生活污水治理示范区，从化区获选全国农村人居环境整治成效明显激励县（区）。2021 年广东省生态环境厅数据显示，广州市农村生活污水治理率居全省前列，已建设施总体运行较好；

增城区农污治理经验被作为示范在全省推广。截至2022年6月底，全市列入农村人居环境整治任务的7224个自然村中，2306个村已接入城镇污水处理系统，3362个村建设了污水处理设施，1556个村通过污水资源化利用模式实现生态治污。共铺设农污管网8831公里，建成设施站点2489个，污水处理能力达15.3万吨/日。通过实施治理，广州市农村地区生活污水得到有效收集处理，污水治理基本实现自然村全覆盖，水环境质量显著提高，村容村貌明显改善。

2. 实施“五大行动”，美丽乡村持续涌现

广州市统筹山水林田湖系统综合治理，深化实施“美丽家园”“美丽田园”“美丽河湖”“美丽园区”“美丽廊道”行动。

其一，实施村庄清洁与示范创建工程，建设“美丽家园”。加快推进省级生态宜居美丽乡村示范区、示范镇、示范村的创建，加强乡村公园建设，实施绿化景观路、乡村小游园、乡村风水林绿化工程，成片连村推进村庄绿化美化。其二，实施田园整治工程，建设“美丽田园”。开展田园垃圾清理和“看护房”清理整治，实施农田“零弃耕”行动计划，深入推进田园、耕地和鱼塘环境综合整治，积极打造农业公园、湿地公园，推动创建现代农业产业园。其三，实施河道整治提升工程，建设“美丽河湖”。恢复乡村河道水生态，开展乡村河道两岸风貌整治和景观打造，统筹推进河道两岸水系景观、人行绿道、休闲康体、文化长廊等工程设施建设，筛选一批水质不低于Ⅴ类、堤防达标的河道，建设基本型乡村碧道；突出乡野特色小河小溪小池塘，打通乡村生态“毛细血管”，提升河道两岸绿化美化水平；持续完善和落实河长制、湖长制，巩固“五清”专项行动成果，突出解决区域河流水网水体黑臭、水生态损害、水域空间侵占等突出问题，开展河湖水系联通建设。其四，实施村级工业园改造升级工程，建设“美丽园区”。扎实抓好村级工业园区综合整治工作，2022年底前推进一批村级工业园区连片整合与开发，2025年全面完成村级工业园改造升级。其五，实施国土绿化工程，建设“美丽廊道”。因地制宜开展国土绿化，科学选择绿化树种草种，加强古树名木和大树保护，有序推进乡村绿化，打造廊道绿带；对村级工业园

区、田间地头、河涌池塘、农房等村域空间全要素、全方位进行整治。合理利用空闲地、撂荒地、边角地、清拆地等，点缀建设小菜园、小花园、小果园、小公园等“四小园”小生态板块。广州倾情打造新时代美丽乡村，美丽诗画生态宜居乡村持续涌现。通过实施“千村示范、万村整治”工程，广州近九成行政村达到省定“美丽宜居村”标准，180个行政村达到省定“特色精品村”标准。从化区荣获全省唯一国务院人居环境整治督查激励县（区）。增城区则被评为全国村庄清洁行动先进县（区）。广州建成全域统筹的生活垃圾分类处理系统，在国内率先实现原生生活垃圾零填埋，建设“四小园”超1万个，建成21个各具特色的美丽乡村群。创新实施“乡村建筑工匠”制度，推动乡村“颜值”和“品质”齐升。增城“时光穗道”、花都“花漾年华”等10多条精品示范带已初见成效。

3. 深化产权改革，探索新型集体经济

广州市农村集体资产总量庞大，2020年全市农村集体资产达2792.59亿元，占全省（不计深圳）份额超30%。截至2021年底，全市集体资产经农村产权流转管理服务平台交易总额累计达2776.21亿元，累计交易量达18.99万宗。其中，2021年广州集体资产交易额634.84亿元，是发达地区江苏省（305亿元）的2倍多。2019年，广州开展新一轮农村集体产权制度改革，将股份合作制改革延伸到花都、从化、增城等北部郊区，实现改革全市地域全覆盖。2019年9月，增城区正式开展产改试点工作。为推动产改稳步有序开展，增城区加强组织领导，出台《关于稳步推进农村集体产权制度改革的工作方案》，成立区镇两级产改工作领导小组，下设办公室，明确专职人员，由主要领导亲自抓、分管领导具体抓，统筹推进各项工作任务落实。2020年12月初，增城区在永宁街颁发首批股权证，向9个行政村共114个农村集体经济组织颁发登记证，向户主代表颁发股权证500多份。到2022年，增城区已颁发股权证超10万本，建立285个股份经济联合社和3284个股份经济合作社等共3569个新型股份合作制组织。增城区横塱村与区农投集团、天禾集团的试点水稻种植全程托管示范项目试点推行农民资源入股参与新农企经营的机制，以4500亩耕地+100亩集体留用地入股参与丝苗米全产业链项目，在确保农民土地租金收入的前提下，让农民充分享受产业增值的收益。

（四）乡村治理提升效能，全面创造美好生活

广州市始终以实现共同富裕为根本目标，多渠道促进农民增收，积极推进城乡统筹，加速推进基本公共服务均等化，农村公共产品和基础设施加快覆盖，农村居民生活水平明显改善，人民群众的获得感、幸福感、安全感稳步提升。

1. 强化城乡一体，基础设施提档升级

加快实施新一轮“四好农村路”建设，全面改善乡村硬件基础设施，增强城乡基础设施的协调性，对乡村水、电、路、气、通信、广播电视等基础设施进行提档升级，更好地服务于农业农村现代化的迫切需要，不断满足农村居民高品质美好生活的现实需求。加快补齐农村水利基础设施建设短板，强化江河堤围、水库、生态调蓄湖（池）等防洪滞蓄工程的联合调度。完善改造农村供水设施，实施市政供水管网延伸工程，提升农村供水设施管养水平。大力推进农村供电网提质建设，优化配网建设，实施农村中低压配网线路、设备排查更新，提高农村配电网能力，保障特色小镇、名镇名村和美丽乡村用电需求。推进农村燃气全面普及使用。加快农村信息基础设施建设，加快农村地区宽带网络和5G覆盖，推动物联网、地理信息、智能设备等与农村生产生活的深度融合，创建“数字农村”示范镇村。提升城乡信息基础设施一体化建设水平，促进电信服务均等化。加快完善农村信息服务体系，整合涉农信息化装备设施资源，推进惠农助农信息化平台建设。2022年初，广州市统计局对白云区、黄埔区、番禺区、花都区、南沙区、从化区、增城区7个区100个行政村的1000户常住村民进行了入户调查，并了解了100名村干部对本村基础设施建设和乡村治理的意见和建议。调查结果显示：78.0%的受访村民认为所在村基础设施建设的总体情况好（“非常好”和“比较好”比例之和，下同）；77.6%的受访村民认为所在村基础设施建设能满足日常需求。26.1%的受访村民表示在本村收发快递“很方便”，53.5%表示“比较方便”，合计占79.6%。对于通过完善农村信息设

施建设和服务，加强信息化、智能化等设备广泛应用，助力乡村振兴，20.9%的村民表示“很有信心”，64.3%的村民表示“比较有信心”，合计占85.2%；对本村基础设施总体评价越好的受访村民信心越足，对本村基础设施给予好评和有信心的村民比例分别为99.1%和92.3%。

2.强化穗农奔富，共同富裕稳步推进

广州市始终把农民增收、改善民生放在突出位置，实施“穗农奔富”专项行动，努力促进农民收入多元化，多措并举促进农民增收，促进土地适度规模经营与农户分散经营相得益彰；提升村级产业园发展水平，通过农业入股、保底分红、利润返还等多种形式，让农民合理分享全产业链增值收益，有效提升农民经营性收入。加快推进农村一、二、三产业融合发展，积极培育农村新产业新业态新模式，创造新的就业岗位，提高农民工资性收入。健全覆盖市、区、镇（街）、村（经济联社）、村民小组（经济社）五级的农村集体资产交易管理服务平台，进一步扩大农村集体资产交易，加快推进农村集体经营性资产股份合作制改革，积极发展土地、农宅、资金、资产等多种形式股份合作，扩大农民财产性收入，向共同富裕目标迈出坚实步伐。2015~2021年，广州市农民收入年均增长10.2%，比全省平均增速（8.9%）高出1.3个百分点，在珠三角八市（深圳除外）中居首；在国内一线城市中，广州市农民收入增速也位居第一，比北京、上海、重庆分别高出1.8个、1.4个、0.7个百分点（见表3）。2021年，广州农民收入34533元，同比增长10.4%。城乡收入差距从2015年的2.42∶1，逐年下降到2021年的2.15∶1。2022年第一季度，广州实现农村居民人均可支配收入10930元，同比增长6.5%。

表3　2015~2021年国内一线城市农民收入情况

单位：元

地　区	广州	上海	北京	重庆
2015年	19323	23205	20569	10505
2021年	34533	38521	33303	18100
平均增速(%)	10.2	8.8	8.4	9.5

资料来源：广州市农业农村局调研数据。

3. 坚持立德铸魂，乡风文明持续提振

广州市以培养都市型新型农民为主攻方向，培育造就新时代高素质农民，努力提升新时代农民精神风貌，完善农民收入增长保障体系，不断拓宽群众参与乡村治理的制度化渠道，让农民真正成为乡村治理的主体、乡村振兴的受益者，不断提升农民的获得感、幸福感、安全感。实施高素质农民培育提质增效行动，以家庭农场主、农民合作社带头人、农业龙头企业骨干、农业社会化服务能手等新一代青年为重点，培育农业“创客”，加快形成与产业需求相适应、与农村发展相协调的有文化、懂技术、善经营、会管理的高素质农民队伍。健全党组织领导的自治、法治、德治相结合的农村治理体系，推进德治、法治与自治的有机结合。以时代要求、当代理念提升农村道德水平，弘扬道德感召力，引导农民群众崇善向上、重义守信、尊老爱幼、勤俭持家。加强对农村群体意识的引导、校正与升华，增强正向价值观认同和群体意识。挖掘家德的精神力量和强化道德的辐射功能，壮大德业相劝、过失相规、守望相助、患难相恤的道德力量。增强农村“两委”推动树新风立良俗的组织和带动作用，推动农村各类组织、群体弘扬良风优俗。遏制红白喜事大操大办、厚葬薄养、人情攀比等陈规陋习，以抵制封建迷信、打击“黄赌毒”为重点，深入开展移风易俗行动。

三　探索现代化大都市乡村振兴之路的建议

2023 年，广州市全面推进乡村振兴工作必须坚持以习近平新时代中国特色社会主义思想为指导，深入贯彻习近平总书记关于实施乡村振兴战略的重要论述，走出一条现代化大都市乡村振兴之路，推动乡村振兴取得新进展新成效，持续在全省当示范做表率。

（一）以发展岭南特色精品农业为主攻方向，加快建设现代农业产业体系、生产体系和经营体系

岭南特色农业是广州农业的优势所在，也是其重要亮点。要以发展岭南

特色精品农业为主攻方向，全面深化农业供给侧结构性改革，加快建设现代农业产业体系、生产体系和经营体系，推动广州都市现代农业发展实现高品质、高效益。结合资源禀赋和市场需求，建设完善粤港澳大湾区绿色优质“米袋子”“菜篮子”“果盘子”生产体系，延伸产业链、贯通供应链、提升价值链，加快构建具有广州特色的现代农业产业体系。

1. 积极构建四大种业功能区

坚决扛稳粮食安全政治责任，高质量开展农业种质资源普查，加快构建与种质资源库、保种场、保护区等相配套的多层次保护体系，强化种质资源收集利用，强力推进“穗字种业”振兴。实施“穗种强芯”攻关行动，加快推进市农业农村科学院等传统农业科研创新平台建设，加快黄埔区隆平院士港等现代种业科创平台建设，构建多元研发创新平台体系。培育以企业为主体的商业化育种体系，培育核心型种业领军企业，引进和培优扶强种业龙头企业。扩大种业基金规模，引导社会资本加大对种业投入，支持种业产业发展，积极构建四大种业功能区。一是新品种引进推广区。依托花都区、从化区、增城区等广州北部、东部较好的农业水土资源，开展国内外新、奇、特、优品种资源的引进、收集、创新和推广。二是种业交易枢纽区。发挥白云国际机场枢纽作用，重点打造农作物种子、种禽、水产苗种交易枢纽区。三是种业科技支撑区。依托天河区涉种科研机构和黄埔区隆平院士港等种业科技创新发展平台，围绕广州农业特色优势品种领域开展联合攻关，努力突破关键技术瓶颈，补齐发展短板，打造种业科技支撑区。四是特色种业创新区。发挥广州南部的产业优势、区位优势和南沙自贸区政策优势，重点发展水产种业、畜禽种业和农作物种业等，将广州南部打造成立足湾区、服务全省、面向全国的特色种业创新区。

2. 做优做强现代农业产业园

推动省级现代特色农业产业园扩容提质增效，做大做强主导产业。加快推进从化区农产品加工产业园、黄埔区现代农业装备与服务产业园等功能性产业园建设，为农业产业转型升级提供支撑。加快推进增城国家农业现代化示范区建设，支持南沙区建设农产品对外贸易聚集区，积极创建国家级农业产业强镇。按先进制造类、三产融合类、文化旅游类等引导特色小镇差异化发展，打造微型产业集聚区。着力推动“三新”经济发展。

3. 推进都市现代农业产业链建设

调整优化现代农业区域产业布局，构建各区错位发展、优势互补格局。构建现代农业产业体系，打造优品丝苗米、绿色蔬菜、北回归线荔枝、精品花卉、生态畜禽、现代渔业等6条广州优势特色产业分链。建立“链长+链主+链长工作专班”的工作架构，完善稳链、补链、强链联动协调机制，培育壮大若干控制力和根植性强的农业“链主”企业和生态主导型企业，带动现代农业产业链上下游企业配套协同发展。

积极发展预制菜产业，加快培育预制菜优秀供应基地和龙头示范企业，加快农村电商基础设施数字化改造、智能化升级，引导各类农村电商主体到乡村布局。提升乡村旅游品质，深入挖掘乡俗风情和历史脉络，加强乡村旅游基础设施建设，强化民宿发展统筹规划和管理，支持和培育乡村旅游A级景区创建。拓展休闲农业功能内涵，推动农业公园从资源型开发向服务型开发转变，打造提升一批集农业生产、田园风光、民俗风情、农耕文化等于一体的田园综合体。

（二）以拓展科技、市场和平台建设为重点，构建形成农业农村现代化发展空间新格局

广州把乡村作为国际大都市的稀缺资源和城市综合功能的重要承载地，努力构建农业农村现代化发展空间的新格局，打造推动全市农业农村现代化发展的核心引擎。

1. 顶层设计建设重大平台

一是建设广州市农业农村科学院等农业科技平台。二是推进新一轮省级现代农业产业园建设，打造产业融合平台，重点包括花卉、荔枝、渔业产业融合示范园。三是继续推进建设粤港澳大湾区“菜篮子”平台。四是建设广州农业农村数据信息平台，包括广州农业农村大数据平台、以农业龙头企业为主体建设的农产品电商平台。五是以新乡村示范带为重点，打造乡村建

设平台。六是打造改革试验平台，印发实施国家城乡融合发展试验区广东广清结合片区广州（片区）实施方案，支持南沙区创建农业对外开放合作试验区，支持黄埔区创建省级城乡融合示范区。

2. 建设现代农业枢纽

以枢纽引导统筹生产，进一步拓展生产环节，扩大广州优势农业联结产地范围，打造全国优质农产品加工、贸易、流通集散中心。以枢纽服务消费市场，向大湾区输出高品质特色农产品。培育发展标准化配送、展贸、结算、定价、信息服务等增值产业。建立具有综合竞争力的现代农业生产、经营体系，发展农业总部经济，培育一批销售收入超百亿元的农业龙头企业。深化分工协作，推动农资供应、农业生产、农产品加工、物流配送、市场营销等产供销环节紧密连接，形成农业全产业链。促进农业与旅游、教育、文化、健康养老等产业功能互补和深度融合，开发、拓展和增强农业的科技教育、文化传承和生态环保等附加功能。大力发展休闲农业、乡村旅游，提升农业公园建设水平。继续加快名特优新农产品的高质量发展，促进“菜篮子”品质提升。加强与全媒体平台的合作，发展农村电商、直播带货等，加强品牌培育力度，推进“一村一品”蔬菜特色品牌创建。

3. 促进科技与农业产业深度融合

以岭南现代农业科学与技术广东省实验室、广州市农业农村科学院、农业企业+科研院所为农业科技研发的主要抓手，突出智慧农机装备等研发与应用，推动物联网、大数据、智能控制、卫星定位等信息技术在农机装备和农机作业服务上的应用，争取在丘陵山地果园机械、蔬菜播种移植收获机械和水产设施化智能化养殖、畜禽现代化规模养殖、农产品加工等先进适用设施设备等方面取得突破。立足广州市水稻、蔬菜、水果、花卉、畜禽、水产等优势特色产业，建设多支全产业链科技支撑服务团队，给予科技项目资金支持，力争培育推广一批高产优质高效新品种，研发一批实用先进新技术，建设一批区域农产品品牌。

4. 积极建设完善农产品交易中心

依托粤港澳大湾区“菜篮子”广州交易中心建设，打造总部经济，通过“总部—生产基地”功能链条辐射带动全市蔬菜产业发展。在全市全面推进粤港澳大湾区“菜篮子”平台产品质量安全指标体系团体标准的实施，以高标准带动高质量。实行质量安全溯源管理，指导蔬菜生产企业科学规范安全用药。深化粤港澳大湾区“菜篮子”建设，优化生产基地认证，建设产品交易中心，完善仓储物流设施，提升“菜篮子”产品产销衔接效率。完善促进生猪产业持续健康发展措施，引导生猪生产平稳有序发展。推动绿色生态现代渔业养殖模式发展，大力推进番禺国家级沿海渔港经济区建设。加大优新水果生产基地培育力度，打造南亚热带水果特色农产品优势区。

（三）以抓新乡村示范带建设为关键，建设岭南特色美丽乡村

1. 提升新乡村示范带建设水平

加强农村生态文明建设，实施乡村建设行动，提高农民群众获得感、幸福感、安全感。坚持规划先行，重“量”更重“质”，推动新乡村示范带建设特色化、差异化、可持续发展。突出重点亮点，打造精品节点，以点串线、以线扩面，梯次建设新乡村示范带阵列。以主要涉农镇街为基本单元，深入整合特色小镇、美丽乡村、中心镇、名镇名村、河湖水利、“四好农村路”、生态景观林带、高标准农田等建设，聚焦特色产业、廊道碧道、人居环境、联农带农等关键要素，打造代表广州乡村振兴水平的精选新乡村示范带。

2. 推进全域乡村风貌提升

融入广东省“一核一带一区”区域发展格局，以构建具有全球意义的生物多样性保护网络和人与自然和谐发展的美丽国土为愿景，因地制宜分区、分类、分级、分期系统推进全域国土空间生态修复，将广州建设成为“国家山水林田湖海一体化保护修复实践区、岭南地区生物多样性保护示范区、粤港澳大湾区生态价值转化先行区”。结合自然资源要素分布，构建广州市联通山水、贯串城区、功能复合的生态廊道网络，建设区域级、组团级、社区级三级生态廊道。在保护自然生态资源的基础上，提升白云山、海珠湿地、白云湿地、大夫山—滴水岩、黄山鲁和南沙湿地等六大生态节点。

构建由碧道、绿道、古驿道和登山步道共同组成的城乡生态游憩网络，串联生态公园和城市公园，综合慢行交通、休闲健身、娱乐交往等多种功能。结合生态廊道控制构建市域 6 条通风廊道，包括洪奇沥水道—珠江西航道风廊、蕉门水道—南沙港快速—珠江前后航道风廊、狮子洋—帽峰山风廊、新塘—九龙大道—珠三角环线高速风廊、流溪河风廊、正果—钟落潭—白坭河风廊。

3. 改善农村人居环境

拓展省级村庄规划优化试点工作，推动有条件、有需求的村庄重新编制“多规合一”的实用性村庄规划。研究制定乡村建设实施办法和负面清单，编制村庄建设项目清单和简易审批流程图。接续整治改善农村人居环境，推进“三线”整治，常态化开展村庄清洁活动。规范农村宅基地建房审批，加强农村建房全程监管。

4. 提升现代农民精神风貌

深化新时代文明实践中心建设，健全“党建+实践”“社工+志愿者”工作机制，建好新时代文明实践云平台，推进新时代文明实践中心与融媒体中心融合发展。扎实开展文明村镇创建提质行动，持续巩固创建成果，教育引导农民听党话、感党恩、跟党走。鼓励和扶持具有乡土特色的文艺创作，推进戏曲进乡村，加大乡村优秀文化产品供给和传播，推动岭南乡村传统文化、民俗文化和乡土文化在传承中的发展与创新。办好“中国农民丰收节”。深化移风易俗，倡导文明健康绿色环保生活方式。

（四）以大力促进农民增收为落脚点，不断满足农民对美好生活的需求

1. 强化促进农民增收顶层设计

提高农民收入是一项系统工程，必须深入谋划、加强统筹、扎实推进、久久为功。围绕农村居民收入增速不低于城镇居民收入增速和地区生产总值增速、城乡居民收入差距持续缩小目标，部署推进农民增收“穗农奔富”行动，强化惠农富农政策，大力发展富民兴村产业，聚焦提高农民工资性收

入和转移性收入，开拓增收新路径和新模式。

2. 强力推进农民就地就近就业创业

落实稳岗就业、就业援助、返乡创业等支持政策，不断提升农民就近就业质量，推动“零就业”家庭实现动态清零。围绕“粤菜师傅”“广东技工”“南粤家政”羊城行动培养农村技能人才。积极培养农村创新创业带头人，推进农民技能培训与学历教育有效衔接。加强农业职业经理人、新型经营主体带头人、高素质农民培育。开发农村公益性岗位，推广以工代赈，提高劳务报酬发放比例。

3. 持续提高城乡居民基础养老金水平

加大对农村转移支付力度，全面落实各类补贴补偿政策，完善农村特困人员救助供养制度，健全低保标准动态调整机制，持续提高城乡居民基础养老金水平。加快建设区、镇（街）、村三级养老服务网络，实施兜底民生服务社会工作“双百”工程，实现社会工作服务站（点）全覆盖，困难群众和特殊群体社会工作服务全覆盖。

4. 补齐北部地区乡村发展短板

持续深化“千企兴千村”和“国有企业联系北部镇街”工作机制，鼓励采取产业带动、项目联建、消费增收等多种形式，与集体经济薄弱村深化结对关系，努力创建集体经济强村。加大对相对欠发达地区的财政转移支付力度，补齐北部地区乡村发展短板，推进镇村高质量发展。有序深化农村集体产权制度改革，积极引入职业经理人、引入现代企业管理理念、引入优质企业合作开发集体资源。加强农村集体资产管理，鼓励通过开放共享、产业融合、模式再造等方式创新集体经济发展路径，不断活化集体资产开发利用，探索集体经济发展新模式。

参考文献

[1]〔日〕祖田修：《农学原论》，张玉林等译，中国人民大学出版社，2003。

[2]《陈翰笙集》，中国社会科学出版社，2002。
[3] 费孝通：《怎样做社会研究》，上海人民出版社，2013。
[4] 李刚：《特色小镇：激活发展新引擎》，《山西日报》2016 年 12 月 6 日。
[5] 李坤、殷朝华：《新型城镇化发展对农村经济的拉动效应研究》，《农业经济》2020 年第 2 期。
[6] 王景新、郭海霞：《农民市民化：中国 10 个著名经济强村实证研究》，《广西民族大学学报》（哲学社会科学版）2014 年第 1 期。

B.2

以高质量党建推动广州乡村振兴高质量发展的实践探索及经验启示

孟源北　王 超　李三虎*

摘　要： 广州市牢固树立抓党建就是抓发展、抓发展必须抓党建的工作理念，积极寻求党建工作与乡村振兴的结合点，以提升组织力为重点，打造党建引领乡村振兴的新动力引擎，全面推行在经济联合社（简称经济联社）设立党组织，加强基层组织的人员培养，打造第一书记驻村工程，突出政治引领，让思想“入心促行”；强化组织引领，让产业“兴”起来；创新机制引领，让乡村治理迈上新台阶。主要经验启示及对策建议包括：坚持以理论为先导，不断学习贯彻习近平总书记关于“三农”工作的重要论述，是推动乡村全面振兴的根本遵循；坚持以党建为引领，不断加强党对新时代“三农”工作的坚强领导，是推动乡村全面振兴的根本保证；坚持以人民为中心，不断满足广大农民对美好生活的新期待，是推动乡村全面振兴的根本目的；坚持以创新为动力，不断破除束缚实现农业农村现代化的体制机制问题，是推动乡村全面振兴的根本方式。

关键词： 高质量党建　乡村振兴　经验启示

* 孟源北，广州行政学院常务副院长，研究员，主要从事马克思主义中国化和广州市情研究；王超，澳门科技大学社会和文化研究所2022级国际关系专业博士生，广州行政学院市情研究所所长，教授，主要从事基层党建研究；李三虎，广州行政学院市情研究所教授，主要从事广州市情研究。

实施乡村振兴战略，是党的十九大做出的重大决策部署，是决战脱贫攻坚、决胜全面建成小康社会、全面建设社会主义现代化国家的重大历史任务，是新时代“三农”工作的总抓手。基层党组织既要团结引领农村加快脱贫致富，又要推动乡村全面振兴。坚持党管农村工作，毫不动摇地坚持和加强党对农村工作的领导，健全党管农村工作的领导体制机制和党内法规，确保党始终能在农村工作中总揽全局、协调各方，为乡村振兴提供坚强有力的政治保障。党的十八大以来，广州市牢固树立抓党建就是抓发展、抓发展必须抓党建的工作理念，积极寻求党建工作与乡村振兴的结合点，以提升组织力为重点，打造党建引领乡村振兴的新动力引擎，不断提升基层党组织的战斗力，充分发挥基层党组织领导基层治理、团结带领群众、推动经济发展的战斗堡垒作用，确保乡村振兴各项政策落地生根、开花结果，把乡村振兴绘制的美丽蓝图变成新时代农村改革发展的现实图景，为乡村振兴战略的顺利实施提供坚强组织保障。

一　乡村振兴对党建引领的基本要求

走好新时代乡村振兴之路，党建引领是根本，满足人民群众对美好生活的需求是核心，围绕农业农村优先发展是主线。充分发挥党组织优势，把党建资源转化为发展资源，把党建成果转化为发展成果，既是党建引领乡村振兴的基本路径，又是乡村振兴对党建引领提出的新要求。

（一）乡村振兴的“战略性”对党组织“引领力”的要求

习近平总书记指出：“农业农村农民问题是关系国计民生的根本性问题，必须始终把解决好‘三农’问题作为全党工作重中之重。”[①] 实施乡村振兴战略、坚持农业农村优先发展是解决“三农”问题的重要抓手。党中央把大力推进乡村振兴提升到战略层面，并将其写入党章，表明在全面建设

① 《习近平谈治国理政》第3卷，外文出版社，2020。

社会主义现代化国家新征程中，要始终坚持把解决好“三农”问题作为全党工作的重中之重，真正将其摆在优先位置。这是加快农业农村现代化、提升亿万农民获得感幸福感、巩固党在农村的执政基础和实现中华民族伟大复兴的必然要求，为新时代农业农村改革发展指明了方向、明确了重点。充分发挥基层党组织的引领作用，要注重发挥其政治功能和服务功能，加强对党员队伍的培育和管理，形成“头雁效应”。

（二）乡村振兴的“系统性”对党组织“组织力”的要求

乡村振兴战略是一个庞大的系统工程，要求按照产业兴旺、生态宜居、乡风文明、治理有效、生活富裕的总要求，实现乡村产业振兴、人才振兴、文化振兴、生态振兴、组织振兴，推动农业全面升级、农村全面进步、农民全面发展，加快推进农业农村现代化。实施乡村振兴战略，事关决胜全面建设社会主义现代化强国全局，必须形成全社会推动乡村振兴的合力，努力建设亿万农民幸福生活的美丽家园。只有担负基层领导核心的基层党组织坚强有力、全面过硬，才能激发广大农民的积极性、主动性、创造性，激活乡村振兴内生动力，高效领导、动员和组织党员群众变蓝图为现实，建设幸福美丽乡村。

（三）乡村振兴的“艰巨性”对党组织“战斗力”的要求

以党建为抓手，扎实推进抓党建引领乡村振兴，把基层党组织建成坚强战斗堡垒，使党组织成为实施乡村振兴战略的“主心骨”。当前，大力实施乡村振兴战略已成为农村工作重点。党组织要围绕战略实施，发挥好在脱贫攻坚主战场上的核心纽带作用，成为村民团结、信任、富裕、脱贫等各项工作的核心，团结带领群众抓生态宜居、抓产业发展、抓乡风文明、抓治理有效、抓共同富裕，切实把党组织建设成为凝聚人心、服务群众的战斗堡垒。

二　广州推进农村党组织体系纵深发展的现状及成效

农村工作千头万绪，抓好农村基层组织建设是关键。办好农村的事情，实现乡村振兴，基层党组织必须坚强，党员队伍必须过硬。党的十八大以来，广州着力强化村党组织对各项工作和各类组织的领导地位，出台具体举措，全面规范村级重大事项决策“四议两公开”，明确经济联社、农村经济合作社集体收益留存比例，全市村、组两级 1.23 万个农村集体经济组织党的建设得到全面加强。

（一）全面推行在经济联社设立党组织

广州市白云区紧盯高质量发展的痛点难点堵点，不断加强党的建设，先后出台 40 项党建改革制度，形成 20 项创新举措，打造“4+5+1”基层党建制度，党支部建在经济联社、业委会、网格上和村社换届选举“六公开”等党建品牌，基层党组织领导的“令行禁止、有呼必应”共建共治共享社会治理格局全面形成，大力推进经济联社管理改革，全区 1768 个经济联社组建党支部 1704 个，基本实现了全区经济联社党组织建设。覆盖，填补了基层治理工作的空白点和薄弱点。推行经济联社社长任命制，推动实现党支部书记和经济联社社长一肩挑，强化经济联社党支部对经济联社重大事项、印章使用、财务会计等方面的领导权和决策权，打通重点工作执行落实的“最后一公里”，有力地将上级党委的决策部署落实落细到位。创新打造了“4+5+1”基层党建制度（即农村“两委”干部 4 项管理制度、基层党员 5 项管理制度以及党支部星级评定制度），要求村社班子成员要公开履职承诺、结对联系党员群众、参加教育培训，并向党组织、全体村社干部和党员群众进行“三述”；要求基层党员亮身份亮承诺，包干一个责任区并联系群众。白云区还组建了村（经济联社）党员突击队，参与环境综合整治、突发事件处理等服务活动，并对党支部进行星级评定。白云区建立了覆盖所有村社的大学生名单，共计2.07万人，遴选后备干部2672人，公开招聘“一村（经济联社）一组织员”166人，参与村社班子分工，构建“大学生—后备干部—经济联社干部—组织员—村干部—党组织书记”梯次培养链，交出了一份以高质量党建引领保障高质量发展的白云答卷。

（二）加强基层组织的人员培养

荔湾区选优建强社区（经济联社）党委（总支、支部）班子。根据荔湾区老党员多、人户分离情况多等特点，采取老中青相结合的办法，按照政治素质、业务能力、年龄结构等原则合理选配支委会成员，特别重视选好党支部书记和组织委员，重点向在城市更新改造、参与重大项目、重点社区治理、扫黑除恶等工作中发挥关键作用的党员倾斜，选拔熟悉党务和基层治理、善于做群众工作的干部担任这些职务。

一是抓好党组织书记“头雁工程”。结合社区“两委”和经济联社领导班子换届选举，进一步提高社区（经济联社）党组织书记和居委会主任（联社社长）“一肩挑”比例。探索全面推行社区党组织书记和居委会主任“一肩挑”，书记、主任“一肩挑”的社区配备1名专职从事党建工作的副书记，没有实现“一肩挑”的社区，党组织书记专职负责辖区党建工作。建好社区（经济联社）党组织书记后备人才梯队，着眼社区（经济联社）党组织集中换届，按照不少于1∶2的比例建立党组织书记后备人才库。坚持把政治标准放在首位，注重把党性强、作风正、潜力大的优秀党员列为社区（经济联社）党组织书记、副书记和委员的后备人选；对后备人选进行重点培养，实行动态管理。深化“大学习、深调研、真落实”，以推动经济联社党组织建设为切入点，荔湾区“精选”政治素质高、思想作风硬、业务能力强的16名优秀处级领导干部，分别到16个承担区重大建设项目、产业园区、“城中村”改造的经济联社担任第一书记，在“抓重点、促发展，补短板、强弱项”上精准发力，建强经济联社党组织。

二是推进基层党建队伍专职化。各街道党工委设1名专职从事党建工作的副书记，并根据市委城市基层党建“1+4”文件，加快配备1名组织委员，每个街道配备党建指导员 4 名，在社区和经济联社配备 1 名组织员，逐步建立起基层党建专职工作队伍。

三是加强党务工作者全员轮训。在区委组织部成立基层党务知识宣讲队，在区委党校开设“书记学堂”“先锋论坛”等平台。区层面制订年度教育培训计划，确保每年至少开展 1 次新任职社区（经济联社）党组织书记培训，每年进行 1 次社区（经济联社）党组织书记和党务工作者党建专题全员轮训。各街道党工委结合实际搭建各种教育培训平台，制订年度培训计划，确保社区（经济联社）党组织书记队伍、党建骨干队伍、后备人才队伍、居民带头人等每年至少参加 1 次党建专题培训。加强挂职交流力度，社区（经济联社）党组织书记、副书记每届任期内至少安排 1 次到街道和职能部门机关的挂职锻炼，街道党建指导员每 3 年至少安排 1 次到职能部门和社区（经济联社）的挂职锻炼，挂职时间不少于 1 个月。

四是加强党员日常管理培训。严把党员发展关，各街道党工委每年制订发展党员计划，合理分配指标，保持支部发展党员的均衡性，防止出现支部多年不发展党员的现象。扎实做好失联党员规范管理和组织处置工作，做好组织关系排摸清理，对失联党员、不合格党员严格按照程序做好处置。开展党员日常教育培训，充分利用街道（社区）党群服务中心（站）、街道党校、党员远程教育站点等平台和阵地，加强党员日常教育，党员每年学习培训不少于 32 学时，至少每年参加 1 次街道组织的集中学习培训；各级党组织支委每年学习培训时间不少于 56 学时，至少每年参加 4 次街道党工委或街道党校组织的集中学习培训。

（三）打造第一书记驻村工程

2019 年《中共中央 国务院关于坚持农业农村优先发展做好“三农”工作的若干意见》指出：“建立第一书记派驻长效工作机制，全面向贫困村、软弱涣散村和集体经济空壳村派出第一书记，并向乡村振兴任务重的村拓展。”从化区以“百名第一书记驻村工程”为抓手开展基层党组织“头雁”提升行动，精准选配了一批第一书记，优选了一批村后备干部人选，推动基层党组织的组织力及基层干部队伍素质实现双提升。

一是探索建立“政治理论武装+专业能力培训+体验式教学”培育模式。创新开展村干部跟班学习活动，先后组织47名村干部（其中村支部书记14名）到区直党群、涉农部门或属地镇街等开展“零距离”“一对一”结对跟班学习，不断提升村干部政治能力和业务水平。

二是创新实施“头雁引领群雁高飞”计划。在党员领导干部、第一书记、优秀村党组织书记中组建“百名头雁”导师队伍，对在换届选举“回头看”专项行动中发现的45名干事动力不足、执行能力差，并造成集体经济特别薄弱的村党组织书记，实施区领导“一对多”、优秀党组织书记“一对一”、镇（街）领导班子成员“多对一”的挂钩联系，推动全区“头雁”整体素质提升。

三是建立第一书记岗前培训制度。设计“定制式”培训课程，帮助第一书记迅速转换角色、进入工作，积极为乡村振兴事业出谋划策，助推农业强农村美农民富。

四是明确第一书记角色定位。从化区要求第一书记以当好“六大员”为主线，把准角色定位：要当好“调查员”，走村入户熟悉党情村情民情，全面了解村“两委”班子、村经济社会发展、群众所思所盼所想等各项情况；要当好“协调员”，及时掌控所驻村的班子现状和干部群众思想动向，发现矛盾隐患提前介入化解，确保小事不出村、大事不出镇（街）、矛盾不上交；要当好“指导员”，加强政策法规学习，在吃透上级关于农村基层党建和“三农”工作路线方针政策基础上，积极为农村推进基层党建和乡村振兴事业出谋划策，助推农业强农村美农民富；要当好“联络员”，主动加强与镇（街）和区有关部门的沟通协调，发挥好桥梁作用，确保上情下达、下情上传；要当好“宣传员”，宣传好习近平新时代中国特色社会主义思想以及上级各项决策部署，推动党的路线方针政策家喻户晓、深入人心；要当好“服务员”，立足村情民意，着力解决村民最关心最直接最现实的利益问题。通过当好“六大员”，把党的声音及时传递到村基层，把农村工作做到村民的心坎里去，把工作干在实处。

三　广州党建引领乡村全面振兴的基本特征

近年来，广州市认真贯彻落实党中央和省委决策部署，把实施乡村振兴作为重大政治任务，充分发挥基层党建在推动“三农”工作、建设美丽乡村、助推富民兴村中的核心引领作用，勇于探索，大胆实践，迎难而上，开拓进取，走出了一条党建引领乡村全面振兴的新路子。

（一）突出政治引领，让思想“入心促行”

突出政治引领，就是要充分发挥基层党组织宣传党的主张、贯彻党的决定、领导基层治理、团结动员群众、凝聚人心、推动改革发展的战斗堡垒作用。坚持抓乡促村，落实县乡党委抓农村基层党组织建设和乡村治理的主体责任，不断提升农村党建整体水平；用党的创新理论团结教育党员群众，凝聚共识，不断增强政治认同、思想认同、理论认同、情感认同。从化区坚持突出政治功能，把党组织政治建设的要求转化为工作思路、工作举措和具体行动，确保在政治立场、政治方向、政治原则、政治道路上同党中央保持高度一致。把握政治建设的核心要求，抓好落实新时代讲习轻骑兵活动“一十百千万”工程，不断强化广大党员干部的“四个意识”，提升基层党组织的政治统领力。

一是创新开展新时代讲习轻骑兵活动“一十百千万”工程：建立一支忠诚核心、拥戴核心、维护核心、捍卫核心的“新时代讲习轻骑兵”；每年打造不少于十个“新时代讲习所”或“讲习轻骑兵工作站示范点”；每年组织百名讲习员上山下乡、进村入户；每年开展千场讲习活动；组织万名党员参与，让万名党员受到教育，推动习近平新时代中国特色社会主义思想和党的十九大精神家喻户晓、人人皆知。推动各级党组织和党员干部牢固树立“四个意识”，坚决维护习近平总书记的党中央核心、全党的核心地位，坚决维护以习近平同志为核心的党中央权威和集中统一领导，自觉在思想上政治上行动上同以习近平同志为核心的党中央保持高度一致。截至 2021 年 6

月，全区各级党组织共开展讲习活动780多场，参与党员、群众达34400多人次。中央电视台、《人民日报》、《南方日报》等中央、省市媒体分别对新时代讲习轻骑兵活动“一十百千万”工程进行采访报道。编印《习近平新时代中国特色社会主义思想摘要手册》《党的十九大以来中央和省市区有关中央会议精神学习材料汇编》等资料16500多册。

二是开展多形式、分层次、全覆盖的思想教育活动。开展“党员领导领学带学督学”活动，优化完善领导干部挂点联系乡村制度，严格落实党员领导干部双重组织生活制度，坚持深入所在党支部和乡村联系点开展讲党课等讲习活动，定期开展谈心谈话，示范带动基层党组织规范党内政治生活。通过领导干部带头学、专题培训系统学、基层全面学等形式，广泛深入开展“幸福奋斗讲坛”等思想教育活动，组织各领域先进人物代表与基层党员、群众分享幸福奋斗的经历和体会，推动思想大解放、观念大转变、精神大提振，为乡村振兴打牢思想根基。如米埗村充分利用2017年新建的党群服务站，为党员开展活动、开展学习提供了具备“新时代农民讲习所”“新时代讲习轻骑兵工作站示范点”“幸福奋斗讲坛”作用的场所，村党支部每月都会定期组织2~3次党课学习，同时不定期在二楼会议室或农户家中举行一些不同形式、不同主题的党建活动。2021年7月，区委组织部领导和党员同该村党员一起在田间地里与村民互动，帮助农户割稻打谷，并邀请“新时代讲习轻骑兵”一位退休老党员在田间地头为党员干部、村民讲述从化的革命党史等。

三是发挥新时代农民讲习所“大学习”平台作用。加强“新时代农民讲习所”和“新时代讲习轻骑兵工作站”建设，按照“有场所、有牌子、有制度、有书籍、有活动”的“五有”标准，每年打造不少于10个“新时代农民讲习所”或“新时代讲习轻骑兵工作站示范点”。加强“新时代讲习轻骑兵”讲习员队伍建设，着力把政治素质好、有一定政治理论水平，并善于同干部群众开展面对面、互动式宣讲的各战线、各领域的党员干部和先进人物引入讲习员队伍，不断扩大新时代讲习轻骑兵讲习活动的覆盖面和影响力。以特色小镇的“新时代农民讲习所”为主阵地，大力开展新时代讲习轻骑兵活动“一十百千万”工程，坚持“既要讲，也要习”，结合农村特点和农民需求，以群众喜闻乐见的形式创新开展讲习活动，推动习近平新时代中国特色社会主义思想深入基层、深入人心，引领提升农民精神风貌。

四是加强红色教育基地建设。强化对23处党史旧（遗）址巡查维护，深挖红色历史故事，打造红色教育基地。2015年以来，从化区先后将巢德麟小楼、白石嘴胡氏公屋、黄沙坑申请为广州市中共党史教育基地。2018年12月，黄沙坑革命遗址纪念馆开幕。2018年12月4日，西塘村建成全国首个乡村宪法馆。2019年8月，白石嘴胡氏公屋及周边被打造成红色教育打卡点。2019年8月14日，在流溪温泉荔枝球展览中心建成从化乡村振兴实践馆。此外，以编写《温泉镇志》为抓手，从2019年7月启动全面挖掘整理温泉历史文化工作，提升温泉历史文化软实力。通过打造红色教育基地，弘扬革命传统，有力传承红色基因。

（二）强化组织引领，让产业“兴”起来

发展产业是实现脱贫的根本之策，产业兴旺是乡村振兴的重要基础，是脱贫之基、富民之本、致富之源，是解决农村一切问题的前提。只有让农业成为有奔头的产业，农村全面发展才有坚实的物质基础，才能保障国家粮食安全。

1. 打造生态宜居美丽乡村

从化区坚持把规划作为生态宜居美丽乡村建设的“先手棋”，高起点高标准加强村庄规划和产业发展规划，在充分尊重农民意愿的前提下，充分利用得天独厚的生态资源优势，根据粤港澳大湾区、广东省和广州市产业转型升级的相关规划和建设趋势，主动融入粤港澳大湾区一体化发展协同机制，因地制宜，根据实际定位和特色引进相应项目，建设示范样板，带动上下游协同发展，印发《广州市从化区支持生态设计小镇发展的若干措施的通知》，通过“依托特色小镇建设，组团连片，辐射一批”的方式，精心打造具有岭南风格的特色小镇，辐射带动周边村庄共同发展，以特色小镇为动力源，以联动廊道为动力轴，将全区221个行政村统筹划分为15个片

区，对标特色小镇建设标准，全域推进生态宜居美丽乡村建设。按照核心区突出旅游社区服务功能，拓展区对标核心区提升人居环境品质的思路，实行“一个片区、一个规划、一种风格、一套标准”，充分发挥特色小镇核心村的辐射引领作用，带动拓展区约 90 个行政村成功打造生态宜居美丽乡村。探索构建“主线+支线+连接线”的线路网络，既有力推动了温泉、米埗、南平、莲麻等特色小镇的联动发展，也带动建成约 453 公里的流溪绿道，打造 6 条美丽乡村旅游线路，有效带动了周边农村的乡村振兴工作，成为全区乃至广州市生态经济发展新高地、特色经济发展新亮点，并引进和培育了一批具有行业影响力的科技和服务业龙头企业，带动全区乡村振兴工作。

2. 打造红色乡村旅游经济新生态

南沙区榄核镇强化党建引领产业发展，常态化把发展壮大镇域经济作为抓党建的重中之重，利用红色资源这一独特优势，开发集遗址参观、红色研学、绿色休闲采摘、娱乐游玩等项目于一体的红色旅游产业链，带动周边农户餐饮、民宿、特色农产品销售等业态发展；利用星海文化名片的品牌引领作用，打造非物质文化遗产香云纱项目——云纱星韵香云纱产业园，同时结合星海红色文化、香云纱非物质遗产文化、疍家人文化、沙田水乡文化、农耕文化，将该产业园建设为红色和传统文化传承特色研学基地，成为经济发展新增长极。打造农业产业集聚区形成碳中和新经济。榄核镇形成规模化乡村农业产业集聚区三个，分别是牛角村兰花基地、合沙村香云乐苑广东农业公园、民笙农场。三个园区年总收益超过 2600 万元，带动农户就业 323 户，乡村产业成功带动农村脱贫 300 余户。其中牛角村被评为“一村一品、一镇一业”专业村、首批省级专业村，牛角村兰花基地被评为市级农业公园。引入省级农业龙头企业助力甘岗村现代农业科技智慧示范园，打造全镇首个现代农业新技术研发、特色农产品生产推广、农旅深度融合示范项目。

3. 打造党建步道形成红色生态

榄核镇子沙村充分利用辖内榄核河、浅海涌、大王头涌等丰富的河道资源，对河堤沿线进行景观整治，打造了东堤、南堤绿道，长度共计约 5 公里。

2021年南沙区市民运动会“中国铁建杯·扬名立万”徒步活动之榄核分会场“生态子沙·绿境环游”绿道徒步行活动，就是以羊晚星海艺术基地为起点，沿子沙绿道环绕子沙村一圈，全程约5公里，社会主义核心价值观建筑标识、法治文化特色长廊在星星点点的紫色小花簇拥下映入眼帘，沿途设置了8个党史学习打卡点，增强了徒步活动的趣味性和教育性，进一步推进子沙村文化建设，涵养村居人文精神，提振村民的精气神。有些景点已经成为各地党组织过“红色”生活的热门打卡地，形成了榄核红色乡村旅游经济新生态。

（三）创新机制引领，让乡村治理迈上新台阶

广州市注重发挥党组织凝聚各类组织的核心作用，健全乡村党组织领导基层群众性组织开展工作的各项制度，建立人人有责、人人尽责、人人享有的社会治理共同体，积极把党组织的主张转化为群众的自觉行动。

1. 打造乡村集体经济治理新模式

荔湾区落实党建工作主体责任，牢固树立“抓好党建是最大的政绩”党建工作理念。街道党工委书记是街道社区（经济联社）党建工作第一责任人，每季度要主持召开1次辖区党建专题会议，每半年组织开展1次辖区党建工作专项督查，每年向区委常委会述职。街道党工委分管党建副书记、组织委员集中精力协助书记统筹推进党的建设工作；街道党工委其他班子成员严格落实“一岗双责”党建工作责任制。街道下属党组织书记每年要向街道党工委述职，接受基层党建工作述职评议考核。以《中国共产党党章》为根本遵循，规范街道党工委和社区（经济联社）基层党组织管理和运行机制。对各项运行制度进行梳理完善，重点健全完善基层党建工作责任制、领导班子工作规则、党政班子联席会议制度、党风廉政建设制度、思想政治工作制度、联系服务群众制度等自身建设制度规范，规范“三重一大”决策程序，形成完整的制度体系，推动街道社区（经济联社）基层党组织运行规范、作用充分发挥。坚持保障党员主体地位和各项权利，全面落实党内选举、决策、管理和监督等各环节的制度规定。以党支部标准化建设为抓手，按照工作标准、管理（考核）标准、服务标准的分类，对“三会一

课”、组织生活会、民主生活会、民主评议党员、请示报告、谈心谈话、党费收缴、支部主题党日活动等各类组织生活制度进行全面梳理，起草了《荔湾区基层党建工作标准化制度文件（征求意见稿）》，建立基层党支部可参照执行、街道党工委可考核监督的组织生活标准体系。开展支部标准化创建活动，选择了101个创建试点单位，在创建活动中全面落实制度规范，在窗口部门开展“我是共产党员”活动，引导党员“亮身份、比服务”，在机关普遍开展“机关党建+”系列活动，促进党建工作和业务工作相结合。加强组织生活台账管理，健全“五簿一册”，使街道社区（经济联社）基层党组织做有依据、学有规范、查有台账。

2. 加强党建引领推动垃圾分类工作形成“西村模式”

海珠区坚持党建引领，深入贯彻落实习近平总书记“垃圾分类就是新时尚”的理念，深化政企合作模式的垃圾分类前端减量做法，围绕“一户一码”智慧分类平台构建了五种机制，即强化市场化运作机制、激励机制、家校互动机制、阵地配套完善机制、监督检查机制等五种机制，即“1+5”模式。在市、区指导支持下，在辖内建成生活垃圾收运区、回收宣教基地，与西增路、增埗公园、广雅小学、岭南湾畔小区等垃圾分类宣传、教育、实践场所设施形成配套的全链条硬件系统，积极探索打造生活垃圾分类2.0模式，持续擦亮垃圾分类品牌。2020年11月，西村街被列为全国垃圾分类大会广州市参观点之一，迎接了湖南、江西和福建省代表的考察，住房和城乡建设部在《城乡建设》上刊发《践行垃圾分类“新”元素的西村案例》，全面介绍西村街以党建引领垃圾分类工作的具体做法。西村街将党建引领落实到垃圾分类工作的各个方面。

首先是党建引领党员带头。以党工委党建联席会议，街道、社区两级生活垃圾分类联席会议等形式，将垃圾分类作为落实生态文明理念、加强基层治理的一个重要内容，由党组织书记任第一责任人，常抓常议，形成了党建引领、党员带头、党群协同的运作机制，营造了社区党组织、居委会、业委会、物业公司、机团单位、企业、志愿者“多维一体”联动参与的氛围。组织辖内69个党组织、1900名党员开展“我能为垃圾分类做什么”的主题讨论，党员带头转变思想，从我做起、从家庭做起、从力所能及的事做起，不仅积极参与街道和社区的垃圾分类宣传、站桶指导等工作，还带动家庭严格实行分类投放。2020 年初至今，先后有 1260 多名在职党员利用周末和夜晚时间，参与所在社区垃圾分类工作，包括到现场分类指导、到定时投放点站桶引导、上门入户宣传教育等。

其次搭建“一户一码”智慧平台。在居民登记注册后，将每户居民信息绑定独立二维码，居民在家将垃圾按干湿两类用带码的垃圾袋分装后投放，经收集统一运送到垃圾处理站，站内终端进行扫码识别、破袋抽样检查，实时掌握社区居民有没有参与垃圾分类、分类次数多少和分类质量如何。参照居民“一户一码”模式，为辖内 38 个机团单位、8 个物业管理小区、140 多家餐饮企业制作独立二维码，由环卫工人、垃圾处理站通过终端掌握数据，为街道实施管理监督提供有效支撑。

最后是开展“小手拉大手”家校互动。在辖内 13 所知名中小学、幼儿园每周组织“环保 · 分类”主题班会，每月开展宣传、征文活动，每季举办“环保之星”“分类之星”“最美家庭”等评比活动，在比学赶帮超中树立垃圾分类意识，带动家长参与垃圾分类。定期开展“小手拉大手”主题实践、“垃圾分类开学第一课”观课等活动，在亲子互动、共受教育中，家长陪同孩子一起学垃圾分类、孩子在家中督促家长垃圾分类，达到教育一个孩子、影响一个家庭、带动一个社区的目的。组织学生走出学校，到由附近增埗公园生活垃圾收运区、垃圾分类青少年宣教基地和岭南湾畔分类示范小区等场所组成的垃圾分类精品示范点去参加社会生态环保实践，以“垃圾分类小志愿者”“小河长”的身份参加社区垃圾分类督导和增埗河河涌治理等工作，把垃圾分类知识、习惯转变为生态文明和环保理念，使垃圾分类成为他们人生成长道路上的绿色必修课。

3. 全面启动温泉风景区整治提升工作

从化区温泉风景区具有独一无二的温泉资源、文化景观，但多年的无序发展使老温泉区陷入了管理无序、秩序混乱的境地当中，没有激发出应有的活力，成为从化乃至广州的一块“心病”。确立美丽小镇战略后，从化区全面启动了对温泉风景区的整治提升工作，为解决景区内的设施、景观、功能、产业问题，以完善公共服务设施、旅游服务设施、交通设施、市政基础设施、历史文化、生态、景观等七大方面为重点制定了《从化温泉风景区三年行动计划（2016~2018）》，在2016~2018年实施14个整治提升项目，逐年完善景区的设施、景观和功能。2017年2月，温泉东路改造工程正式实施，对道路路面、排水给水系统、路灯照明、景观绿化、电力管道、通信线路等进行全面完善改造。2018年，为巩固改善人居环境整治成果，在全镇掀起新一轮改善农村人居环境工作新高潮，广州从化温泉镇全体镇村（居）干部继续发力，扎实推进人居环境整治工作。镇党政领导深入各村（居）参与、指挥、督导整治工作，根据各村（居）实际情况，研究、制定工作措施；包村干部每天到村（居）和村（居）干部开展整治工作，镇村干部全力投入，形成一级带着一级干、全面参与、上下联动、整体抓落实的工作机制。镇、村干部利用节假日及晚上时间，通过召开村党员干部、村民家长会议、入户宣传等形式，向群众宣传环境整治的意义，广泛发动群众树立文明意识，养成文明习惯，积极支持和参与人居环境整治，共同打造干净、整洁、舒适的人居环境，共同建设生态宜居美丽家园。围绕居住环境“干净、整洁、有序、宜居”的目标，各村（居）组织发动群众全面开展“三清理”“三拆除”“三整治”，按照新标准每天坚持清理内巷建筑材料乱堆放、房前屋后杂草杂物、积存垃圾以及沟渠池塘小溪（河）中的淤泥、漂浮物和障碍物；积极做通做透群众思想工作，拆除旧危房、旧废弃猪牛栏和露天厕所等。乌石、石南、龙桥、南星等村扎实推进“三拆除”工作。2018年10月20日和21日，温泉镇25个村（居）集中开展环境整治工作，据统计共出动镇村（居）干部、党员群众、保洁员1180多人次，钩机10台次，清理卫生死角110多处，清理杂物乱堆乱放1050多处，清理建筑废物堆积120多处，清理大件废弃物20多车，派发宣传资料1000多张。为进一步破解风景区历史文化资源挖掘利用不够、产业特色不突出、基础设施建设滞后、城市管理落后等问题，省、市对从化温泉风景区提出加快提升品质、启动新一轮升级改造等工作要求，温泉地区被定位建设成以环境“生态核”、历史“文化心”、经济“创新带”、旅游“风景区”、生活“宜居地”为目标的粤港澳大湾区红色文化传承地和生态经济核心区。根据《关于加快实现“老温泉、新活力”从化温泉地区全面提升三年行动方案》，从化区统筹整合温泉镇卫东村、温泉村、天湖村、云星村、宣星村、乌石村以及区域各种资源，加快拓展从化温泉发展空间，用三年时间实施7大提升行动和60项具体工作任务，将温泉地区打造成为具有全国引领作用的乡村振兴示范点，建设国家5A级旅游景区。同时通过深入挖掘红色历史文化、温泉康养文化和流溪河流域地方民俗文化，全面提升从化温泉地区文化综合实力。

四　以高质量党建引领乡村振兴的经验启示

广州市在建设乡村振兴示范区实践过程中，坚持加强党对“三农”工作的领导，认真处理好长期目标与短期目标、顶层设计与基层探索、充分发挥市场决定性作用与更好发挥政府作用、增强群众获得感和适应发展阶段的关系，科学规划、注重质量、从容建设，成功谱写了“产业兴旺、生态宜居、乡风文明、治理有效、生活富裕”的新时代乐章。成绩来之不易，经验弥足珍贵，我们深切感受到实现乡村全面振兴是中国数亿农民简单朴素的愿望，承载着中国共产党人的初心使命，体现了中国共产党人的历史担当。具体有四点经验启示。

（一）坚持以理论为先导，不断学习贯彻习近平总书记关于“三农”工作的重要论述，是推动乡村全面振兴的根本遵循

实现乡村全面振兴这一新时代伟大任务，离不开科学思想的指引。党的十八大以来，习近平同志站在党和国家发展全局的高度，围绕实施乡村振兴战略提出了一系列重要论述。这些重要论述立意高远、内涵丰富、思想深刻。广州市坚持以习近平总书记关于“三农”工作的重要论述为指导，坚定不移地在“五个振兴”上下功夫、做文章、开新局，走出了一条具有超大城市特色的乡村振兴之路。广州市的生动实践证明，只有始终坚持以习近

平新时代中国特色社会主义思想为指导，才能准确把握实施乡村振兴战略的基本要求和重点任务，因地制宜、精准施策，集中力量、攻坚克难，奋力推动乡村实现全面振兴。

（二）坚持以党建为引领，不断加强党对新时代“三农”工作的坚强领导，是推动乡村全面振兴的根本保证

办好农村的事情，关键在党。广州市坚持继承和发扬党管农村工作的宝贵传统，坚持党建引领，构建起市、区、镇（街）、村四级书记齐抓乡村振兴的工作格局，组织万名党员干部、千名镇村干部、百名第一书记深入开展“一走访、三必到、五必访”网格化联系服务群众活动，充分发挥农村基层党组织战斗堡垒作用，让基层党员干部成为百姓贴心人，推动农民群众发财致富“不找神婆找支部”。广州市的实践证明，坚持党的领导是党和国家的根本所在、命脉所在，也是全国各族人民的利益所系、幸福所系，更是推动乡村全面振兴的“主心骨”。只有全面推进党建工作，把基层党组织锻造得更加坚强有力，才能团结群众、带领群众在推动乡村全面振兴的伟大实践中不断从胜利走向胜利。

（三）坚持以人民为中心，不断满足广大农民对美好生活的新期待，是推动乡村全面振兴的根本目的

农民是农业农村发展的主体。广州市在建设乡村振兴示范区的过程中，坚持把群众满意作为党委和政府推动发展、干事创业的第一标准、第一导向，坚持问计、问需、问政于民，尊重农民的首创精神，让广大农民成为美丽家园的建设者，把实事、好事办到老百姓的心坎上，不断提升农民的获得感、幸福感、安全感。广州市的实践证明，坚持以人民为中心，一切为了人民，为人民谋幸福，是我们党贯穿革命、建设、改革伟大历程的永恒主题，是历经一个世纪风雨依然矢志不渝的真挚初心，只有充分调动和激发人民群众的积极性、主动性、创造性，增强人民群众自我发展能力，才能凝聚起实现乡村全面振兴的磅礴力量。

（四）坚持以创新为动力，不断破除束缚实现农业农村现代化的体制机制问题，是推动乡村全面振兴的根本方式

创新是推动发展的第一动力。广州市坚持向改革创新要动力，深化重点领域和关键环节改革，积极探索农民分享产业链增值收益机制，实行“村集体经济组织+国有企业”合作共建模式，高标准推进点状供地、全域土地综合整治改革，激活乡村振兴的内生动力，推动农业农村短板变为“潜力板”。特别是以特色小镇为典型示范，以点带面，组团连片，辐射带动周边农村共同发展。广州市的实践证明，只要我们不忘初心、牢记使命，坚定信念、勇于担当，始终保持共产党人敢为人先的锐气、蓬勃向上的朝气、锐意创新的勇气，就没有什么难关是攻克不了的，就没有什么事情是办不成的。

参考文献

[1] 张国磊、张燕妮：《新时代乡村振兴主体的角色定位》，《农村经济》2019 年第 12 期。

[2] 吴毅：《小镇喧嚣：一个乡镇政治运作的演绎与阐释》，三联书店，2007。

[3] 李志、陈旎、李苑凌：《历史与现实：新时代基层公务员需要特征及激励机制》，《重庆社会科学》2020 年第 4 期。

分 报 告

Sub-reports

B.3 广州乡村产业振兴发展报告

——粤港澳大湾区"菜篮子"工程与现代农业产业体系创新实践

陈侨予*

摘　要：粤港澳大湾区"菜篮子"工程是广州市落实构建国内大循环、国内国际双循环相互促进新发展格局战略的重要抓手，是推进现代农业产业体系创新和实施乡村振兴的重要支撑力量。在百年未有之大变局、世纪疫情及局部战争与冲突相互交织等激烈动荡的世界格局下，粤港澳大湾区"菜篮子"工程面临新的挑战，推进和完善以粤港澳大湾区"菜篮子"工程为代表的现代农业产业体系建设的时代意义愈发凸显。本文采用定性与定量相结合的研究方法对粤港澳大湾区"菜篮子"工程建设进行深入研究，探寻"菜篮子"工程在建设过程中面临的挑战，利用地理区位因素、产业基础优势等服务创新发展格局，完善农产品生产及流

* 陈侨予，博士，中共广州市委党校讲师，中山大学粤港澳发展研究院副研究员。

通服务体系，引领我国农产品高质量发展，构建现代农业对外开放上下游产业链，打造以广州为枢纽的粤港澳大湾区“菜篮子”现代农业产业体系，确立我国农产品国际国内双循环流通的国际基础核心地位。

关键词： 粤港澳大湾区　现代农业产业体系　“菜篮子”工程

一　粤港澳大湾区“菜篮子”工程的建设现状及独特优势

我国农业农村现代化建设的关键就是构建现代农业产业体系，这是农业改革、乡村振兴和农村发展的必然要求。现代农业产业体系的内涵包括三个层面，即形成现代农业产业体系、现代农业经营体系，以及现代农业生产体系三大体系。自 2019 年 4 月启动粤港澳大湾区“菜篮子”工程建设以来，两年多时间里，“菜篮子”工程始终聚焦习近平总书记提出的农业高质量发展目标，从建设现代化农业产业体系的三个层面持续发力，推进农业供给侧结构性改革，服务于创建新发展格局，以立足广州、服务湾区、联结泛珠、辐射内地为定位，着力构建与广州国际消费中心城市相匹配的高品质食用农产品生产体系、标准体系、流通体系，以稳定供给、保障民生为底线，不断满足人民群众多样化消费需求。广州作为粤港澳大湾区核心城市，建设“菜篮子”工程已具备地理区位、产业基础、市场基础、自然生态及科技研发等基础性明显优势。

（一）农产品产业市场集散中心规模化发展

粤港澳大湾区“菜篮子”工程进入建设期以来，充分发挥广州作为粤港澳大湾区核心城市的集散优势，搭建全国性合作共建平台，具有较为完善的农业基础设施，农业布局结构逐步优化。目前，全国已有 24 个省（自治区、直辖市）的138个地级市（州）加入粤港澳大湾区“菜篮子”工程合作共建，建立了17个配送中心，认定了1629个生产基地、116个加工企业。加入广州“菜篮子”工程建设的有国家级龙头企业9家、上市农业龙头企业13家，数量居全省第一；此外还有国家农民合作社示范社10家、家庭农场559家。累计建成农业农村部蔬菜标准园9家、国家级水产健康养殖示范场37个、农业农村部和广东省畜禽养殖标准化示范场各10个、农业农村部“无非洲猪瘟小区”1个、广东省生猪屠宰标准化企业2个、广东省现代化美丽牧场2个。“十三五”期间广州主要农产品的生产情况如表1所示。

表1　“十三五”期间广州主要农产品生产情况

品种		单位	2016年	2017年	2018年	2019年	2020年
蔬菜	播种面积	万亩	218.77	213.26	218.93	222.10	226.46
	产量	万吨	374.02	383.77	368.79	385.32	403.82
水果	种植面积	万亩	93.82	95.86	93.62	95.69	105.63
	产量	万吨	49.48	52.81	60.57	64.26	79.25
生猪	出栏量	万头	96.99	76.35	58.20	41.20	42.22
家禽	出栏量	万只	11048.38	6038.10	6715.16	6828.73	6713.20
肉类	总产量	万吨	21.83	19.22	13.52	11.49	11.00
水产	产量	万吨	48.25	47.16	45.42	46.52	50.75
禽蛋	产量	万吨	2.51	1.35	2.36	2.30	2.06
牛奶	产量	万吨	4.97	3.79	3.57	3.22	3.09

资料来源：2017~2021年的《广州统计年鉴》《广东农村统计年鉴》。

在市场基础方面，广州市拥有农产品交易市场65个，其中广州江南果菜批发市场是广州市最具规模的果菜批发市场，也是中国乃至东南亚地区最大的果菜集散地之一，蔬菜交易量一直稳居全国第一。以广州为核心的粤港澳大湾区“菜篮子”工程既满足了构建全国农产品统一大市场的现实需要，也是现代化农产品产业市场集散中心规模化发展的代表性成果之一。

（二）农产品高质量高标准体系日益完善

为推进和完善现代化农产品高质量发展，粤港澳大湾区“菜篮子”工程在标准引领、平台溯源、政策扶持、监管保障方面打造现代化农产品高质量发展标准体系。广州市全力以赴推进标准编制，构建湾区“菜篮子”工程产品质量安全指标体系并取得阶段性成果，选取供港澳治疗标准和国家标准中最严指标，编制形成《粤港澳大湾区“菜篮子”平台质量安全指标体系》，总限量指标值达 21210 项次，在此基础上，完成蔬菜、水果、水产品等 9 项团体标准编制发布工作。在产品质量安全溯源方面，基于“数字政府”的技术支撑，充分利用区块链、物联网、视频监控、大数据及人工智能等新一代技术构建的平台，立足广州、辐射全国，建立包含选种、生产、加工、销售全链条数据信息一体化的粤港澳大湾区“菜篮子”工程农产品质量安全溯源管理系统。在政策扶持方面，相关地市面向“菜篮子”工程认定基地出台了相应的优惠政策，以鼓励生产品类丰富、绿色、高品质的现代化农业农产品。以“全程监管”为目标，构建全链条、全通透的质量安全监控体系。实行属地海关、农业主管部门双重监管以及随机抽查机制，杜绝监管“零盲区”，对不合格产品“零容忍”，最大限度地确保了粤港澳大湾区“菜篮子”工程提供的都是高质量高标准的农产品。

（三）农产品物流体系建设区位优势明显

作为粤港澳大湾区“菜篮子”工程的主要发起城市，广州是粤港澳大湾区的四个核心城市之一，毗邻港澳和东南亚地区，拥有沿海、沿边重要地理枢纽的区位优势。广州管辖范围内具有深水港、国家级自由贸易试验区、综合保税区、经济技术开发区，是 RCEP、CPTPP 双协定涵盖的自贸区。广州也是农产品航运物流及铁路运输的重要枢纽。南沙区粮食通用码头是华南地区首个粮食装卸量突破千万吨大关的作业码头，港口仓储可达 180 万吨，位列全省第一。依托珠三角作为广东省乃至全国水产品集散中心的地理区位优势，广州市正逐步发展成为全国水产品交易中心之一。广州南沙国际物流中心是全国最大的临港冷链仓储群和综合型冷链分拨基地。粤港澳大湾区"菜篮子"工程南沙流通中心等一批重大冷链物流项目正在顺利推进，国际冷链产品交易中心项目将落户花都区。广州深水港上接"一带一路"国际航线，下承中欧班列，可通达中东、欧洲等区域，打通了海陆联运通道。目前，涉及"菜篮子"工程农产品销售的企业里，有86.6%的企业集中在珠三角地区，其中有58.6%的企业将产品销往港澳市场，15.9%的企业已开辟东南亚或欧美日地区市场业务。①

（四）农业产学研上下游产业链优势聚集

作为省会级城市，广州现代化农业产业高校和科研院所聚集优势明显，资本和技术集聚效应增强，已逐步形成结构相对完善的产学研相辅相成的现代化农产品产业链。如华南农业大学、广东省农业科学院蔬菜研究所、广州粤港澳大湾区"菜篮子"研究院等科研单位，在广州各区现代农业产业园建立了产业研究院、教学实践基地、博士工作站等，与各大企业合作进行新型农业技术研发，并建立了产业孵化机构，加速科研成果转化。同时，粤港澳大湾区"菜篮子"工程企业以高标准带动品质提升，市级以上龙头企业超七成。其中，国家级龙头企业占16.9%，省级龙头企业占34.1%，市级龙头企业占22.0%。② 2021年广州市举办了三期生产基地和加工企业培训班，对有关粤港澳大湾区"菜篮子"工程的政策方案、建设意义、功能定位、运行模式、质量安全监管等进行解读，共培训430余人次。各配送中心还积极配合当地农业农村部门开展相关培训，累计达4000余人次。通过培训极大调动了生产企业的积极性，2021年生产基地累计达1629个（广州105个），加工企业累计达到116个（广州19个）。高校、研究机构与企业联合推进科研保障和企业激励机制，进一步激发了

---

① 数据来源：广州市农业农村局蔬菜办，http://nyncj.gz.gov.cn/。

② 数据来源：广州市农业农村局蔬菜办，http://nyncj.gz.gov.cn/。

现代化农业产业科研人员和农业企业的积极性、主动性、创造性，现代化农业发展“产学研”支撑体系不断健全，优势尽显。

（五）农业产业带建设自然环境优势突出

广州地处南亚热带，其气候属南亚热带典型的季风海洋性气候。由于背山面海，具有温暖多雨、光热充足、温差较小、夏季长、霜期短等气候特征。全年水热同期，雨量充沛，广州的气候和地理环境都适宜农作物生长，农产品种类繁多，以蔬菜、水果、花卉和水产等为主，因此被称为四季常绿、花团锦簇的“花城”。广州利用良好地理气候环境，已形成优质蔬菜、岭南水果、花卉、水产等特色产业带，粤港澳大湾区“菜篮子”工程积极组织建设现代化农业产业园，引领带动现代农业发展加速提质增效。

（六）农业产业数字化智慧化科技赋予新动能

作为全国先行先试的排头兵，广州的数字农业、智慧农业发展处于全国领先水平。在新冠肺炎疫情冲击下，以“农业+5G”“农业+人工智能”“农业+直播带货”为代表的数字经济成为粤港澳大湾区“菜篮子”工程发展的新动能。如广州智慧农业气象服务平台实现农业气象监测、评估、预报、预警业务一体化，决策分析和服务产品制作自动化，充分发挥了数字气象平台作用。同时，数字农业推动精准生产，利用5G技术采集和监测基地情况、精准施肥，同时，无人机喷洒、人工智能收割等新技术、新机械的应用有效地提高了粤港澳大湾区“菜篮子”基地的规模化标准化水平。除此之外，数字农业也推动了粤港澳大湾区“菜篮子”产销对接，推动创新营商模式，通过直产直销、“互联网+销售”、直播带货等创新粤港澳大湾区“菜篮子”工程电商模式，有效地破解了疫情下农产品销售的难题，拓展了线上销售渠道。

二　制约粤港澳大湾区“菜篮子”工程建设的瓶颈

（一）现代农业产业化规模化水平偏低

既有的粤港澳大湾区“菜篮子”工程产业基地数量不足。作为“菜篮子”工程的主导城市，广州市目前百亩以上蔬菜基地有97个，其中已加入粤港澳大湾区“菜篮子”工程蔬菜生产基地的有33个，粤港澳大湾区“菜篮子”工程平台产品质量安全指标团体标准体系尚无法覆盖所有生产基地，代表不了粤港澳大湾区“菜篮子”工程落地的实质成效。同时，广州作为超大城市，农用地资源紧缺，土地碎片化严重，导致“菜篮子”工程基地建设规模化程度不高。据广州年鉴统计，目前广州市蔬菜常年种植面积为39.4万亩，而百亩以上蔬菜基地的面积约3.77万亩，全市占比不足10%。[①] 目前，粤港澳大湾区“菜篮子”工程的各基地建设用地指标普遍收紧，珠三角发达地区土地流转费用高，粤西北山区优质土地少，制约了粤港澳大湾区“菜篮子”工程生产基地和加工企业向规模化发展。2021年，广州建设标准化蔬菜大棚面积126.64公顷，装有自动喷灌系统面积659.7公顷，建设蔬菜冷库容量4712立方米。

（二）现代农业产业体系核心辐射功能弱化

粤港澳大湾区由11个城市共同构成，是同属一个国家、实行两种制度、存在三个关税区的异质城市群，制度与观念的异质性、区域发展的差异性导致4个中心城市的聚集、辐射、带动功能弱化，地域矛盾及城乡关系矛盾突出，特别是在“菜篮子”工程相关建设中，相关产业发展差距较大。港澳地区重工轻农，香港绝大部分土地被用于工业生产及商业活动，澳门农业已随都市化发展而萎缩。广州、深圳两市与其他地区政策权限不同，存在一定

① 数据来源：广州市农业农村局蔬菜办，http：//nyncj.gz.gov.cn/。

程度上的地区及城乡壁垒。整体来讲，粤港澳大湾区的“菜篮子”工程相关产业层次与标准化程度偏低，产品链条较短，缺乏协同推进机制，区域发展不平衡。

（三）主导权责不明晰，条块关系错位

虽然目前粤港澳大湾区“菜篮子”工程是由广州市农业农村局牵头，广州海关，广州市发展改革委、商务局、规划和自然资源局等配合实施，但在实际操作过程中，主要是由广州市农业农村局下属的“蔬菜办”进行项目规划建设及日常相关管理工作，而建设范围及管理涵盖了粤港澳大湾区及全国的蔬菜基地，供港供澳基地等，农业农村局“蔬菜办”的权责无法全方位地对省级甚至港澳及全国的蔬菜基地及供应链进行管理，也没有与之相匹配的实权可以与海关、国土局、市场监管局等纵向或者横向的部门进行协商和沟通。如现有的粤港澳大湾区“菜篮子”通关（增城）便利区，本应该是以“政府搭台+企业主导+市场调节”的模式实现“菜篮子”服务平台和海关通关服务平台互联互通，以政务中心的形式进行统一管理的“一站式”综合服务平台，尽管黄埔海关已将关口直接前移到增城区“菜篮子”生产基地，但由于权责不匹配，一直无法与各部门达成良好的共识，导致如今“菜篮子”工程的通关便利区仍由企业主导来进行日常的管理及进出关申报工作。在调研中发现，很多企业甚至不知道该向哪个部门咨询基地蔬菜进出口的资质及相应的报关流程。同时，在基地建设中遇到的资源整合、土地流转、消防安全、行政执法、市场运营等一系列问题，都存在纵向和横向权责不清、条块关系不明的问题，造成基地建设的时效和能效低下。

（四）人力资源短缺，劳动力成本急剧增加

广州市农业农村局的问卷调查数据显示：广州市农业生产企业工人平均固定薪酬从2019年的4500元/月，增长至2021年的5500元/月，年均递增22.2%；临时工人薪酬从150元/天增长至200元/天，年均递增

33.3%。同时，农业生产企业对技术人才需求强烈。调研中，有44%的企业将“专业人才匮乏，人才引进难”列为当前经营面临的主要问题。① 多位受访企业负责人表示，如今热爱农业、懂农业专业技术的年轻人才极为匮乏，高素质人才普遍存在“进不来、留不住”的情况。受珠三角虹吸效应影响，高学历人才更倾向于往大城市流动，导致省内部分偏远地市的农业企业很难留住人才，人才流失现象比较严重，严重制约当地农业企业健康发展。

（五）运输链供应链及相关配套设施建设滞后

虽然广州具备得天独厚的地理区位条件，具有良好的海陆联运优势，但现有的运输链、供应链基础无法满足“菜篮子”工程基地生鲜产品海外运输仓储的高要求。基地企业在选择进出口主要港口时并没有选择在广州境内的南沙港或者黄埔港，而宁愿选择更远一点的深圳。主要原因就是广州的港口并不具备大规模冷链鲜链货物的运输和储备条件，具备能够插电运载鲜链冷链的船舶极少，基础配套满足不了现实需求。

三　加快构建以粤港澳大湾区“菜篮子”工程为代表的现代农业体系政策建议

（一）提高粤港澳大湾区“菜篮子”工程建设的战略站位

本研究认为，我国应将粤港澳大湾区“菜篮子”工程建设上升到国家战略层面，学习前海模式、横琴模式等，以省级及以上部门进行统筹安排，完善粤港澳大湾区“菜篮子”工程建设的领导团队和领导梯队，建立省长、市长负责的双领导制，构建相关职能部门共同参与的联席会议协调工作机制，厘清权责及条块关系，推动国家、省、市各相关部门对粤港澳大湾区

① http：//nyncj. gz. gov. cn/zw/tzgg/content/post_ 8029327. html.

“菜篮子”工程有序发展等重要问题提供指导意见，为全面推进粤港澳大湾区“菜篮子”工程建设提供有力的组织保障。

（二）大力推进粤港澳大湾区“菜篮子”工程基地建设

一是加大政策支撑力度，促进规模生产。加强全面统筹，稳定和保护“菜篮子”工程基本用地。制定鼓励土地流转的政策措施，推动“菜篮子”工程基地专业合作社做大做强，鼓励小农户通过土地流转加入合作社，实现适度规模经营，夯实产能根基。二是以设施化为倍增器，提升单产效益。加大资金扶持力度，建设一批区域特色突出的“菜篮子”工程生产基地，推动各涉农区大规模蔬菜连片种植示范园建设，在每个涉农区选取1~2个基地作为试点，积极发展现代化设施农业，提升“菜篮子”工程基地设施面积，在基地用地面积不增的前提下，实现“菜篮子”工程基地产品的质量及产量提升。三是以市场引领生产，调整产业结构。以消费市场和生态优势为导向，从种业支持、市场信息支撑、技术服务入手，加强对“菜篮子”工程发展的宏观引导，调整基地品质种植结构和播期，大力推动特色精品蔬菜种植，提升市场竞争力和效益。四是完善“菜篮子”工程基地综合性配套运营模式，促进基地产业与新乡村示范带等结合，促进乡村旅游、文化产业、科研院所等多重合作，打造基地共建共享新模式，有效促进基地的后期经营和长期管理。

（三）加快推进南沙农业对外开放试验区建设

加快推进南沙区创建农业对外开放合作试验区方案落地，促进粤港澳大湾区“菜篮子”工程主动参与和融入以RCEP为代表的现代农业国际国内双循环的新渠道。南沙区有着良好的创建农业对外开放合作试验区的先天优势，有助于利用国际国内两个市场、两种资源推动粤港澳大湾区“菜篮子”工程形成以外带内、以内促外的现代化农业对外开放新格局，打造全国优质高效的农业对外开放合作的先行先试区。加快推进南沙农业对外开放试验区的建设是粤港澳大湾区“菜篮子”工程建设的内在需求，也是突破现代化农业体系建设的难点痛点，顺应时代之势，探索乡村振兴新切入点、新模式的重要策略。

（四）加大粤港澳大湾区“菜篮子”工程建设人才扶持力度

加快制定完善粤港澳大湾区“菜篮子”工程专项人才政策，制定乡村人才专项规划。充分摸查评估企业需求意向，探索出台粤港澳大湾区“菜篮子”工程建设人才信息库和需求目录；支持各行业、各领域科技人员聚焦粤港澳大湾区“菜篮子”工程，通过农业科技创新研究、技术交流与合作活动，推动人才交流引进；积极落实粤港澳大湾区人才高地建设工作方案，完善人才奖补政策和人才工作体系，让人才“进得来、留得住”。

（五）完善配套物流设施建设增强流通服务能力

加快落实粤港澳大湾区“菜篮子”工程配套物流设施建设，完善流通体系。推进以粤港澳大湾区“菜篮子”工程配送中心为平台的交易、仓储、分拣、配送体系建设，由近到远、由点到面，延伸形成全面覆盖的粤港澳大湾区“菜篮子”工程产品流通体系。以政务中心的模式完善通关便利区的建设，便利“菜篮子”工程基地企业一站式申报进出关。特别是要加强如生鲜果蔬类要求较高的冷链鲜链运输的冷库仓储能力和运输能力，打造以南沙港、莲花山等航运货运码头为集散点的对内对外航运陆运仓储供应链，促进大湾区“菜篮子”工程产品国内国际双循环互联互通。

粤港澳大湾区是我国地理区位最前沿、开放程度最高、经济活力最强、人口质量突出的区域之一，在国家发展大局中具有重要战略地位。粤港澳大湾区“菜篮子”工程建设是落实习近平总书记对广东重要讲话和重要指示批示精神的实际行动，也是推动粤港澳大湾区建设和现代农业产业体系建设的重要举措。粤港澳大湾区“菜篮子”工程无论是在现代农业供给体系的源头如产品资源开发、现代农业标准引领、现代农产品流通体系建设方面，还是在市场供给体系建设领域，都率先进行了一系列尝试，并获得了较为丰富的经验。本报告从提高战略定位、推进基础产业建设、构建双循环体系、提高流通服务能力、聚焦人才引领诸方面提出相关渐进式改革与完善广州现代农业体系建设建议，以期以广州为枢纽的粤港澳大湾区“菜篮子”工程现代农业产业体系、经营体系及生产体系得到更高质量的发展。

参考文献

［1］莫秀超：《新时期我国现代农业产业体系构建的若干思考》，《农业经济》2022年第6期。

［2］广州城建职业学院联合课题组：《推动广州农业增效农民增收的分析研究》，朱名宏主编《广州城乡融合发展报告（2021）》，社会科学文献出版社，2021。

［3］广州市人大常委会农村农业工委课题组：《2017~2020年推进广州市生鲜农产品“互联网+”冷链配送体系建设研究》，朱名宏主编《广州城乡融合发展报告（2021）》，社会科学文献出版社，2021。

［4］彭晓丹、欧善国：《广州数字农业与气象服务融合发展研究》，《热带农业科学》2021年第12期。

［5］广州市社会科学院课题组：《2020年广州市城乡产业融合发展的总体思路与战略研究》，朱名宏主编《广州城乡融合发展报告（2021）》，社会科学文献出版社，2021。

［6］广州市统计局农村处课题调研组：《2020年广州市乡村产业振兴调研报告》，涂成林等主编《广州蓝皮书：2021年中国广州经济形势分析与预测》，社会科学文献出版社，2021。

［7］卢灵、万俊毅：《2019~2021年粤港澳大湾区城乡融合发展的思考与建议》，朱名宏主编《广州城乡融合发展报告（2021）》，社会科学文献出版社，2021。

B.4

广州乡村人才振兴发展报告

——实施“羊城村官上大学”工程，推动农村发展带头人队伍建设

周权雄*

摘　要： 全面推进乡村振兴，人才是关键。人才是乡村产业振兴的坚实支撑，是乡村文化振兴的有力抓手，是乡村生态振兴的关键力量，是引领乡村振兴的组织动能，人才在广州全面推进乡村振兴中具有重要地位。近年来，广州通过坚持党建引领、强化引智引技、完善政策扶持、健全公共服务体系等方式，多措并举全力推进乡村人才振兴，为全面推进乡村振兴提供了重要动力源。尤其是广州实施“羊城村官上大学”工程，推动农村发展带头人队伍建设，为全国提供了农村基层干部战略性培养的广州模式和广州经验。当前及未来一段时期，广州加快乡村人才振兴要正视问题和短板，充分认识乡村人才振兴的战略地位，完善人才引进、培育和激励机制，聚天下英才而用之，引导各类人才向乡村集聚，持续优化人才发展环境，激发人才活力。

关键词： 乡村振兴　人才振兴　“羊城村官上大学”

* 周权雄，经济学博士，广州行政学院校刊编辑部副教授，主要研究方向为产业经济学与自主创新理论。

全面推进乡村振兴是构建新发展格局的内在要求和动力源泉，也是全面建设社会主义现代化国家的全局性、历史性任务。全面推进乡村振兴既关系到构建以国内大循环为主体、国内国际双循环相互促进的新发展格局，也关系到全面建成社会主义现代化强国的第二个百年奋斗目标。正如习近平总书记2020年12月28日在中央农村工作会议上的讲话所指出的：“从中华民族伟大复兴战略全局看，民族要复兴，乡村必振兴。”“坚持把解决好‘三农’问题作为全党工作重中之重，举全党全社会之力推动乡村振兴。”①

全面推进乡村振兴，人才是关键。人才作为生产力中最能动、最积极、最活跃的要素，是推动生产力发展的决定性要素，也是支撑全面推进乡村振兴的关键要素和第一资源。要推动乡村人才振兴，就必须把人力资本开发放在首要位置，强化乡村振兴人才支撑，加快培育新型农业经营主体，让愿意留在乡村、建设家乡的人留得安心，让愿意上山下乡、回报乡村的人更有信心。激励各类人才在农村广阔天地大施所能、大展才华、大显身手，打造一支强大的乡村振兴人才队伍，在乡村形成人才、土地、资金、产业汇聚的良性循环。值得指出的是，近年来历次中央一号文件均强调了人才振兴在乡村振兴中的重要作用。

专栏：近年来中央一号文件关于乡村人才振兴的相关论述

2018年中央一号文件指出，乡村振兴必须破解人才瓶颈制约，把人力资本开发放在首要位置，畅通智力、技术、管理下乡通道，造就更多乡土人才，聚天下人才而用之。

2019年中央一号文件强调要培养“懂农业、爱农村、爱农民”的“三农”工作队伍，进一步明确人才在乡村振兴中的核心地位。

2020年中央一号文件指出，要推动人才下乡，培养更多知农爱农、扎根乡村的人才，推动更多科技成果应用到田间地头。

---

① 《习近平谈治国理政》第4卷，外文出版社，2022，第192、195页。

2021年中央一号文件提出，要加强党对乡村人才工作的领导，将乡村人才振兴纳入党委人才工作总体部署，健全适合乡村特点的人才培养机制，强化人才服务乡村激励约束，加快建设政治过硬、本领过硬、作风过硬的乡村振兴干部队伍。

2022年中央一号文件提出，要加强乡村振兴人才队伍建设，发现和培养使用农业领域战略科学家，加快培养科技领军人才、青年科技人才和高水平创新团队，深入推行科技特派员制度，培养乡村规划、设计、建设、管理专业人才和乡土人才。

一　人才在广州全面推进乡村振兴中的作用

实施乡村振兴战略是一篇大文章，是全领域、全方位、全系统的全面振兴，包括产业振兴、人才振兴、文化振兴、生态振兴、组织振兴。实施乡村振兴战略的总目标是实现农业农村现代化，总方针是坚持农业农村优先发展，总要求是产业兴旺、生态宜居、乡风文明、治理有效、生活富裕，制度保障是建立健全城乡融合发展体制机制和政策体系。应该说，五大领域的全面振兴与五个方面的总要求相互呼应、互为表里，是全面推进乡村振兴的主要路径、具体抓手和根本遵循。从五大领域之间的关系看，人才振兴居于关键地位。归根结底，乡村全面振兴要依靠各类乡村人才来推动。

（一）人才是乡村产业振兴的坚实支撑

“产业兴则乡村兴，产业强则农民富。”产业振兴是乡村振兴的物质基础，也是农民增收的根本途径。从支撑主体看，人才无疑是乡村产业振兴的坚实支撑和核心主体。乡村产业振兴必须依靠大批量的农业生产经营人才，一、二、三产业融合人才及农业科技人才等各类乡村人才来推动。从发展路径看，科技和人才是乡村产业振兴的关键路径。创新是第一动力，人才是第一资源，必须充分发挥科技和人才的支撑引领作用，牢牢把握科技和人才关键要素的“乘数效应”，培育新型农业生产经营主体，构建新型农业生产经营体系。大力发展以新型职业农民、适度经营规模、作业外包服务与绿色农业为主要内容的现代农业；加快转变农业生产方式，推动农业朝着规模化、集约化、工业化、社会化、优质化、绿色化、品牌化方向转型升级；积极发展农村新业态，推动农村产业融合和科技兴农强农，调整优化农业结构，提升农业附加值，构建农民增收长效机制。

（二）人才是乡村文化振兴的有力抓手

“乡村振兴，既要塑形，也要铸魂。”文化振兴是乡村振兴的灵魂。乡村文化振兴需要提升广大农民的精神面貌和道德风尚，乡村文化振兴需要更多既有中华优秀传统文化素养又熟悉现代科学文化的文化传承和文化传播人才。同时，乡村优秀文化与乡村优美环境有效结合还能成为珍贵的乡村旅游资源，这就需要大批量的乡村文化产业人才和乡村旅游产业人才来开发利用。此外，乡村文化振兴还离不开培育和壮大新乡贤队伍，塑造新乡贤文化，为乡村振兴提供精神引领。

（三）人才是乡村生态振兴的关键力量

“绿水青山就是金山银山。”良好的生态环境是乡村的宝贵财富和重要优势。从支撑主体看，无论是在农村生态环保建设、农村人居环境整治、新技术应用，还是在构建美丽乡村治理体系、提升农民生态保护意识的过程中，人才所起到的作用都是举足轻重的。因此，必须储备和构建一支数量充足的环境治理、环境规划、环境保护、景观设计人才队伍，大力发展生态农业，加强农村生态环境综合治理，涵养乡村生态，推动美丽乡村建设。

（四）人才是引领乡村振兴的组织动能

“农村富不富，先看党支部；支部强不强，要看领头羊。”农村基层党组织是党在农村工作的基础，是党加强对乡村振兴全面领导的组织保障。乡村振兴，离不开坚强有力的农村基层党组织和本领过硬的农村发展带头人。

必须深入推进农村基层党组织建设，抓好“关键少数”即农村发展带头人建设，培养造就一大批本领过硬的农村发展带头人和乡村治理能手，筑牢基层战斗堡垒，提升基层党组织的凝聚力、战斗力和向心力。

二 近年来广州推动乡村人才振兴的措施及成效

近年来，广州深入实施乡村人才振兴战略，坚持党管人才原则，通过坚持党建引领、强化引智引技、完善政策扶持、健全公共服务体系等方式，多措并举全力推进乡村人才振兴，为全面推进乡村振兴提供了重要动力源。

（一）坚持党建引领，着力培育乡村振兴“头雁”

一是落实“两个全覆盖”，持续优化乡村人才振兴环境。广州市委市政府把解决“三农”问题作为工作的重中之重，整合成立市、区、镇街党委农村工作领导小组（实施乡村振兴战略领导小组），建立健全相应的领导机制和工作机制，深入落实“五级书记抓乡村振兴”责任制，制定实施《广州市领导干部联系乡村振兴工作方案》，率先建立市级领导干部联系涉农镇街的乡村振兴工作机制，创新建立市属国企联系北部山区镇村工作制度，市、区每月部署重点工作，及时协调解决实际问题，确保领导干部联系乡村全覆盖、实打实。

二是实施基层党组织“头雁”工程，选优配强基层党组织书记。在农村实施“党员人才回乡计划”，按照标准和条件选拔农村外出务工经商人员、农村创业致富带头人、返乡大学生、退休干部中的优秀党员担任村党组织书记，建立党组织书记后备队伍。

三是实施“羊城村官上大学”工程，提高基层干部综合素质。实施“万名基层党组织书记大轮训”，党组书记开展培训时间每年不少于 5 天。自 2012 年起，广州市率先实施“羊城村官上大学”工程，截至 2021 年秋季，该工程已累计招收农村、社区“两委”干部、党员、后备干部

14991名，毕业人数达8027名，极大地提高了基层干部的文化素养和理论水平。

专栏：白云区培育乡村振兴“头雁”的经验做法

白云区实施加强基层党建三年行动计划和村（经济联社）后备人才三年培养计划，以“配强队伍、提升能力、优化结构”为目标，建设乡村振兴头雁队伍，优先将致富能手、大学毕业生、复员退伍军人中年纪轻、素质好、懂经济的党员乡土人才纳入村级后备人才干部库，推荐优秀乡土人才参选“两代表一委员”，增强乡土人才的社会认同感。

白云区先后选派了47名优秀科级干部到乡村振兴任务重、党组织后进等类型的村（经济联社）担任驻村第一书记，安排了23名“85后”年轻干部参与镇街班子分工蹲苗培养，撤换调整了32名学历低、能力差的不合格书记，公开招聘了166名大学生村级组织员，择优遴选村级后备干部2672人。

同时，白云区实施“党员人才回乡计划”，全覆盖建立一村社一大学生名册，汇集3.1万名大学生，在政府雇员中择优选拔688名村（经济联社、社区）后备干部进行定向培养，逐人造册、逐村建档，形成区、镇、村三级人才库。

依托镇党校、村（经济联社、社区）分教点和党群服务中心，加强对村干部的轮训，每年对村干部开展不少于三天的集中培训，并要求修满90个学分。

积极推动“羊城村官上大学”，累计选送1554名基层党员干部进修，大专以上学历的“两委”干部数量占比从2014年的45%提升到目前的97%，居全市最高。

（二）强化引智引技，加快培育农业农村科技人才

一是实施“百团千人科技下乡”工程，加强引进高层次农业农村科技人才。畅通“科技下乡”工作机制，加强农业农村引智工作，全面推

进科研人员深入农村一线开展创新创业服务活动，促进农业技术、市场供需等有效对接。组织社会各界人才、资本下乡以激活农村人力资源。组建了347个专家团队、2345名专业技术人员助力乡村振兴，取得了252项科技下乡成果；引进13位院士的团队助力都市现代农业发展，充分发挥科技创新人才在乡村振兴中的支撑引领作用。目前广州拥有经广东省审定的自主知识产权花卉新品种58个，每年推广优质花卉组培种苗4000多万株，示范成品盆花200多万盆；拥有“国家天南星科种质资源库”“广州国家现代农业产业科技创新中心科研基地”“国家现代农业科技示范展示基地”三个国家级农业科技平台。

二是实施农村科技特派员制度，打造“构建平台、联企带农、转化成果、示范带动”的工作模式。先后出台《广州市农村科技特派员实施方案（2018~2020年）》《广州市进一步深化农村科技特派员工作行动方案（2022~2024年）》等政策，保障了特派员服务“下得去，出效益，能转化，可复制”。逐步拓宽科技特派员的专业结构，实现了广州市优势特色农业产业全覆盖、新兴产业全涉足，目前全市特派员入库人数已超3000人。建立以农村科技特派员库、农业科技成果库、农业技术需求库、科技特派员项目库以及科技特派员管理服务平台为主体的“四库一平台”，推动科技特派员及所在单位与农业经营主体高效精准合作对接，带动一大批农业新品种、农业先进适用技术成果的推广应用。据统计，广州农村科技特派员为各地企业创造直接经济效益近4000万元。

三是积极搭建平台，推动农业科技成果转化应用。以白云区为例，该区与省科学院、省农科院、华南农业大学等专业技术团队建立合作对接关系，率先在全市建立了“三级人才”对接模式（副区长、副所长、科研团队分别对接区、镇、村）；引进广东省生物工程研究所（广州市甘蔗糖业研究所）副所长安玉兴等9人到乡镇挂职参加专项工作，聚焦“一村一品”布局和农业先进适用技术，围绕蔬菜、花卉等特色优势产业，已开展15个科技帮扶项目。增城区增设土地资源管理、城乡规划学、农业经济管理、人文地理与城乡规划等岗位，培养、引进农业专业技术人才622人，其中具有中高级职称的有149人；增城区与中国工程院麦康森、陈温福院士，水稻专家刘斌教授等12名农业类高端人才建立密切合作，新增“三支一扶”人员41人。从化区依托现代农业研究院等平台引进一批院士、国家重大人才工程入选专家，推动高层次人才集聚助力乡村振兴。

（三）完善政策扶持，加快培养乡村产业人才

一是完善各类扶持政策。先后出台《广州市人民政府关于进一步促进就业的实施意见》《广州市人力资源社会保障局关于支持各类人员返乡下乡创业推动乡村全面振兴有关工作的通知》《广州市“粤菜师傅”工程实施方案》《广州市人力资源和社会保障局关于进一步推进乡村人才振兴的措施》等政策文件，提出了促进农村就业创业、乡村人才振兴的具体措施。在支持各类人员返乡下乡创业方面，落实返乡下乡创业扶持政策，构建城乡居民一体化、多层次的创业资金补贴体系，加强返乡创业孵化载体建设，提升返乡人才创业能力，拓宽返乡下乡人员创业创新领域，引导返乡创业人员挖掘当地资源禀赋，走出乡村特色创业发展之路。在乡村产业人才培训和帮扶方面，按照省的部署组织实施“广东百万农民线上培训工程”，重点围绕“粤菜师傅”“广东技工”“南粤家政”三项工程培养农村技能人才，培养和造就一批高素质的产业工人、能工巧匠和家政服务人才。在从化区城郊街西和村挂牌成立全省首个粤菜师傅工作室。创新职业技能培训下乡“互联网+”培训模式，加强乡村工匠和农村电商人才培训，加强技工院校涉农专业建设，建设乡村振兴技能人才培养基地，启动开展“村官进技校”活动，组织专家智力帮扶。

二是实施“千企帮千村”工程。坚持“政府引导、村企自愿、农民主体、合作共赢”基本原则，制定帮扶参考目录，发动各类型企业注册平台账号，推动企业与乡村成功结对。涌现一批如南平静修小镇（国企帮扶）、生态设计小镇（民企帮扶）等优秀帮扶项目，有效带动资本下乡、人才下乡、技术下乡，激活乡村“造血功能”。

三是优化乡村产业人才评价体系。优化农村专业人才培育评价模式，开

展“乡村工匠”职称评审工作，完善技能技艺类、经营管理类、生产应用类等涉农专业评审规则。推行培训合格证书制度，开展涉农人员职业技能等级认定试点工作。全面推进以新型职业农民为主体的农村实用人才评价认定体系，建立以考核制度、信息报送制度、档案管理制度为主的动态跟踪管理，落实扶持政策。制定《广州市乡村工匠培训和评价办法》，启动乡村工匠职称评审，通过考核测评、面试答辩、群众评议等方式考察评价农业农村专业人才。

四是培育新型职业农民。高度重视高素质农民培育工作，广州新型职业农民培训走在全省前列。自 2014 年起就在广州从化区开始进行全省第一批新型职业农民培育试点工作，通过试点先行、示范带动、全面推进的探索路径，全市新型职业农民培育工作取得了显著成效，形成了“教育培训、认定管理、政策扶持”三位一体的培训机制，探索出一条“普通农民—技术农民—产业农民—职业农民”的培育路径。截至目前，全市累计培养高素质农民超过 10000 人，新的农业农村现代化建设主力军正在形成。引导青年、乡贤回乡助力乡村振兴：推进青年返乡创业孵化基地建设，建设了 50 多个青年助力乡村振兴重点村；开展“羊城好乡贤”评选活动。

专栏：广州培育新型职业农民走在全省前列

广州率先在全省全面推进新型职业农民培育工程。2015 年，经市政府审定同意，市农业局与市财政局联合印发了《广州市新型职业农民培育工作方案（2016～2020 年）》，在全省率先全面推进新型职业农民培育工程。

广州新型职业农民培训任务走在全省前列。2016 年以来，广州每年培育新型职业农民超 1800 人，培训数量和质量走在全省前列。目前，已超额完成五年培育总任务，培育新型职业农民上万人。

广州率先在全省提供地方财政支持新型职业农民培训。从 2016～2020 年，广州市财政每年以一般性转移支付方式，拨付 360 万元资金到各区，五年总计投入 1800 万元。

广州高素质农民培育省级示范基地数量位居全省第一。广州市37家单位获广东省新型职业农民培育示范基地，15家单位获高素质农民培育省级示范基地，数量均居全省第一位，为全省高素质农民培育提供扎实的基础保障。

广州新型职业农民的引领带动乡村振兴的作用较为明显。广州市有5人荣获2017年度“广东百佳新型职业农民”称号，1人荣获2019年度“广东十大杰出新型职业农民”称号，1人荣获2020年度“全国最美农技员”称号，2人为2020年度乡村振兴人物榜候选人，2人入选全国农村创业创新优秀带头人典型案例。调查显示，68.79%的新型职业农民对周边农户起到辐射带动作用，平均每个新型职业农民可以带动30户农民。[①]

（四）健全公共服务体系，着力补齐公共服务人才短板

一是完善农村公共服务平台建设。构建高效便捷、精细优质的15分钟公共就业服务圈，大力开展创建充分就业村等活动，提升就业服务质量。基本形成城市15分钟、农村30分钟基层医疗服务圈。加大教育医疗人才招聘力度，推动教育医疗人才向基层一线倾斜，不断缩小城乡之间教育医疗水平差距，逐步补齐城乡公共服务人才短板。深入推进集团化办学，加快优质教育资源向乡村地区辐射延伸，促进基础教育优质均衡发展。加强城乡教师双向流动，重点引导城镇优秀校长和骨干教师向乡村学校流动，做好传帮带工作，打造一支带不走、素质强的乡村教师队伍。以紧密医共体为抓手，全面提升乡村医疗卫生服务能力。以从化区为例，该区统筹推进小学教师“区管校聘”制度改革、创新医共体建设等，成功引入一批基础教育优秀人才，柔性引进省级医疗专家团队。

二是完善公共服务评价体系。打破户籍限制，建立城乡常住人口全覆盖的就业服务标准和服务质量评价体系，提高基层就业服务规范化水平，对农村外来务工人员实施平等就业帮扶、就业培训补贴等扶持政策。做好教师职

① 资料来源：《广州累计培养高素质农民近万人》，《信息时报》2021年2月2日。

称制度改革，在职称晋升中名额向乡村教师倾斜。2020 年有 2427 名农村教师通过评审获得职称，占全市中小学教师评审通过总人数的 28%。

三是健全城乡社会保险体系。完善农村居民基本养老保险缴费增长机制和激励机制，优化农村失业、工伤和生育保险制度。提高乡村社会保险待遇，探索建立城乡居民养老保险待遇水平动态调整机制，建立健全参保登记制度，加大农村参保资助和宣传力度，鼓励引导农村居民积极参保，着力提高农村参保比例。

三　案例分析：广州实施“羊城村官上大学”工程，推动农村发展带头人队伍建设

“羊城村官上大学”工程是广州培养农村发展带头人的重要举措。它对标农村基层岗位需求，不断创新教育教学模式，精准施教，为乡村振兴的实施培养了一支坚强有力的农村基层党组织带头人队伍，形成了一个可复制、可推广的基层高素质专业化人才培养“广州模式”，为全国提供了农村干部战略性培养的广州经验，生动地践行了习近平总书记提出的“重视基层、关心基层、支持基层，加大投入力度，加强带头人队伍建设，确保基层党组织有资源、有能力为群众服务”① 的要求。

（一）实施背景

广州市作为国家重要中心城市，共有 1144 个行政村、1540 个社区，村（社区）数占全省总数的 1/10。2011 年村（社区）“两委”换届后，全市大专以上学历的村“两委”班子成员占比不足 12%，村“两委”班子在学历和履职能力方面存在明显薄弱环节，懂产业、会发展、善管理的带头人缺乏，这与广州农村改革发展和形势任务变化极不适应。广州推进乡村振兴战略必须建立一支高素质的干部队伍。部分农村基层干部忙于事务性工作，对

① 《习近平关于从严治党论述摘编》，中央文献出版社，2016，第 130 页。

学习培训工作不够重视，在培训经费方面投入较少，对于“三农”工作和乡村振兴战略缺乏正确的认识，对于乡村产业振兴、“互联网+”、三产融合发展等新理念新知识缺乏深入思考和准确把握。正是在这样的背景下，广州市委深谋远虑，决定自2012年起开展“羊城村官上大学”工程。

（二）取得的显著成效

从学历层次提升看，广州拥有大专以上学历的村“两委”干部比例已由“羊城村官上大学”工程实施前的11.9%迅速提升至目前的88.6%。同时，绝大部分学员经学习后受到提拔，成为新任书记或各级人大代表。85%的学员能将所学知识灵活运用，积极破解基层治理难题，有力助推了“老城市实现新活力”“四个出新出彩”。

“羊城村官上大学”工程充分发挥国家开放大学系统办学优势，通过“互联网+教育”手段，探索形成了双螺旋上升的人才培养模式和“1+1+3”的工作机制，至今已招收来自广州市11个区1124个行政村及多个社区的1.5万名农村基层干部入学，办学成效显著。中国浦东干部学院等31所高校前来交流借鉴，“学习强国”学习平台、人民网、《南方日报》、《广州日报》等20家主流媒体对此做出高度评价。“羊城村官上大学”工程有关经验在中央党的建设领导小组《党建要报》刊登，广东省委书记等各级领导对优化提升村官工程做出重要批示。部分党建专家认为“羊城村官上大学”工程具有较强的可复制性和推广价值。近年来，“羊城村官上大学”工程项目相关经验已被青海省委组织部、贵州省黔南州委组织部、广东省清远市阳山县政府等推广并取得实效，工程示范辐射作用较为明显。

（三）办学特色与创新点

其一，创新培养模式，解决广州农村基层干部培养规模与培养效率之间的矛盾。强化教学资源整合，依托“互联网+”开展线上线下结合培养。利用国家开放大学教育资源开展线上教育，通过课堂教学与实践研讨组织线下学习，建构学历与非学历培训的开放性、立体化及互为联系的空间。立足学员不同层次的差异化需求，形成普适性培养和优秀学员分层培养两种方式，打造两类学生与教师教学相长的螺旋式教学模式。强化学分制管理、组织部门教学评估和表彰奖励，提升培养质量和学习效果。

其二，创新教学内容，构建混合式教学模式。根据农村基层岗位需求，坚持固本强基，开发形成“政治素质+专业素养+岗位效能”的模块化课程群；组建混合式师资队伍，坚持理论教学、讨论辅导、论坛讲座和实地调研、现场教学、体验式教学相结合；创新“订单式”“模块化”混合式教学模式，有针对性地解决广州农村基层干部培训内容、培训资源、培训教材等方面的问题，增强学员执行国家政策、引领社区发展、服务基层群众、解决实际问题的能力。

其三，完善办学机制，形成多维协同办学合力。突破传统单向管理模式，依托“1+10”教学点网络，形成“市区组织部门—电大—街镇—村”多维协同办学机制，统筹培养经费、人才政策、教育资源、行政资源等，强化学费资助和保障力度，采取市和区补助、学校减免、自己支付相结合的方式，提高农村基层干部报读积极性，持之以恒推进项目实施，推动资源整合，多维协同形成办学合力。

其四，优化师资队伍，构建学习生态共同体。组建以政府各级领导、企业负责人、社区专家、行业企业负责人、基层干部为主体的混合式师资队伍，创建以“政府为主导、学校为平台、学习者为中心、校外专家为辅助、导学老师为纽带、人民满意为目标”的学习共同体，形成探究性学习和产学研共建模式，解决了基层村干部不同学习诉求下师资力量不足的问题。

四　加快广州乡村人才振兴的若干建议

如前所述，人才振兴是乡村振兴的关键和基石。概言之，乡村产业要靠人才来干，乡村文化要靠人才来兴，乡村生态要靠人才来美，乡村组织要靠人才来强。当前及未来一段时期，广州加快乡村人才振兴，首先要正视问题和短板，充分认识乡村人才振兴的战略定位，完善人才引进、培育和激励机制，聚天下英才而用之，引导各类人才向乡村集聚，持续优化人才发展环境，激发人才活力。

（一）正视问题是广州实施乡村人才振兴战略的重要前提

解决发展中的问题是广州乡村振兴工作的指引和导向。正视问题是解决问题的前提。只有发现和正视乡村振兴工作中存在的问题，才能把解决问题的措施体现在广州乡村振兴工作的各个方面、贯穿于广州乡村振兴工作整个过程。广州乡村人才振兴存在的问题主要表现在以下几个方面。

一是乡村人才总量、比重及增速明显滞后于城市。近年来，随着城市化进程的持续加快，大量人口从乡村进入城市，广州乡村中的青年、优质人才持续外流，农村劳动力大大减少，农村人口总量不足的问题较为突出。第七次全国人口普查数据显示，从总量看，2010~2020 年，广州城市常住人口增加了 545.5 万人，而农村常住人口只增加了 51.9 万人；从增速看，2010~2020 年广州城市常住人口增速为 51.3%，而农村常住人口增速仅为 25.2%；从比重看，2020 年广州农村常住人口在总人口中的比重从 2010 年的 16.2% 降至 2020 年的 13.8%（见表 1）。这意味着，农村人口和农村人才的增速明显滞后于城市，加快乡村人才振兴的任务依然任重道远。

表 1　第六次与第七次全国人口普查广州城乡常住人口数据对比

常住人口		2010 年(六普)	2020 年(七普)
城镇人口	总量(万人)	1064.14	1609.67
	比重(%)	83.8	86.2
	增幅(%)	51.3	
乡村人口	总量(万人)	206.05	257.99
	比重(%)	16.2	13.8
	增幅(%)	25.2	

资料来源：《广州统计年鉴 2021》。

二是乡村人才结构有待优化。从人才结构看，广州乡村人才振兴面临中青年人才外流、老龄化（空心化）现象严重、人才素质偏低等突出难题。

人口结构不合理，广州乡村常住人口中妇女、儿童和老年人（即所谓的“三八”“六一”“九九”部队）占主体，中青年人才匮乏，多数中青年人才“不愿意从事农业、不愿意待在农村”而选择到市区就业，乡村人才振兴的后备力量薄弱、后劲不足。人才整体素质不高，乡村人才文化素质偏低，总体受教育年限偏短，北部山区人才相对更为不足；传统种养殖业人才较多，农业科技人才、产业融合人才、中高端人才偏少，创新创业型人才和新业态人才比较匮乏。

三是乡村人才环境缺乏吸引力。广州多数乡村地处远郊，农业生产条件较为艰苦，劳动强度大，经济效益和劳动报酬不高；农业生产风险较大，农村居民可支配收入增长乏力；乡村公共服务体系和社会保障体系不完善，教育、医疗、养老资源与市区有较大差距；人才引进、培育和激励保障机制不健全，柔性引进人才政策欠缺；乡村人才培训和培育机制无法适应多样化的市场需求，科技下乡等尚未形成服务于“三农”的长效机制；乡村引才育才用才留才能力存在明显不足，远远满足不了农业农村现代化发展的要求，这也导致农业农村对优秀人才的吸引力远远弱于市区。从农村居民可支配收入看，广州农村居民可支配收入远低于城市居民。2021 年广州市国民经济和社会发展统计公报数据显示，2021 年广州城镇居民人均可支配收入为 74416 元，农村居民人均可支配收入为 34533 元，城乡居民人均可支配收入比为 2. 15∶1，远高于粤港澳大湾区其他城市。广州是粤港澳大湾区城乡收入差距最大的城市（见图 1）。

（二）完善人才引进机制是广州实施乡村人才振兴战略的有力抓手

人才引进是广州加强乡村人才队伍建设、实施乡村人才振兴战略的便捷方式与有力抓手。要以乡情为纽带，进一步畅通引才渠道，灵活引才方式，引导各类人才向乡村集聚。

一是注重按需引才。围绕农业、教育、卫生、交通、旅游、生态等重点领域对人才的需求，编制急需紧缺人才目录，面向全国高校公开招录，精准引进急需紧缺人才；完善城乡人才交流机制，研究制定事业单位招聘优秀基

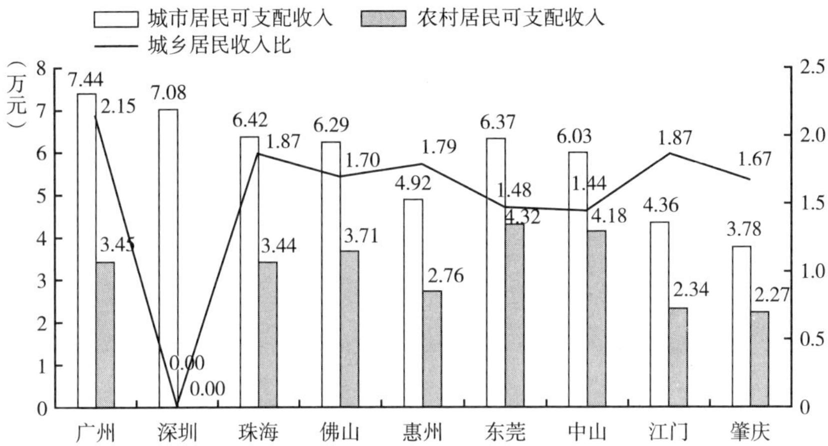

图 1　2021 年广州城市居民和农村居民人均可支配收入比

资料来源：《2021 年珠三角各市国民经济和社会发展统计公报》。

层工作人员和引进人才指导意见，引导城市教育、医疗、科技、文化优秀人才向乡村基层一线有序流动。通过院校对接引才，在主要涉农区与驻穗院校之间建立“两级挂职、三层对接”的工作机制。

二是强化高端引才。以“优质引进”为切入点，大力引进高端农业人才。围绕特色农产品引进专业技术人才，通过举办国家级人才考察洽谈和乡村振兴“百团千人科技下乡”等引才活动，大力引进现代高科技农业领域人才。依托广州市高层次人才工程，加快引进农业科技领军人才及团队。

三是紧抓项目引才。以农业产业发展、乡村旅游开发等工作为基础，打造一批拿得出、叫得响的龙头企业和项目品牌，为引进人才提供施展才能、实现事业目标的发展平台。坚持以项目吸引人才、集聚人才，立足农业优势特色产业，培育一批现代农业园区，加快建设一批重大项目，把产业发展、园区集聚和项目建设作为乡村人才发挥作用的主战场，推动产业发展、项目建设与人才引进同频共振。

四是用好乡情引才。以乡情为纽带，鼓励城市人才向乡村基层一线流动，加大宣传推介力度，打好乡情牌，推动能人回乡、资源回流。用足用好国家和省市返乡创业就业扶持政策，在用地、金融、用工、基础设施、政策配套等方面做好精准对接，持续深化“放管服”改革，妥善解决返乡创业就业人才在生产生活中遇到的实际问题。通过出台更优惠的配套政策、搭建更便捷的营商平台、提供更优质的服务，推动重点项目落地，形成示范带动效应，形成返乡创业就业的热潮。

五是探索柔性引才。进一步加强校地校企合作力度，采取咨询讲学、顾问指导、挂职兼职、项目合作、技术承包、退休返聘等柔性方式引进人才，与高层次人才广泛开展智力合作，以“不求所有，但求所用”的理念，不拘一格用好人才。

（三）完善人才培育机制是广州实施乡村人才振兴战略的关键举措

人才培育是广州加强乡村人才队伍建设、实施乡村人才振兴战略的内生动力和关键举措。要以“内生培育”为着力点，强化乡村本土人才队伍建设，提升人才整体素质，增强干事创业能力。

一是完善乡村人才教育培训体系。依托广州丰富的教育培训资源，全面对接乡村振兴人才计划，综合采取委托培养、订单培养、定向就业和专项奖学金等方式，培养造就乡村振兴人才。完善高等教育人才培养体系，加快发展面向农村的职业教育，加快培养创新型、复合型、实用型乡村振兴人才，打造广州人才振兴的“人才库”和“智力库”。依托各级党校（行政学院）、开放大学等渠道和阵地，分级分类开展乡村干部培训，推动教育培训资源向乡村基层延伸。

二是实施本土乡村人才素质提升工程。大力培养乡村青年人才，为农业农村紧缺青年人才提供有吸引力的薪资福利和良好的发展环境。推动农业相关高校和科研院所与本土乡村人才合作对接，打造乡村基层人才培养与技能培训综合基地，提高本土乡村人才的技术、生产、经营、管理综合技能，带动当地农村群众共同富裕。创新现代职业农民培养模式，引导农户参加现代职业农民培训。建立全程监管、档案登记的培训管理制度和三位一体的培训机制，加快统筹整合农业职业院校和科研院所培训资源，在职业技能培训、农业人才鉴定、科技项目示范、特色产业发展、项目经营管理等方面有针对性地开发差异化培训项目，满足不同层次农民的需求。

三是搭建乡村人才培育平台。整合优化乡村创新创业孵化基地，优化乡村创新创业环境，将在乡村经营民宿的创业者（经营主体）纳入一次性创业资助、租金补贴等扶持政策范围，打造高质量创新创业示范平台。搭建大学生返乡实习实践平台，吸引大学生返乡创业就业。积极打造农村专业人才资源配置和土地信息平台，搭建乡村人才学习交流平台。深化新时代文明实践中心建设，挖掘本土资源充实志愿者队伍，搭建人才交流、思想传播、协商民主平台，不断为乡村人才振兴注入新鲜血液。

（四）完善人才激励机制是广州实施乡村人才振兴战略的根本保障

有效的激励机制可以最大限度地调动乡村人才的积极性、主动性和创造性，激发人才内在活力。要不断深化乡村人才流动、激励等相关制度改革，优化乡村人才发展环境，持续增强农村对人才的吸引力。

一是完善乡村人才激励机制。加大对人才下乡服务“三农”、创新创业的支持力度。以北部山区欠发达镇为重点实施强镇兴村行动，完善城乡人才双向交流机制和科技成果转化、人才奖补等政策，推动人才队伍建设制度化、规范化、常态化。强化乡村人才激励保障措施，完善挂职制度，健全教育卫生对口帮扶机制，完善农村就业创业支持服务体系。将农业人才纳入人才政策重点支持对象范围，研究制定人才奖励支持办法，对包括农业人才在内的各类高层次人才予以科研资助、子女入学等方面的政策优惠。推动职称评审向农业科技人才适当倾斜，有效激发农业科技人才干事创业的积极性。

二是完善乡村人才评价机制。为乡村人才提供更好的晋升渠道和更多的晋升机会，让广大人才有施展抱负的平台。完善涉农人员职业资格评价机制，健全专项职业能力考核评价办法，稳步开展“乡村工匠”职称评审工作，推行培训合格证书制度，积极引导乡村人才向专业化、职业化方向发展。完善乡村人才信息化管理，建立农村急需紧缺人才数据库，加强乡村人才分类动态管理。

三是优化乡村人才发展环境。创新乡村人才工作体制机制，优化乡村人才发展环境。引导城市资本规范有序下乡，推动城乡土地、资本、技术优势互补，激发农村资源要素活力，提高农民财产性收入。加大乡村人才引进的政策扶持力度，在就医、子女入学、住房等方面为乡村人才提供“全生命周期”优质服务，切实解除乡村人才后顾之忧。加大资金投入，完善农田水利基础设施，优化乡村软硬发展环境。通过强化职级晋升、提高工资福利、壮大特色产业、提升人才“归属感”和“荣誉感”等措施，推动待遇留人、事业留人、发展留人、感情留人。发动全市党政机关、企事业单位人员和社会各界人士利用自身资源和特长助力乡村振兴，鼓励驻村指导员参与示范村建设、推动产业升级、盘活闲置资产等。加强农村社会保障体系建设，推动城乡基本公共服务均等化，实现城乡人口自由流动、公共资源统一配置，完善城乡居民基本养老、基本医疗保险制度，全面提升乡村吸引力。

参考文献

[1] 何曼：《农村基层干部人才培养的“广州样本”》，《在线学习》2021 年第 12 期。

[2] 尹绣程：《加快广州农业农村人才培育，实现人才振兴》，朱名宏主编《广州农村发展报告（2019）》，社会科学文献出版社，2019。

B.5
广州乡村文化振兴发展报告*
——以新时代文明实践为例

段秀芳**

摘　要： 乡村文化振兴是实现“两个百年”奋斗目标、推进乡村振兴战略的铸魂工程，是满足农民群众对美好文化生活期待的惠民工程。2021年，广州市深化落实党中央、广东省委乡村振兴的战略部署和乡村文化振兴的工作要点，继续深化广州市乡村文明创建和乡村建设行动，在乡村思想道德建设、乡村优秀传统文化传承发展、乡村公共文化服务效能提升、乡村精神文化生活丰富、乡村文化经济繁荣等方面取得了明显进展，但在乡村文化服务体系、动员效能、创新能力、队伍素质、人才力量等方面依然存在不足。广州市将继续深入统筹开展乡村文化振兴的各项工作，进一步完善乡风文明建设，健全乡村公共文化服务体系；继续加大发展乡村文化产业，推动文化和旅游及休闲农业发展、美丽乡村建设、乡村振兴相结合；建设“文明幸福村”，努力形成独具岭南特色的乡村风貌，以其独特魅力为实现广州“老城市新活力”和“四个出新出彩”发挥重要支撑作用。

关键词： 乡村文化振兴　文明实践　文化服务　文化产业

* 本文数据主要来自广州市文明办内部统计数据以及政府工作报告等。

** 段秀芳，广州市委党校（广州行政学院）教授，主要从事文化产业创新研究。

2018 年，广州市委常委会首次将“推进实施乡村振兴发展战略”作为全市十五项重点工作之一。2019 年，广州市委在召开的实施乡村振兴战略领导小组扩大会议上，首次将“深化新时代文明实践中心建设，推动乡风文明焕发新气象”这一文化工程作为广州乡村振兴战略的五大重要任务之一，并提出广州要在全省乡村振兴中当好示范和表率。2021 年，伴随广州市乡村振兴局的挂牌成立，广州乡村振兴工作跨入了巩固脱贫攻坚成果与全面推进乡村振兴有效衔接的新阶段。乡村文化振兴也从“突出新时代文明实践”的创建阶段，跨入“文化全面赋能支撑生态宜居美丽乡村建设”的重要战略阶段。

一　广州乡村文化振兴的现状与成效

2021 年，广州市围绕实施乡村振兴战略部署，采取符合广州农村特点的方式，以文化振兴专项工作组为主导机构，深入统筹各项工作开展，推动乡村文化振兴取得明显进展，乡村思想文化阵地更加巩固，公共文化服务效能明显提升，文化活动更加活跃，文化经济稳步发展，农民精神面貌和乡村文明程度明显改善，乡村振兴焕发新气象。

（一）乡村思想道德建设持续深化

2019 年制定的《广州市推动城市文化综合实力出新出彩行动方案》中明确要求“实施新时代精神文明建设提质工程”，开展全域性文明城市创建工作。到 2022 年，广州将新文明实践试点工作贯穿于乡村文化振兴全过程，从“2020 年完成创建”到“2021 年扎实推进”，再到“2022 年深化拓展”，三年试点工作成效显著。

一是不断完善新时代文明实践的顶层设计和制度机制。制定出台《广州市全面推进文明城市创建常态化长效化三年行动计划（2021 ~ 2023）》，开展文明交通等 11 项专项整治，对 11 区 40 类创建点常态化实施巡查督导，整改提升薄弱项目累计 2109 项，确保实现区、街（镇）、村（社区）文明实践阵地全覆盖。出台《广州拓展新时代文明实践中心建设实施方案》，将新时代文明实践中心建设工作纳入各级绩效考核。印发实施《关于深化农村星级文明户创建活动的实施方案》，深化文明家庭、星级文明户等创建活动。修订《广州市文明村镇测评体系》，出台文明村镇创建动态管理措施，确保区级以上文明镇、文明村占比分别达到80%和60%。

二是深化拓展农村新时代文明实践中心阵地建设。截至2022年3月底，广州市农村地区累计建设新时代文明实践中心（所、站）1465个；建立并有效运用广州学雷锋志愿服务“100个最美志愿者、100个最佳志愿服务组织、100个最佳志愿服务项目和100个最美志愿服务村社”的“四个100”理论宣讲队伍，创设并推广“乡村大喇叭”“大榕树下”等一批基层学习宣讲品牌和宣讲活动。组建来源广泛、类型多样、结构合理的宣讲团和宣讲小分队182支，深入村社广场、田间地头开展宣传宣讲9100余场。结合党史学习教育，在农村地区广泛开展红色宣讲会、“文明院线”影片展播、红色文艺汇演等活动，扩大乡村红色文化传播。2021年编印发放《讲文明树新风齐参与防疫情》《抗疫心理防护实用手册》等口袋书12万册，举办新时代文明实践“防疫进行时”“乡村振兴”等系列网上直播活动136场，在线观看人数达1564万人次。启动全国首辆主题专车“学习实践大篷车”，开进乡村基层，通过线下移动文化巡展和为民服务集市，累计开展活动近20场。用好“两中心一平台”，推进文明实践云平台建设，依托“新花城”App进行疫情防控、农产品促销、乡村旅游推介、历史人文宣传等方面的网络直播活动93场次，在线观看达1868.59万人次。

三是深入开展全市文明村镇从“达标创建”到“提质创建”。对标《广东省文明村镇创建标准》要求，开展文明村镇“达标创建”，到2020年底，有3个村镇入选全国文明村镇，6个村镇入选广东省文明村镇，3镇63村在组织开展文明村镇达标创建考核中全部达标，评选出550个区以上文明镇村、35个文明创建达标镇、1145个文明创建达标村，文明镇村覆盖率实现100%。在此基础上，2021年开展文明村镇“提质创建”行动，到2022年3月底，共有12个全国文明村镇（2个镇10个村），23个省级文明村镇（5

个镇 18 个村），68 个市级文明村镇（7 个镇 61 个村），879 个区级文明村镇（14 个镇 865 个村），区级以上文明村镇占比为 83.29%，创建达标村镇覆盖率为 100%。全市按照“五个好”“九个有”标准选树 50 个市级示范点，建立了“街镇自评、区级验收、市级复评”评估制度。高举乡村文化振兴大旗，以好家风涵养文明乡风，在全市 754 个村开展“文明家庭”“星级文明户”等创建活动，覆盖率达 66.7%。通过优化完善文明实践驿站建设，以公共文化设施、景区景点为重点，构建城区 15 分钟文明实践志愿服务圈，并完善新时代文明实践云平台，形成“点单”“派单”“接单”“评单”相贯通的工作模式，共有 804 家文明单位开展城乡结对共建和疫情防控、文明交通、文化卫生科技“三下乡”等志愿服务，形成了广泛的文化凝聚力和文明影响力。

四是大力推广并积极选树先进典型。定期评选道德模范、身边好人和最美人物，设置善行义举榜、好人榜和乡贤榜，选树一批涉农领域道德模范、最美人物和身边好人，引导群众见贤思齐。2021 年以来，农村地区共选树各类好人 127 人，其中广东好人 6 人，广州好人 121 人；开展“羊城新乡贤”选树宣传推广活动，选树 10 名“羊城新乡贤”并推出专题报道，持续加大宣传“羊城新乡贤”力度，弘扬乡贤文化正能量；培育省家庭文明建设示范点 9 个；开展寻找“最美家庭”活动，其中 3 个广州“最美家庭”来自农村。推进高素质农民培育工作，目前已累计培育新型职业农民 9369 人，建成省级新型职业农民培育示范基地 37 家、高素质农民培育省级示范基地 14 家。进一步深化乡村思想道德建设，持续开展移风易俗行动，运用积分制，发挥村民议事会、道德评议会、红白理事会、村规民约等群众组织作用，常态化开展乡风评议活动和移风易俗、破除陈规陋习行动，引导形成积极向上的社会风气，推进农村“垃圾分类”和“厕所革命”，开展“最美庭院”“星级文明户”等评选活动，打造优美的人居环境。

（二）乡村公共文化服务效能不断提升

2021 年，广州对“十三五”期间覆盖城乡的公共文化服务体系进行了完善和提升，以建设文化强市和提升城市文化软实力为目标，将构建现代公共文化服务体系纳入全面深化改革布局，出台《广州市加快构建现代公共文化服务体系的实施意见》，印发实施《广州市公共文化设施布局专项规划（2020~2035年）》，制定“图书馆之城”建设规划并颁布实施全国第一部省会城市公共图书馆法规《广州市公共图书馆条例》，制定了全国第一部地方性博物馆专项法规《广州市博物馆规定》，出台《广州市基本公共文化服务实施标准》《公共文化设施管理办法》《公共图书馆服务质量规范》《公共图书馆通借通还技术规范》等，量化指标，压实责任，形成覆盖全市的四级基本公共文化服务标准体系，公共文化服务体系日趋完善，服务效能持续领先。

一是加快乡村公共文化设施建设。全市农村基层综合性文化服务中心实现100%全覆盖，基本建立市、区、镇、村四级公共文化设施网络。兴建一批便民利民的体育场地设施，2019~2021年各镇村新建社会足球场47个，足球场、室外篮球场、乒乓球台等全民健身设施不断完善。推进图书馆文化馆总分馆制建设，截至2020年底，所有涉农区镇文化站均建成文化馆分馆，涉农七区公共图书馆（分馆）、服务点、自助图书馆229个。2020年，广州图书馆向农村地区图书馆支援图书27.3万册；扶持各区建设图书馆分馆3个，支援图书6.1万册。市文化馆在从化区鳌头镇中心小学建立爱心少儿基地，免费举办书法、绘画、声乐、舞蹈等四个类型的培训班共130余场次，培训学生近3000人次。截至2021年底，建成文化馆（站）215个，社区（行政村）综合性文化服务中心2767个，已形成农村“10里文化圈”。全面推进图书馆和文化馆总分馆制建设，2021年，7个涉农区面向所有公众开放并实现通借通还的公共图书馆和分馆、服务点、自助图书馆有217个。

二是不断推进广播电视基础设施建设。落实广播电视覆盖经费，每年向从化、增城区划拨专项经费，为无法接收有线电视的用户提供无线覆盖及“户户通”卫星接收服务。截至2021年初，市财政已核拨无线覆盖和村村通经费约1250万元，广播电视综合人口覆盖率达到100%。全市1145个行政村通过有线传送、无线发射、卫星接收、网络传输等手段，实现了数字广播电视全覆盖、户户通。开拓实施智慧广电工程，开展数字乡村智慧广电网络建设，助力乡村振兴综合信息服务。

三是加强乡村公共文化服务财政支持。2021 年，市本级财政分别安排农村数字电影放映工程项目经费 426.56 万元、旅游文化特色村奖励经费 1000 万元、广播电视村村通及节目无线覆盖经费 180 万元，有力促进了乡村优秀文化的保护传承发展，文化生活不断丰富，文化产业日益繁荣，公共文化服务效能显著提升。

四是提升乡村公共文化标准化服务水平。编制《广州市基本公共服务标准（2021 年版）》，针对“送戏曲下乡”等文化惠民事项确定服务内容及标准。组织开展街镇文化站评估定级、乡镇文化站综合整治、村综合性文化服务中心自查整改等工作，结合各示范点、示范项目的扶持建设，有序推进农村公共文化基础设施标准化建设。

（三）乡村文化生活不断丰富

2021 年，广州市坚持以农村群众对文化生活的需要为服务导向，加大乡村公共文化服务供给体系建设，不断增加文化服务的供给产品，拓展文化服务的渠道，创新乡村文化生活的形式，推动乡村文艺的创作，不断增强农村群众的文化获得感。

一是不断推进文化惠民工程。2020 年，广州大力开展文化惠民活动，举办“赞赞我的国”——广州红色文艺轻骑兵新时代文艺宣讲实践行动，开展“我们的中国梦”——文化进万家活动、“一区一品”民俗系列活动，以及组织市属文艺院团赴增城、从化等农村地区开展惠民文艺演出，丰富群众精神文化生活。打造全省首批“乡村文艺空间”，全方位向市民开放；举办中国农民丰收节等系列庆祝活动超过 500 场次，并创下参与农民数量历届之最的纪录。2021 年，广州深入推进“文化惠民工程”，继续组织开展 2021 年“我们的中国梦”——文化进万家活动、2021“广州过年　花城看花”迎春系列活动和 2021 年“学党史　传经典　推新作”读书沙龙系列主题阅读活动；组织市属文艺院团赴省内多个地市乡村开展惠民演出近 30 场，演出粤剧《冼夫人》《搜书院》《清水河畔》，杂技节目《肩上芭蕾》，木偶剧《游曦》等舞台作品。广州文艺志愿者协会副主席吴非凡被评为全国文化科技卫生“三下乡”活动服务标兵。扎实推进2021年广州农村电影公益放映工作，截至2022年3月底，电影进农村已放映9478场；开展“庆祝中国共产党成立100周年优秀影片展映展播暨‘看电影　学党史’主题活动”，为广州市各区农村放映队发行1000场影片。开展“百年百场”文化惠民演出进学校、乡村、社区，现已举办50余场。同时扎实开展民法典和村居法律顾问工作宣传月活动，深化乡村法治文化宣传建设。鼓励建设相关展示展演场景，支持村民举办本土特色节会、民俗节庆等活动。

二是繁荣农村现实题材文艺创作。以戏曲、音乐、舞蹈等群众喜闻乐见的艺术形式为载体，加大“三农”题材文艺创作生产力度。电影《点点星光》获第33届中国电影金鸡奖，《黄埔长歌》广受好评；创作并修改完善现代粤剧《清水河畔》、歌曲《花开流溪》《荔枝红了》、红色革命话剧《我的伯父邓澄心》、乡村振兴山歌剧《红荔飘香》等文艺作品；举办许鸿飞雕塑百村巡展、“美丽小康·广州画院创作暨写生作品展”等；支持创作油画《收获的季节》、版画《暖冬》《村委会大事》、雕塑《时代楷模——黄文秀》《点点星光》、歌曲《拉着乡亲的手》等作品，推出反映广州对口帮扶毕节、黔南两地人民脱贫攻坚感人故事的纪录片《新山海经》以及反映广西龙胜支教事迹的纪录片《蒲公英》；创作乡村振兴题材电影《抢花炮》，并入围第二十四届上海国际电影节电影频道传媒关注单元影片评选，推动乡村精神文化生活不断丰富。

三是加强乡村历史文化遗产的保护。进一步推进乡村文物保护利用工作，形成《广州市乡村可开发文物建筑资源目录》。开展历史文化名镇名村、传统村落保护工作，出台《广州市关于在城乡建设中加强历史文化保护传承的实施意见》《传统村落保护发展规划编制报批指引》，全面完成7个名镇名村、30个传统村落保护利用规划编制。制定《广州市进一步加强农业文化遗产保护方案》，建立农耕文化资源数据库。大力推进乡村文物保护工程，开展对增城区稼宝堂、岗埔围垄屋等市级文物保护单位的文物保护工程，改善文物保存状况，传承乡村历史文化记忆；2021 年广州市文物保护专项资金补助乡村文物保护工程 30 项，共计 1411.5 万元，其中文物保护监督员经费 794 万元。结合“文化和自然遗产日”，组织开展市青少年醒狮表演赛等各类非遗展演展示活动，扩大乡村优秀传统文化影响力。组织重要农业文化遗产申报，2021 年 11 月，农业农村部正式发文公布广州市海珠高畦深沟传统农业系统被认定为第六批中国重要农业文化遗产。

（四）乡村特色文化产业日益繁荣

2021~2022 年，广州充分发挥文旅融合在乡村振兴战略中的重要作用，以美丽乡村建设融合旅游消费助推乡村振兴发展。在精品示范村建设过程中扶持优势乡村产业项目，推动乡村民宿旅游行业的发展，强化文化旅游公共标识设施的建设，打造系列乡村旅游产品，推动乡村文化旅游活动蓬勃开展。

一是重点扶持并打造特色产业发展。2020 年面对疫情带来的严重影响，广州市印发《广州市文化广电旅游局关于组织申报广州市文化旅游新业态项目扶持经费的通知》，安排 1530 万元经费扶持从化广州桃花源风景旅游区、增城吾乡石屋等文化旅游新业态项目，其中增城区投入约 3.15 亿元精心打造荔枝小镇，构建集荔枝种植、加工、电商物流、研发、观光旅游于一体的荔枝产业集群。从化区佳荟果蔬农机科技专业合作社被命名为 2020 年第 11 批广东省巾帼创业基地。2021 年民宿产业快速发展，精品民宿、网红民宿不断涌现。组织编制了《广州市乡村旅游发展总体规划》和《广州市民宿旅游发展专项规划》，有效推进了乡村旅游和民宿旅游的发展，形成了产品丰富、特色各异、效应集聚、规范发展、品牌凸显的发展新格局。

二是推动乡村旅游提质增效。编制印发《关于大力实施乡村建设行动，实现广州市“十四五”市级美丽乡村全覆盖工作方案》，大力推进花都区港头村、白云区凤和村、番禺区大岭村等岭南特色美丽乡村精品示范村建设。番禺区被评为国家级全域旅游示范区，从化区和增城区被评为省级全域旅游示范区。2021年重点推进类型多样的乡村旅游产品体系建设，目前，全市共有4个全国乡村旅游重点村、23个省级文化和旅游特色村、14条省级乡村旅游精品线路、17个广州旅游文化特色村。其中14个乡村旅游景区被评为国家3A级以上旅游景区，从化区、增城区荣获全国休闲农业与乡村旅游示范县（区）称号，南沙永乐农庄被评为全国休闲农业与乡村旅游示范点。广州乡村旅游呈现良好发展态势，已形成观光农业、特色民宿、绿道休闲、古村风韵等类型多样的乡村旅游产品体系。

三是加强乡村文化旅游公共标识设施建设。广州市从化区南平村、花都区塱头古村、增城区莲塘村、白云区人和镇凤和村、增城区瓜岭村、南沙区大稳村、增城区蒙花布村、从化区米埗村、荔湾区聚龙古村、花都区花山镇洛场村、从化区锦三村等11个广州旅游文化特色村共175块标识标牌全部建成投入使用，有力推动了各旅游文化特色村的发展。

四是推动各类乡村特色文化旅游活动。开展“广州文旅惠民消费券”活动，分批次向全市发放“文旅惠民消费券”，激活文化旅游消费。开展“农民进城、市民下乡”体验旅游主题活动，组织旅游团近千个，乡村旅游游客超800万人次。办好广州农鲜电商节暨广州（增城）荔枝文化旅游节、增城何仙姑文化旅游节、从化杨梅节、花都油菜花节、花都芋头节、花都农耕文化节等文化旅游活动。引入电子商务赋能文化旅游节，助力农产品销售。第二届广州直播电商节联动安顺、毕节、黔南、疏附、波密、湛江、清远、梅州等地组织了150场助农直播，总销售额超3100万元。指导花都区开展“直播赋能　数字赤坭”数字农业直播节，促成交易额达1.5亿元。广州（增城）荔枝文化旅游节通过电商销售广州荔枝，总销售额达2.2亿元。

二　乡村文化发展存在的主要问题

从总体上看，2021~2022年广州坚持以市级、区级两级编制规划引导乡村振兴战略的推进实施，在乡村文化振兴方面以实现城乡基本公共服务均等化为目标，坚持高质量规划、高标准建设，从村民最迫切、最需要解决的问题入手，大力推进服务站、文化站、卫生站，公园、公厕、公交、公栏，路网、电网、水网、光网、消防网建设，极大地完善了村庄基础设施和公共服务设施，有效促进了优质公共资源向农村倾斜，打造了一批独具岭南特色的乡村文化品牌，逐步朝“生态宜居、产业兴旺、生活富裕、治理有效、乡风文明”的乡村振兴目标有序迈进。但是对照国家赋予广州在粤港澳大湾区中的“科技教育文化中心”“对外文化交流门户枢纽”的城市定位，以及要求广州形成与国家中心城市、国际化大都市功能相匹配的城市文化软实力，同时对照广东省对广州乡村文化振兴高质量发展的要求，我们发现在现实的建设和发展中始终存在一个突出的问题，即如何解决好文化与旅游、公共事业与产业之间的关系。目前依然呈现乡村文化辐射力、影响力与乡村振兴的需求有较大差距，乡村公共文化服务在城乡之间、区域之间发展还不够平衡，乡村公共文化空间区域分布尚待完善和优化，乡村文化与旅游融合下的业态引导、产业引导、品质提升等方面都有待拓展，乡村文化服务和管理队伍缺乏、动员参与和文化获得感的效能有待提升，乡村文化建设的队伍素质不高、人才力量缺乏等方面的问题和不足。

（一）公共文化服务体系的管理和服务效能有待提升

党的十九大提出的乡村振兴战略，明确将“加强农村公共文化建设”作为“繁荣兴盛农村文化，焕发乡风文明新气象”的重要任务，要求通过物质文明与精神文明并进，提升农民群众精神风貌，培育乡村“文明乡风、良好家风、淳朴民风”，不断提高乡村社会文明程度。《国家基本公共文化服务标准（2021 年版）》指出，城市公共文化服务设施包括图书馆、博物馆、文化馆（站）、美术馆、科技馆、体育场馆、妇女儿童活动中心、老年人活动中心等多种类型，但是部分村镇对公共文化服务的建设则采取“多合一”的方式，即简化为基层综合性文化服务中心、农家书屋、公共阅报栏（屏）等设施；有的村镇没有考虑村民文化活动的习惯，而是简单地将广州城市文化的活动种类、频次标准直接植入乡村的文化建设和发展中，比如过度开发乡村的非物质文化遗产并将传统的工艺商业化、机器化；再如直接以现代工业文明标准开发乡村旅游和田园综合体，而没有考虑村民自身的公共文化需求等。

（二）镇街公共文化设施重“建”、轻“管”、低“利用”现象仍然存在

镇街公共文化的基础设施较为薄弱，个别村的公共文化设施设备陈旧，但更普遍的问题在于“形式远远大于内容”“建设大于使用”。如乡村公共文化服务的硬件设施虽已到位，但相应的文化活动配套不够，适合村民民间文化活动的策划与组织不能及时跟进；又譬如缺乏对村民知识学习、精神陶冶、日常娱乐需求的挖掘，导致村民对公共文化服务缺乏“共识感”，很容易造成为了设施达标而建设，只是为完成“政绩”目标。此外，目前文化发展的各项工作是以行政主导来整合各方力量，以公共文化建设的评估、检查和监督为主要抓手，以达到规范化、正规化和标准化，这一种手段很难满足农村文化产品供给的调节和文化活动的多样性要求，由此造成“软实力建设不足”的现实困难。如基层文化队伍力量不足、服务队伍素质整体偏低、文化创新能力薄弱、活动形式单一、文化艺术人才有待挖掘和培养等，很难更好地发挥以公共文化设施建设实现“共同价值规范”的文化引领功能。

（三）保护和传承乡村传统文化需要进一步增强

乡村传统文化的挖掘和弘扬有待进一步深入，对乡村文化遗存保护工作的重视程度有待加强。首先，越来越多的村民外出打工，对乡村文化保护的重要性认知不够，村民的主体参与度不高，保护传承乡村优秀传统文化的意识尚待强化，不少物质文化遗产没有得到有效保护或者保护不足。其次，一些非物质文化遗产传承工作无法获取可观的经济效益，年轻人不愿意学习传承，有些传统手工艺濒临失传，正面临后继无人的现状。最后，当前传统文

化保护和传承的一个重要路径就是与乡村旅游融合发展，这就离不开专业人才。将当地的优秀传统文化融入旅游项目，必须由专业的人才予以设计开发，尤其是民俗文化村、科普教育村等。但是，大多数乡村缺乏行之有效的人才招聘措施，专业人才严重缺乏，导致一些村镇在乡村建设中无法突出传统文化主题，无法充分挖掘传统文化资源。

（四）乡村旅游发展品质有待创造性提升

广州的乡村虽然拥有丰富的旅游资源，但是广州文化与旅游的融合仍然处于初级阶段，在打造精品项目满足新消费需求方面仍有提升空间，将文化内涵培育成为广州乡村旅游资源的要素，打造精品旅游产品以推动“乡村振兴”仍是当前的重要课题之一。其一，目前广州仍然没有构建起与乡村旅游路线相配套的便捷的公共交通体系，大部分情况下只有“自驾游”的乡村旅游路线，导致旅游受众范围有限。其二，一部分“乡村旅游”缺乏对岭南古村落、乡俗文化、民间典故等资源的深入挖掘和精准开发利用，因而在乡村旅游开发中存在“千篇一律”“附庸风雅”的问题。一些乡村旅游看似内容丰富，实际上都是“看田园风光+品农家饭菜+住改造民宿”的“旅游套路”，缺乏对本地“独特性文化内涵的挖掘和提升”。还有一种现实情况就是走入另一种极端，在乡村路线的设计中添加不合时宜的“文化内容”，譬如在村落的文化博物馆里“张冠李戴”，设置诸如云南民俗文化展之类的主题；在安静的乡村祠堂舞台设计爵士、肚皮舞等“博眼球”的表演活动，或者随意创作“烂俗”的“乡村爱情故事”，等等。其三，缺乏统筹打造的广州区域乡村旅游整体品牌形象，在提高广州美丽乡村知名度、美誉度上的宣传力度还远远不够。目前乡村产业项目和旅游消费的定位和宣传，要么是由开发主体单位以及运营单位予以推广宣传，要么是由其所在的村镇及区一级政府进行主题推送，导致品牌宣传的渠道有限，尤其是“走出广州宣传平台”和“出圈”的机会较少，全市缺乏专项的文化旅游资源统一规划及开发标准，还没有构建起有效的区域乡村旅游整体品牌形象和传播策略体系。

三　广州乡村文化振兴的发展态势与建议

（一）广州乡村文化振兴的发展态势分析

2022年，国际形势持续多变急变，中国外部环境发生的深刻变革影响国内经济包括文化和旅游产业的发展。广州一直处在中国的地域交汇处、文化交融处、意识形态交锋处。国内受到新冠疫情的持续影响，面临国际国内贸易、服务业、文化和旅游、复工复产、发展振兴的艰巨挑战。面对这些挑战，党中央、国务院积极有序应对，从着眼国家重大战略需要出发，稳住农业基本盘、做好“三农”工作，持续全面推进乡村振兴。广州切实贯彻落实党中央、广东省委的战略部署，推动2023年乡村文化振兴新发展，努力形成乡村振兴工作新格局。

2022年1月出台的《中共中央 国务院关于做好2022年全面推进乡村振兴重点工作的意见》指出，要继续扎实稳妥推进乡村建设，突出实效改进乡村治理，明确了八个方面的乡村文化振兴具体举措。2022年4月，广东省出台了《中共广东省委广东省人民政府关于做好2022年全面推进乡村振兴重点工作的实施意见》，进一步明确要聚焦产业促进乡村发展，大力发展乡村民宿、整体推进文化振兴、推进文明村镇创建提质行动。2022年6月，广州市紧跟步伐，发布《关于做好2022年全面推进乡村振兴重点工作的实施方案》，注重对标对表，突出广州特色，着眼“出新出彩”和“当示范做表率”，不断扎实推进乡村建设，着力建设岭南特色精美农村，让城乡居民看得见山、望得见水、记得住乡愁。

展望2023年，可以预见广州乡村文化发展将呈现如下发展态势。广州将努力实现“老城市新活力”和“四个出新出彩”战略部署，以推动高质量发展为主题，把握粤港澳大湾区建设重大机遇，落实广州市委“1+1+4”工作举措；以融合创新为根本动力，深化文化和旅游供给侧结构性改革，注重需求侧管理，在推动形成以国内大循环为主体、国内国际双循环相互促进的新发展格局中，在聚焦农业农村数字化、绿色化、国际化转型中，奋力推动广州乡村振兴取得新进展、农业农村现代化迈出新步伐。加强农村精神文明建设，加快发展乡村文化事业、乡村文化产业和旅游业，夯实乡村公共文化服务基础，加大宣传引导力度，提升乡村全域旅游吸引力、智慧文旅服务力和区域发展协同力，在促进广州市建设“世界文化名城”和“世界级旅游目的地”、开创文化强市和商旅旺市建设新局面中，进一步实现“文化引领、产业带动”，激发优秀传统乡土文化活力，融合农文旅，实现以文化铸魂促进乡村振兴。

（二）广州乡村文化振兴的发展建议

一是以“提质行动”继续加强乡风文明建设。进入新时代，乡村文化要与时俱进，结合时代特征和人民群众对美好生活的需要，与社会主义核心价值观相融合，进行创新性转化和创造性发展，发挥其在凝聚人心、教化民众、淳化民风中的作用。其一，要通过日常化、具体化、形象化的宣传教育和示范引领，推动社会主义核心价值观中的家庭观、道德观、世界观与乡村礼俗习惯相融合，将其转化为民众的自觉行为。依托农村新时代文明实践阵地，积极开展理论宣讲、百姓宣讲，培养一批有主题、有特色、有内容的工作品牌和文明实践活动，扩大覆盖面，增强影响力。其二，要以符合时代精神的族规家训为载体，激活家庭文化细胞，养成良好家风。继续组织“星级文明户”“最美家庭”等推荐评选活动，调动各镇村文明创建积极性。持续推进农村移风易俗，督促村规民约的制度落实。其三，要把优秀乡土文化与现代先进文化衔接起来、融合发展，推进农村移风易俗。开展文明评比，继续开展达标创建和考核工作。集中力量强化弱项，持续推进“五大美丽”建设，加快示范单位和省定“美丽宜居村”“特色精品村”的梯次创建，从而培育文明乡风、淳朴民风，为乡村振兴营造文明社会氛围。

二是以“价值铸魂”继续深入挖掘丰富乡村文化。以不断满足农民群众对美好生活的向往为出发点，广泛开展群众性文化活动，培育文化生活氛围。广州乡村公共文化服务硬件设施建设较为完善，乡村公共文化环境整体上正处在品质提升和精神价值再塑造的阶段。其一，在文化形态打造方面，要以国家全面推进乡村振兴战略的年度工作要点为乡村文化建设的基础标准和形态框架，在此基础上探索独具广州特色的现代乡村文化样态，达到“外形”的提升。其二，在文化治理的价值塑造方面，要推进城乡文化共建机制，在城乡互哺发展中，吸收广州城市文化先进向上的理念、开放包容的态度、敢于创新的精神，将其融入村社的公共价值构建体系，进一步拓展乡村文化治理在凝聚乡村发展力量、化解现实矛盾方面的引导、调解和规约功能。其三，在“留住乡愁”的提炼构建方面，要在保护农耕文化、尊重乡村文化的乡土性、丰富乡村群众的多样性需求方面下功夫，建议以对乡村文化仪式活动的挖掘为方向，以保留和提炼传统民俗礼仪活动的核心价值为目标，来创造并丰富文化活动形式，由此塑造情境共识，提高群众的参与度，增强乡村家园的精神归属和情感共鸣。其四，应当尽量吸收乡村文化所蕴含的精神和智慧，统筹城乡公共文化设施布局、资源配置，健全公共文化服务网络，提高文化服务的覆盖面和适用性。如加大送戏下乡、传统文化进乡村的力度，促进城乡文化无障碍衔接与融合发展；积极推出具有浓郁乡情特色、充满正能量、深受农民欢迎的文艺作品；深入继承创新优秀传统文化，办好传统节日、民俗文化节等活动，加强农村历史文化的保护、规划、开发、修缮等工作。其五，村庄规划应遵循乡村自身发展规律，突出村庄自然禀赋，凸显乡村特色，保留乡村特色风貌，彰显岭南文化魅力。

三是以“产业融合”继续加大发展乡村文化产业。其一，加大对农村地区的产业扶持力度，探索符合农村实际的特色资源、优势资源、闲置资源开发模式，在资金投入、技术支持、服务提升等方面给予帮助。其二，加强对农村地区文化旅游资源开发的指导和规范，进一步整合从化、花都、增城生态旅游资源，形成一批有质量、有特色的乡村旅游产品，发挥文化力量促进农村产业兴旺。在具有文化资源禀赋的乡村，要做好乡村历史文化、民俗文化、农耕文化等资源的活化利用，大力发展乡村特色文化产业，开发具有乡村特色的文化产品和服务，促进文化资源与现代消费需求有效对接。其三，要用好文化产业发展政策，引导更多社会资源投向乡村文化建设，形成发展合力。一方面，要运用“乡村文化+”模式，通过乡村文化与旅游、创意、都市农业等产业的深度融合，将乡村文化元素融入农业生产观光、农事体验活动中，不断丰富表现形式，丰富发展业态，促进城乡文化旅游一体化协调发展。另一方面，要借助现代传播媒介和数字技术，利用微信公众号、微博、短视频平台等传播手段推广乡村优秀文化，为乡村文化走出去提供新载体，扩大乡村文化的影响力。

参考文献

[1] 习近平：《对实施乡村振兴战略作出重要指示强调　把实施乡村振兴战摆在优先位置　让乡村振兴成为全党全社会的共同行动》，《人民日报》2018 年 7 月 6 日。

[2] 习近平：《乡村振兴战略作为新时代“三农”工作总抓手》，《求是》2019 年第 11 期。

[3] 张清俐：《文化建设为乡村振兴注入动力》，中国社会科学报-中国社会科学网，http：//ex. cssn. cn/zx/bwyc/201904/t20190415_ 4864083. shtml。

[4] 张其学等主编《中国广州文化发展报告（2020）》，社会科学文献出版社，2020。

[5] 顾海燕：《乡村文化振兴的内生动力与外在激活力——日常生活方式的文化治理视角》，《云南民族大学学报》（哲学社会科学版）2020 年第 1 期。

[6] 肖志远：《以文化产业赋能乡村振兴》，《中国社会科学报》2022 年 9 月13 日。

B.6

广州乡村组织的管理与发展

——社会组织参与乡村振兴的现状、经验与路径

林柳琳*

摘　要： 社会组织是乡村振兴不可或缺的建设性力量。本研究以社会组织参与乡村振兴的内在机理、政策措施和广州实践为研究对象。通过内在机理研究发现，社会组织有助于增强农村社会信任度，实现产业兴旺；有助于平衡乡村生态发展与乡村生产和经营主体矛盾，提升生态宜居水平；有助于丰富农民休闲方式，提高农村乡风文明建设水平等。通过政策措施和广州实践研究得到五点启示：一是在产业振兴方面，应以农村产业组织为抓手，开展特色产业帮扶活动；二是在生态宜居方面，注重乡村内外部组织协同合作，可有效提升乡村生态治理水平；三是在乡风文明建设上，进一步确立以农民为治理主体和协同治理、法治化治理的新模式，能有效提升农村现代化程度和文明水平；四是在治理有效方面，积极推动单一管理主体向多元共治主体转化，可有效提升乡村治理水平；五是在共同富裕方面，必须大力开展暖心关爱活动，以有效实现农民的稳定增收。

关键词： 社会组织　乡村振兴　广州经验

实施乡村振兴战略是以习近平同志为核心的党中央做出的重大决策部

* 林柳琳，经济学博士，广州行政学院市情研究所副教授，研究方向为乡村振兴与区域经济。

署，是全面建设社会主义现代化国家的全局性、历史性任务，是新时代“三农”工作总抓手。乡村振兴战略作为一项系统性工程，是人力、物力、财力的有机结合，是人才、资源、战略的有效统一，其中规划是基础，参与是根本。乡村振兴既依赖于政府、企业及中介服务等多元主体的参与，也依赖于具有丰富社会资本的社会组织的参与。如行业协会、商会等社会组织具有行业影响力，能调动行业技术和信息资源，推动会员建立农村产业发展基地，培育农村新产业、新业态、新模式和新经营主体；社会服务机构、基金会和科技类社会团体能积极开展科技服务、法律服务、社会服务等人才支持和教育培训，扩展优化乡村人才数量和质量。近年来，广州社会组织积极响应脱贫攻坚号召，充分发挥社会组织类型多、领域分布广、社会联系紧密等特点，广泛凝聚社会力量，全力服务乡村振兴建设。现阶段广州社会组织参与乡村振兴呈现的特点、取得的经验值得重点关注与研究。

一　社会组织参与乡村振兴的内在逻辑

社会组织是公共关系的主体，是民众参与公共事务、推动经济社会发展和促进社会主义现代化建设的重要力量，也是解决我国新时代主要社会矛盾的有生力量。介于政府和企业之间的社会组织是人们为了特定目的而组建的稳定的合作团队。当前，乡村振兴面临产业结构单一、农民收入单一、乡村建设人才紧缺、环保观念薄弱、乡村彩礼重、家庭纠纷频发等难度较大的乡村治理问题。社会组织可通过建构社会网络实现社会资本重建，有效提升经济社会运行效率，破解以上乡村振兴中的难题。社会组织参与乡村振兴具有高度的理论契合性与内在逻辑。

第一，社会组织有助于增强农村社会信任度，促进农业生产要素流通，完善农业生产行动规范，提高“三产”融合度，实现产业兴旺。一是可通过自身社会关系网络，帮助乡村链接外部资源，形成农村内外资源对接机制，实现资源互动、优势互补和供需对接。二是可通过生产技术服务型组织（如地方科协、某领域技术协会等），为农业生产提供技术支持。三是可通过政府购买和公益创投等方式，建立城乡人才衔接机制，引入优质人才参与乡村建设，充分挖掘当地“土专家”，加强对农业技术的培训，优化人才结构与质量。四是社会组织通过农业协会、农民互助组织等形式重新组织农民参与农村经济活动，促进村两委和基层政府的衔接，形成优质组织体系。

第二，社会组织有助于平衡乡村生态发展与乡村生产和经营主体矛盾，能够形成农村利益诉求一致化，提升生态宜居水平。环保社会组织具有民间性、自治性和天然的亲和性等特征。一是能够通过宣讲与示范，使环保理念、环保意识、环保法律政策更好地深入人心。二是能够通过引进先进技术优化农业生产，促进农业生产与生态环境的和谐发展。三是能够通过动员村民参与环境整治，推广绿色生产生活和消费理念，提升公共卫生治理水平。

第三，社会组织有助于丰富农民休闲方式，提高农村乡风文明建设水平。一是公益文化机构、体育组织、科普组织等社会组织能够更便利地推广传统美德、民俗、礼仪，挖掘文化资源的价值，摒弃“薄养厚葬、高额彩礼、相互攀比”等陋习。二是可以充分发挥扎根社区、熟悉社区需求的优势，将农民的文化需求和乡村文明政策有效结合。三是有助于完善社会道德规范、强人道德宣传网络，不断提升乡风文明程度。

第四，社会组织有助于构建“党委引领、社会协同、公众参与、法治保障”的现代乡村社会治理体制，走出一条中国特色社会主义乡村善治之路。一是可通过健全农村社会网络扩大乡村治理范围。二是可通过乡贤理事会、村民监事会等治理形式，发挥社会组织在调节“三农”利益、化解矛盾上的作用，同时也能有效遏制村级“小微权力”任性的风险，使乡村社会充满活力又和谐有序。三是可凭借其专业能力，通过健全农村议事机制，帮助村民发掘和梳理公共议题并形成行动方案。

第五，社会组织能够为提升农民收入、缩小城乡差距提供必要条件和机会，为村民提供更加丰富的社会服务和公共产品，不断提升农民的生活质量。一是可通过慈善机构开展募捐活动，为农村困难群体提供社会救助服务。二是可通过志愿服务团队，为残疾人、独居空巢老人和留守儿童等弱势群体提供志愿服务。三是可通过专业特长，为村民提供健康讲座、困境儿童心理辅导、青少年乡村夏令营等专业化服务。

二 社会组织参与乡村振兴的政策要求与广州实践

2014年，国务院办公厅《关于进一步动员社会各方面力量参与扶贫开发的意见》充分肯定了社会组织参与扶贫工作的作用和巨大发展潜力，明确社会组织是扶贫开发的重要主体之一。2017年，国务院扶贫开发领导小组印发了《关于广泛动员和引导社会组织参与脱贫攻坚的通知》，提出社会组织是动员组织社会力量参与脱贫攻坚的重要载体，是构建专项扶贫、行业扶贫、社会扶贫“三位一体”大扶贫格局的重要组成部分。2018年，中共中央和国务院印发的《乡村振兴战略规划（2018~2022年）》中有两处提到“社会组织”，其中一处为“大力培育服务性、公益性、互助性农村社会组织，积极发展农村社会工作和志愿服务”；另一处为“要把组织动员社会力量支持参与乡村振兴作为重大政治任务”。2022年4月，民政部、国家乡村振兴局联合发布的《关于动员引导社会组织参与乡村振兴工作的通知》更是明确规定“参与脱贫攻坚是社会组织的重要责任”，并要求在中央设立的五年过渡期内按照“四不摘”的要求，保持社会组织参与帮扶政策总体稳定，推动社会组织工作重心从解决“两不愁三保障”逐步向助力乡村产业兴旺、生态宜居、乡风文明、治理有效、生活富裕转变，巩固拓展脱贫攻坚成果和全面推进乡村振兴；引导全国性社会组织、省级社会组织集中面向乡村振兴重点帮扶县开展帮扶，实现“一对一”或“多对一”的全覆盖帮扶。2022年6月，民政部、国家乡村振兴局制定并印发《社会组织助力乡村振兴专项行动方案》清晰提出社会组织的三项重点任务：一是结对帮扶国家乡村振兴重点县，持续巩固拓展脱贫攻坚成果；二是积极参加乡村振兴重点工作，打造社会组织助力乡村振兴公益品牌；三是聚焦重点区域和重点领域，开展社会组织乡村行活动。

2020年，广州市人民政府印发《广州市国民经济和社会发展第十四个五年规划和2035年远景目标纲要》，其中对“全面推进乡村振兴”进行了专章科学规划。2021年，在脱贫攻坚战取得全面胜利、“三农”工作重心实现历史性转移的关键节点，广州市扶贫开发办公室更名为广州市乡村振兴局，这体现了广州为农民谋幸福、为农业谋发展、为乡村谋振兴的使命担当，标志着广州乡村振兴工作跨入了新的阶段。为了有效引导社会组织参与乡村振兴，2021年5月，广州市社会组织管理局制定出台了《广州市社会组织参与巩固拓展脱贫攻坚成果推进乡村振兴工作方案》《广州市社会组织管理局　广州市社会组织党委关于进一步引导动员广州社会组织参与乡村振兴的实施意见》《广州市2021年“广东扶贫济困日”活动方案》《“聚力助学　童向未来”广州市社会组织对口支援清远市连南瑶族自治县三排镇教育帮扶方案》《“穗医惠民　情满瑶乡”广州市社会组织对口支援清远市连南瑶族自治县三排镇医疗帮扶方案》等文件，持续开展“千社扶百村”活动，实施社会组织助力乡村振兴七个专项行动（见表1），动员引导社会组织参与助力乡村振兴工作。围绕七个专项行动，广州各类社会组织结合行业与领域特性，采取了四种参与方式：一是对口帮扶、协作支援、筹集资金和物资；二是围绕消费、产业、旅游等方面帮扶，搭建信息、推介、销售、服务等平台，对生产、营销、信息、服务等各环节实行全流程指导；三是借鉴“粤菜师傅”“广东技工”“南粤家政”等做法，充分发挥自身优势，主动指导对口帮扶地区设立机构，为当地培训培养乡村振兴人才，提高人才统筹组织、专业引领、行业推动等能力；四是根据自身优势特长，结合对口帮扶、兜底保障需要，自行设立帮扶项目，更好地服务帮扶地区和特殊群体。

表1　广州市社会组织参与乡村振兴七项行动

序号	行动名称	行动主要内容	实施主体
1	贵州东西部协作行动	充分发挥慈善组织、社工机构和相关行业协会商会作用，引导社会资金、资源聚焦贵州黔南州、毕节市、安顺市，结合“万企兴万村”活动，积极探索引导社会组织会员单位与帮扶地区开展特色产业帮扶共建，提高当地经济发展水平，助推乡村振兴，继续巩固实施“牵手计划”，帮助培养社会工作人才，提高当地社会服务能力	市慈善会、市社会组织联合会、市社会工作协会与全市各相关社会组织

续表

序号	行动名称	行动主要内容	实施主体
2	西藏新疆对口支援行动	严格按照市扶贫协作办关于支援西藏新疆行动计划，积极开展广州与西藏波密、新疆疏附两地社会组织交流合作，积极引导广州社会组织在具有民族特色的乡村进行产业开发合作、基础设施建设、教育医疗援助、农特产品进广州、旅游开发等方面的帮扶支援	市慈善会、市社会组织联合会和全市各相关社会组织
3	四川甘孜巩固拓展行动	持续加强对四川省甘孜州色达县、理塘县的帮扶力度，完善扶贫信息沟通对接机制，推进色达县然充乡贡布手工艺制作加工专业合作社升级、理塘县格木乡加细村萨加文化石刻艺术发展，协助色达和理塘两县农特产品网上销售进广州“菜篮子”，建立健全农特产品供销链条	市慈善会、市社会组织联合会和全市各相关社会组织
4	省内乡村振兴帮扶行动	根据广州市结对帮扶梅州、清远、湛江市任务和市区镇村帮扶需要，把镇村作为乡村振兴支持重点，大力开展“进乡村、助振兴”活动，积极发动社会组织参与乡村产业发展共建、基础设施建设、农特产品入广州、公共服务供给建设、教育健康、乡村休闲旅游等工作	市社会组织联合会、市社会工作协会、市志愿者协会、市医疗行业协会和全市各相关社会组织
5	广州特殊群体暖心关爱行动	大力培育发展农村社区社会组织，常态实施“社工+志愿者+暖心帮扶”战略，用好用活“广州红棉守护热线”载体，深入实施“仁医惠民 · 爱在羊城”工程	市慈善会、市社会组织联合会、市社会工作协会、市志愿者协会、市医疗行业协会和全市各相关社会组织
6	“羊城慈善为民”行动	协助开展“广东扶贫济困日”活动，全力深入推进“羊城慈善为民”活动。全新升级“广益联募”慈善募捐信息发布平台，大力实施广州善行者公益徒步行动、“珠珠救助”、爱蕾行动等慈善行动，实现帮扶解困领域慈善力量的精准对接、精准救助	市慈善会和各区慈善会等社会组织
7	社会组织帮扶能力提升行动	持续办好广州社会组织交流大会、社会组织讲坛、基金会发展论坛及社会组织研究年会等品牌活动，与省内外、帮扶地区社会组织从业人员共同研究帮扶乡村振兴工作办法和举措，引导社会组织协同发力、合力帮扶	市社会组织联合会、广州社会组织研究院和全市各相关社会组织

资料来源：笔者根据广州市社会组织管理局官网公布资料整理。

三　广州社会组织参与乡村振兴现状与成效

近年来，广州深入开展社会组织助力乡村振兴七个专项行动，积极推动巩固拓展脱贫攻坚成果同乡村振兴有效衔接，以新担当新作为投身乡村振兴战略的伟大实践。据统计，全市120多家社会组织共投入3990余万元，实施产业帮扶、消费帮扶、助学帮教、医疗扶持、社会组织培育发展帮带等多元化帮扶举措，形成“千社扶百村”“组团式”帮扶等党建服务品牌，服务范围覆盖贵州、四川以及清远、梅州等多个省内外地区，服务内容涉及社工、金融、医疗、教育、农业、信息化等多个专业领域。慈善组织、社工服务机构、志愿服务组织、行业协会商会以及社区社会组织等积极参与，传递广州温度，展示广州担当。

一是广州市社会组织联合会（简称“社联”）助力乡村振兴持续发力。为进一步贯彻落实乡村振兴战略部署，广州社联主动担当作为，开展了一系列助力乡村振兴的工作。在宣传交流方面，广州社联携手12家广州社会组织代表云上亮相第九届中国慈善项目交流展示会，定制设计“广州市社会组织助力乡村振兴”3D联合展厅，通过图文海报和项目视频推荐展示28个品牌项目、18个展品，并组织策划3场直播；承办广州市社会组织参与巩固拓展脱贫成果助力乡村振兴暨“广东扶贫济困日”活动动员座谈会，发布《广州市社会组织积极参加2021年“广东扶贫济困日”活动倡议书》。在项目对接方面，广州社联主办“我为群众办实事社会组织齐参与”2021年广州市从化区荔枝公益定制活动，动员对接57家省、市社会组织定制从化荔枝702棵，筹集荔枝公益定制款近70万元，并从荔枝公益定制款项中按比例提取资金设立“荔枝定制专项帮扶基金”，帮助从化困难儿童；启动“我为群众办实事银社助农促振兴”活动，这是广州农商银行金米公益基金会与广州市社联助力乡村振兴行动计划的一部分，投入项目资金200万元用于促进从化区乡村产业项目孵化、乡村组织人才培育、乡村特困群体帮扶等。在广东省内，组织11家社会组织代表赴清远市连南瑶族自治县三排镇调研对接帮扶乡村振兴项目，走访慰问当地困难群众。2021年11月，广州社联因在脱贫攻坚工作中做出突出贡献，获得广东省民政厅、广东省农业农村厅通报表扬。

二是广州市慈善会成为广东省脱贫攻坚先进集体。广州市慈善会成立于1994年，成立28年来，共筹集捐赠款物42亿多元，受益人数近千万人次，是广州慈善事业的主渠道和主平台。广州市慈善会认真贯彻落实党中央部署和省、市工作要求，秉持“扶贫济困见难相助”的宗旨，积极发挥慈善第三次分配作用，持续巩固拓展脱贫攻坚成果与乡村振兴有效衔接。自2010年以来，广州市慈善会连续协助政府举办12届广州市“广东扶贫济困日”活动，每年发出《我为脱贫攻坚献爱心倡议书》，在广益联募平台上线“我为广东脱贫攻坚献爱心”“善美乡村”筹款项目，累计筹款2900多万元。积极发挥慈善枢纽平台作用，建设完善广益联募平台，累计上线扶贫项目235个，筹款5390多万元。2021年9月，首次设立“助力乡村振兴慈善基金”，动员6家爱心企业捐赠2850万元。自2020年至今，广州市慈善会累计接收扶贫捐赠收入4.24亿元，累计帮扶贫困村2190个（次），受益者达206万人次。2020年6月，广州市慈善会被广东省扶贫开发领导小组评为“广东扶贫济困日活动10周年突出贡献社会组织”；2021年6月，广州市慈善会被广东省委、省政府评为“广东省脱贫攻坚先进集体”。

三是广州市社会工作行业协会汇聚广州社工力量助力乡村振兴。广州市社会工作行业协会聚焦脱贫攻坚、聚焦特殊群体、聚焦群众关切，织密织牢特殊困难群众兜底保障网，以全面实施乡村振兴战略为牵引，汇聚广州社工力量助力乡村振兴，发挥资源链接、增权赋能、精准服务等优势，积极开展广州社工农村贫困家庭帮扶行动、农村留守老人照顾支援行动、红棉公益消费扶贫助农行动、农村困境儿童护蕾行动、农村残障人士关爱行动、点亮农村困境群体微心愿圆梦行动、乡村社区治理赋能行动等七大行动服务，开展“红棉公益消费扶贫助农行动订单配送式”“乡村社区治理赋能行动”等特色项目，助力乡村产业振兴、人才振兴、文化振兴，完善乡村社会保障体系。

四是广州市医疗行业协会有效提升乡村医疗卫生服务水平。广州市医疗行业协会聚焦脱贫攻坚、聚焦特殊群体、聚焦群众关切，激发医疗行业机构在乡村振兴、关爱“一老一小”等特殊群体方面发挥积极作用。开展面对困难群众以及对口乡村振兴地区的医疗帮扶工作，相继发起组织“仁医惠民·爱在羊城”“粤黔同心助发展”“点亮心灯·放飞梦想”“天使微笑计划”“穗医惠民·情满瑶乡”“同心圆梦·肺福先行”等项目，累计组织上百家（次）医院、医药公司、医疗器械企业等健康医疗机构为广州以及黔南州、四川甘孜州、梅州、清远等广州对口扶贫地区和医疗机构以及近万名“一老一小”特殊困难群体提供健康关爱、微心愿实现、基层医生培养、远程医疗服务、专科建设、医疗设备支持、家庭医生规范建档随访指导、慢阻肺及呼吸疾病诊疗平台建设等帮扶服务，合计市场价值逾千万元，帮扶改善广州对口扶贫地区、医疗机构医疗硬件设施，有效提升乡村医疗卫生服务水平及“一老一小”特殊困难群体健康水平。广州市医疗行业协会相继荣获“广东社会组织参与脱贫攻坚突出贡献单位”“梅州扶贫济困铜奖”“广州市社会组织参与脱贫攻坚先进个人”等荣誉。

五是广州慈善基金会将慈善工作赋予乡村振兴重要使命。广州慈善基金会深入开展精准教育、人才振兴工作，主动链接社会资源，提供物资支持，积极开展消费助农、爱心关爱、助学帮教等活动，以实际行动主动担当作为。如广州市利世慈善基金会 2021 年到广东粤北清远和怀集、福建南靖、湖南新化和安化、甘肃甘南、青海玉树及川藏阿坝和甘孜等全国 8 个省和 1 个自治区 24 个县的 100 多个乡村走访，行程 12800 公里，考察资助了 556 个学生家庭。截至目前，利世慈善在 100 多个乡村资助了 1500 多名精英学子，发放奖学金 1360 万元，积极推动当地乡村振兴中的人才振兴和生活富裕工作。广州市正佳慈善基金会先后助力贵州毕节市、新疆喀什地区，以及广东云浮市云城区、兴宁市、连南瑶族自治县三排镇和广州市从化区等地的乡村振兴工作，累计捐款逾 790 万元。广州开发区善德助学促进会通过参与“东西部乡村振兴红色育苗计划”，在贵州省资助学生 63 名，发放助学金 8 万多元；在云南省红河哈尼族彝族自治州元阳县资助学生 42 名，发放助学金 20 多万元；资助粤东西北山区学生 20 名，发放助学金 2.7 万多元；接受爱心捐赠 2 万多元资助清远阳山南塘学校建立善德图书角。

四　案例分析：广州社会组织组团帮扶连南瑶族自治县三排镇乡村振兴的实践路径

三排镇隶属广东省清远市连南瑶族自治县，位于连南瑶族自治县南部，辖区面积161平方千米，下辖10个行政村。三排镇辖区内大部分行政村是典型的“九山半水半分田”，再加上石灰岩地貌难以蓄水，其农业生产仍是望天收成型，农业收入较低，村民大部分外出务工，一部分村庄已成为典型的空心化贫困村庄。

近年来，广州社会组织管理局紧盯三排镇乡村振兴目标，着眼三排镇政府发展所需、群众富裕所盼和广州市社会组织所能，积极发挥社会组织专长和优势，采取“定项目、组团式”帮扶方式，引导社会组织开展有针对性的帮扶活动，为三排镇带来了产业、教育、医疗等一系列帮扶项目，初步形成广州市社会组织帮扶三排镇乡村振兴的产业、教育与医疗特色项目和对接帮扶模式。目前，广州市现有行业协会商会600多家，在链接金融、医疗、教育社工、慈善、技术等专业服务和社会资源上具有扎实基础，同连南瑶族自治县的合作对接具有良好前景。广州各类社会组织充分发挥了成熟社会组织独有的参与乡村振兴实践的经验，从三排镇的文化习俗、产业经济、历史沿革和生态资源出发，梳理了三排镇自然与文化的特点与优势，系统开展了产业扶持、教育帮扶与医疗帮扶，以助力当地乡村振兴，形成了乡村振兴的强大合力。广州社会组织的专业能力和责任担当在乡村振兴这个广阔舞台上得到充分展示。

一是以产业扶持联动发展为主导，启动经济增长引擎。目前，广州社会组织具有民办非企业单位4551个、基金会104个、登记认定慈善组织185个、标识志愿服务组织107个。三排镇历史文化底蕴丰厚，作为瑶族文化最聚集的地区，广州社会组织以“造血式”帮扶巩固脱贫攻坚成果，以做强民族文化、科教旅游、现代农业三大产业为切入口，助力三排镇实现连南“生态与文化立县・全面高质量发展”的新时代目标。一方面，助力进一步挖掘三排镇独有的瑶族文化特色产业资源，打造三排艺术之乡风情旅游精品路线，以打响文化品牌促进三排镇乡村振兴；另一方面，助力做大做强三排镇特色种植业，加快形成“一村一品、一镇一业”特色产业格局。此外，广州社会组织根据《广州市对口帮扶地区乡村振兴驻镇帮镇扶村工作方案》要求，进一步加强与清远市民政局、连南瑶族自治县、三排镇和广州驻镇帮镇扶村工作队的联系，建立常态化沟通联络机制，畅通工作信息交流，深入推进驻镇帮镇扶村工作开展；进一步发挥好、依托好驻镇帮镇扶村力量，借助广州社会组织专业服务优势资源，共同推动三排镇乡村振兴建设驶入“快车道”，实现脱贫攻坚与乡村振兴有效衔接。

二是重视乡村人才培养，激发乡村振兴的内生动力。广州市社会组织联合会及广州社联困境儿童关爱中心具有多年对困难儿童帮扶工作的经验。作为“聚力助学　童向未来”专项帮扶行动的牵头单位，广州市社联积极发挥枢纽型社会组织作用以及经验优势，带动更多社会组织参与连南瑶族自治县教育帮扶工作。通过开展“童梦计划”“童伴计划”“职梦计划”“升级计划”等多个帮扶项目，为困难儿童提供家居学习环境改造、心理辅导、助学帮学等服务。为适龄青年提供实习岗位推荐，改善三排镇青年成长成才的环境，提升他们的社会融入度、就业率及生活幸福感。2022 年广州市社会组织管理局印发《“聚力助学　童向未来”广州市社会组织对口支援清远市连南瑶族自治县三排镇教育帮扶方案》，动员社会组织发挥专业优势和资源优势，面向清远市三排镇的中小学校和困境儿童，提供“教学设施环境改善”“学习环境改造”“优秀学生奖学金激励”“成长陪伴”“职业培训”“就业推荐”等多项服务内容，以“组团式”帮扶助力当地教育振兴。

三是提升乡村医疗服务质量，增强村民的获得感与幸福感。广州市医疗行业协会作为“穗医惠民　情满瑶乡”三排镇医疗帮扶专项行动的牵头单位，围绕三排镇医疗卫生健康工作的实际需求，充分发挥广州医疗和社会资源的优势，采取“定项目、组团式”帮扶方式，不定期组织开展送医送诊下乡、专家培训指导赋能提升医疗能力、医务团队培育、援助医疗硬件设施等医疗帮扶工作，不断提升连南瑶族自治县三排镇医疗卫生健康水平，使三排镇群众不出远门就能够享受到广州专家带来的医疗服务，为瑶乡人民身体健康做出广州社会组织的贡献。广州市医疗行业协会党支部与三排镇卫生院党支部签订党建共建协议，并向卫生院赠送了一批党建和医疗学习书籍；广州一百零八度公益基金会、广州市潮汕商会、广州市珠光霭德公益基金会、广州市正佳慈善基金会、广州市殡葬协会、广州市数智振兴共富公益基金会、广州台州商会等商会和协会向三排镇卫生院捐赠价值 86 万元的医疗设备、办公桌椅、电脑、空调等物资，进一步帮助三排镇卫生院提高基础设施水平、完善医疗设备、改善办公环境。

五　推动广州社会组织参与乡村振兴战略的若干建议

广州社会组织将参与乡村振兴作为服务国家、服务社会、服务群众、服务行业的重要内容，注重挖掘不同类型农村社会组织优势，启动了一批社会组织帮扶合作重点项目，打造了一批社会组织参与乡村振兴特色品牌，树立了一批社会组织参与乡村振兴先进典型，形成了科学系统全面的社会组织参与乡村振兴的“广州经验”。其带来的主要启示有以下几点。

第一，产业振兴：以东西部协作为牵引，以农村产业组织为抓手，综合施策、激活资源，开展特色产业帮扶活动，有效促进乡村特色产业发展。其一，加强东西部协作帮扶。积极与广州驻贵州黔南州、毕节市、安顺市三地的工作组及所在地民政部门建立常态化对接联系机制。深入结合“万企兴万村”活动，建立特色产业帮扶项目需要台账，大力引导社会组织链接社会资金、资源向贵州黔南州、毕节市、安顺市三地 23 个县市聚焦倾斜，在旅游观光、消费帮带、农业产业人才培训等方面开展帮扶工作。其二，大力支持省内乡村振兴，助力延长农业产业链条，实现从一产到三产的融合发展。结合地区优势，围绕特色资源，大力开展“进乡村、助振兴”活动，积极推进“一村一品”“一村多品”等工作的开展。进一步发动社会组织参与梅州、清远、湛江市以及省内其他地方乡村产业发展共建、基础设施建设、农特产品入广州、乡村休闲旅游产业等工作。其三，注重培育和发展农村新兴产业组织，搭建网络服务平台，进一步加强农村电商培训力度，有效促使新兴产业进乡村真正落地。如广州市社会组织通过微商、电商等线上平台，协助开发清远市三排镇农特产品小平台和公众号，进一步帮助三排镇搭建网络服务平台，加大拓展茶油、鹰嘴桃、百香果、稻米、黑山羊等瑶族特色产品的销路销量，增加产品销售附加值。充分发挥市肉菜市场行业协会等社会组织的经济带动能力、市场开拓能力，搭建营销平台，通过农业直通车、委托加工、协调订单、以购代捐等形式，帮助三排镇农特产品进入广州“菜篮子”，搞好助农帮扶工作。

第二，生态宜居：注重乡村内外部组织协同合作，促进多主体参与，进一步帮助乡村健全生态评估和保护机制，有效提升乡村生态治理水平。其一，广州社会组织主动担负起乡村振兴、生态保护的责任，注重吸收和借鉴国内外先进生态环境保护理念，有效组织村民，形成一个多元主体共同参与治理村庄生态环境的有效模式，带动村民建设美丽乡村。如广东绿耕社会工作发展中心对接仙娘溪生态宜居、产业规划等帮扶项目，营造了良好的社区生态发展公共空间，制定了村庄生态宜居的一系列规划。其二，采取新型灵活易接受的生态环保宣传模式，增强村民生态环境意识，有效提升农民的环境保护理念。其三，积极和村“两委”、群团组织、外部市场等主体寻找合作空间和机会，聚焦乡村生活垃圾、生活污水、厕所粪污处理处置等生态宜居重点任务，搭建起乡村环境治理技术、装备等方面的交流、展示平台，形成新型农村生态环境保护联盟，实现资源共享、多元合作，有效促进了乡村生产、生活、生态“三生”共赢。

第三，乡风文明：进一步确立以农民为治理主体和协同治理、法治化治理的新模式，强化社会组织在协调村庄矛盾和纠纷、培育优良“家风”和“乡风”、引导广大群众“向上向善”和凝聚乡村振兴“精神动力”中的作用，有效提升农村现代化程度和文明水平。其一，加强社会组织培育发展帮带作用。如广州市社会组织针对三排镇社会组织的发展实际情况，指导三排镇社工站建设，鼓励广州社会组织到三排镇开展社会组织建立、培育、合作工作，推动三排镇培育社会组织，特别帮助培育三排镇养老和助残类社会组织，引导三排镇社会组织成为推动三排镇乡村振兴的有力助手。其二，创新发展农村文化体育组织和农村老人协会等宗族团体，大力弘扬社会主义核心价值观，既注重农家书屋、科技讲座、“送节目下乡”等文化帮扶、文化资源整合提升等乡村文化“造血”工作，又不断强化村规民约建设，形成了倡导“喜事新办、丧事简办、弘扬孝道、尊老爱幼、扶残助残、和谐敦睦”的良好社会风气。其三，积极采取“送法下乡”“组建法律宣讲小组”等创新方式，为村（社区）提供法律意见、举办法治讲座、开展法律宣传、法律咨询等，进一步提升农民的法律意识，增强维权能力，提高农村文明程度。

第四，治理有效：积极推动单一管理主体向多元共治主体转化，形成了“合作治理”和“优势治理”等新型治理模式，有效提升了乡村治理水平。其一，既强调对村“两委”工作的监督，又创新与其他社会组织合作模式，形成共同参与治理新模式。其二，科学区分了各类社会组织的优势，协调并充分利用各类社会组织优势，综合发力，形成了“优势治理”新模式；其三，注重提升村民乡村治理的主体地位，以激发各方活力，唤醒村民公共精神，推动村民自治，从而激活了乡村振兴的内生动力。

第五，共同富裕：以特困群体为焦点，大力开展暖心关爱活动，在一定程度上缓解了“因病致贫”“因残致贫”等问题，有效实现农民的稳定增收。其一，大力引导社会组织向为老、助残、青少年服务倾斜服务，全力培育发展社区（农村）社会组织，常态实施“社工+志愿者+暖心帮扶”战略。2021年广州市社会组织共参与乡村振兴帮扶项目330多个，累计捐款捐物逾2.9亿元。其二，不断用好用活“广州红棉守护热线”载体，深入指导实施“仁医惠民·爱在羊城”广州市困难群体健康关爱行动、“伴童计划”社会组织关爱困难儿童行动等品牌服务活动，持续引导广大社会组织向广州市孤寡、独居、农村留守老人、重度残疾人、低保低收入人员、留守和困境儿童等特殊群体聚焦、帮扶。其三，进一步编牢织密广州民生兜底社会组织保障网，开展上门走访慰问、心理咨询、健康检查、医疗救助、生活帮扶、权益保障等暖心关爱服务，做到哪里有困难，哪里就有社会组织服务人员。

参考文献

[1] 李南枢、何荣山：《社会组织嵌入韧性乡村建设的逻辑与路径》，《中国农村观察》2022 年第 2 期。

[2] 于水、赵若言：《智能革命何以驱动乡村振兴：价值共建、能态激发与社会再组织》，《郑州大学学报》（哲学社会科学版）2022 年第 2 期。

[3] 萧子扬：《社会组织参与乡村振兴的现状、经验及路径研究——以一个西部留守型村庄为例》，《四川轻化工大学学报》（社会科学版）2020 年第 1 期。

[4] 唐兴军、郝宇青：《乡村社会治理中的组织再造：价值、困境与进路》，《中州学刊》2021 年第 9 期。

[5] 李怀瑞、邓国胜：《社会力量参与乡村振兴的新内源发展路径研究——基于四个个案的比较》，《中国行政管理》2021 年第 5 期。

[6] 王惠林：《乡村振兴视域下政党组织社会的机制与运行空间——基于 S 省 J 镇党建创新实践的考察》，《南京农业大学学报》（社会科学版）2022 年第 1 期。

[7] 刘建生、邱俊柯：《从脱贫攻坚到乡村振兴：内生活力的政策体系与治理机制研究》，《农村经济》2021 年第 4 期。

[8] 邓国胜主编《乡村振兴研究（第二辑）》，经济管理出版社，2022。

[9] 涂丽：《乡村振兴背景下村庄组织的乡村治理功能与路径研究》，经济科学出版社，2021。

[10] 齐文浩、齐秀琳：《社会力量助推乡村振兴：机制、障碍与因应策略》，《农业经济问题》2022 年第 10 期。

[11] 王正青、陈臣：《教育公益组织“嵌入式”参与乡村教育振兴的逻辑理路与实现路径》，《现代教育管理》2022 年第 10 期。

[12] 秦初生：《乡村生态道德治理：现实困境与推进路径》，《社会科学家》2022 年第 7 期。

[13] 刘兴平：《基层党建引领新时代乡村治理的逻辑理路》，《人民论坛》2022 年第 16 期。

[14] 陈洪连、孙百才：《乡村振兴战略背景下乡村公共精神的缺失与重塑》，《长白学刊》2022 年第 3 期。

B.7

广州城乡融合发展的实践与趋势

——乡村振兴背景下广州“城中村”发展的成效与经验*

黎明泽**

摘　要： 党的十九大提出实施乡村振兴战略，为城乡融合注入了强大动力。“城中村”是最早被“卷入”城市化进程的乡村，是城乡融合的“前哨”。近年来，广州加快理念、措施、制度创新，推动“城中村”发展在空间改造、社会治理、公共服务等方面实现了重大转变。广州“城中村”发展的实践表明，必须把坚持和加强党的领导作为根本保证，把增进民生福祉作为最终目的，把创新社会治理作为重要抓手。今后要进一步促进城乡融合发展，需要在“城中村”产业结构转型升级、人才精英汇集、共同精神家园营造、人居环境改善、党组织组织力提升等方面综合施策。

关键词： 城乡融合　乡村振兴　广州　“城中村”

党的十九大提出实施乡村振兴战略，为城乡融合注入了强大动力。“城中村”是最早被“卷入”城市化进程的乡村，是城乡融合的“前哨”。“城中村”虽然在空间意义上已经“被城市化”，但在人口构成、建筑形态、生活方式、历史文化等方面又和城市有着巨大的差异，是一种既区别于农村又

* 本文为国家社会科学基金一般项目“乡村振兴战略背景下村级党组织组织力提升研究”（项目编号：19BDJ009）的阶段性成果。

** 黎明泽，澳门科技大学社会和文化研究所 2022 级历史学专业博士生，广州行政学院党史党建教研部副主任，教授，研究方向为基层党建和社会治理。

区别于城市的特殊发展形态。广州地处改革开放前沿，城市化发展较快，“城中村”出现较早，这里社会人口结构较为复杂，社会治理难度大。总结乡村振兴背景下广州“城中村”发展的成效及经验，提出推动“城中村”进一步高质量发展的对策建议，可为粤港澳大湾区乃至全国其他地区“城中村”的发展提供借鉴。

一 乡村振兴背景下广州“城中村”发展的做法与成效

有关数据显示，广州共有“城中村”272个[①]，占地面积535平方公里，常住人口496万，户籍人口约124万，分布在全市11个区（区域分布情况如图1所示）。广州“城中村”发展是一个综合性的范畴，包括空间改造、治理创新、公共服务供给等内容。近年来，广州注重理念、措施和制度创新，推动“城中村”在空间改造、社会治理、公共服务等方面实现了重大转变，取得良好成效。

（一）空间改造方面：实现了“城中村”从运动式大拆大建向科学化有序改造转变

广州的“城中村”改造已有20多年历史。在这个过程中，大体经历了危房改造→“三旧”改造→城市更新的发展阶段。在20世纪90年代，面对部分楼房年久失修的情况，广州启动了危房改造工作。1999年，广州市政府制定实施《广州市危房改造工作实施方案》，明确了危房改造的工作宗旨、具体措施和工作步骤，以及由政府主导、投资、实施的改造模式。2002年，广州市公布《关于“城中村”改制工作的若干意见》，“城中村”改造正式登上历史舞台。为了迎接亚运会，2010年，广州市颁布

① 关于广州“城中村”的数量，目前存在不同的说法。根据《广州“城中村”改造三年（2018~2020年）行动计划》，截至2018年全市共有272个“城中村”。

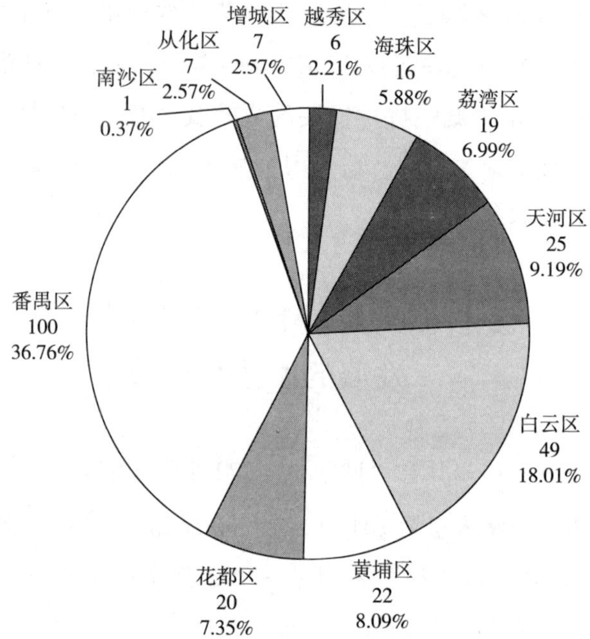

图1 广州“城中村”区域分布情况（数量、占比）

资料来源：广州市住房和城乡建设局。

《关于加快推进“三旧”改造工作的意见》《关于广州市推进旧城更新改造的实施意见》《关于广州市推进“城中村”（旧村）整治改造的实施意见》《关于广州市旧厂房改造土地处置实施意见》的“1+3”旧改政策，明确52个“城中村”在3~5年内完成全面改造，并计划用10年时间基本完成138个“城中村”的整治改造任务。2015年，广州市出台《广州市城市更新办法》，标志着广州市的“城中村”改造正式进入城市更新的发展轨道。

在城市更新阶段，“城中村”改造最初采用分类改造的方式。根据《广州市城市更新办法》，“城中村”改造主要采用两种方式：一种是全面改造，另一种是“微改造”。对于城市重点功能区以及对完善城市功能、提升产业结构、改善城市面貌有较大影响的“城中村”，采用全面改造的方式；对于建成区中对城市整体格局影响不大，但现状用地功能与周边发展存在矛盾、用地效率低、人居环境差的地块，以及历史文化名村、名城范围的“城中村”，则采用“微改造”的方式。[①] 根据“城中村”的不同类型，采用适宜的改造模式，本来是一种科学的方法。但在实践中，一些地方由于政府的政绩主义倾向以及非科学、非民主的决策，出现了运动式大拆大建的情况。比如2020年6月30日某区召开决胜3年完成旧村拆迁任务工作推进大会，向各街镇下达攻坚责任书，力争到2022年底完成66个重点旧村改造项目的签约拆迁。在一纸“军令状”之下，一哄而起开始全面拆迁工作，部分项目甚至手续尚不齐全就匆匆上马。在大拆大建中出现了对传统文化的破坏、对古树名木的砍伐，引起了社会各界的强烈反响。

这种情况在全国并非个案，因而引起了有关部委的高度重视。2021年8月30日住房和城乡建设部发出的《关于在实施城市更新行动中防止大拆大建问题的通知》（建科〔2021〕63号）指出：“实施城市更新行动是党的十九届五中全会作出的重要决策部署……各地积极推动实施城市更新行动，但部分地区出现采用过度房地产化的开发建设方式、大拆大建、急功近利的倾向，随意拆除老建筑、搬迁居民、砍伐老树，变相抬高房价，增加了居民的生活成本，产生了新的城市问题。”[②] 通知要求在城市改造过程中严格控制大规模拆除，严格控制大规模增建，严格控制大规模搬迁，坚持应留尽留，全力保留城市记忆。2021年10月，广州市响应住建部的通知，给运动式大拆大建按下了“终止键”，并对“城中村”改造工作踩了“急刹车”，积极开展自查自纠。2022年《广州市人民政府工作报告》强调，要“注重文明传承、文化延续，完善城乡历史文化遗产保护制度体系，切实加强历史文化名城名镇名村、历史文化街区、历史风貌区、传统村落、历史建筑、古树名木等保护传承和利用”[③]，对“城中村”改造提出了更为明确的要求。

---

① 《广州市城市更新办法》，广东省人民政府网站，http：//www.gd.gov.cn/zwgk/wjk/zcfgk/content/post_ 2531950.html。

② 《住房和城乡建设部关于在实施城市更新行动中防止大拆大建问题的通知》，中国政府网，http：//www.gov.cn/zhengce/zhengceku/2021-08/31/content_ 5634560.htm。

③ 《广州市人民政府工作报告》（2022年），广州市人大常委会网站，https：//www.rd.gz.cn/zyfb/bg/content/post_ 227056.html。

2022年，广州市住房和城乡建设局发布了一系列公告，就“城中村”改造的决策指引、合作企业、社会资本引入等制度征求公众意见。[①] 同年5月20日下午，广州市规划和自然资源局网站公布信息，广州市城市更新片区策划方案联审会暨专家评审会审议通过了白云区新市棠涌、黄边、五龙岗等3个片区的改造策划方案。[②] 这不仅释放出广州市自2021年一度暂停的“城中村”改造工作重启的信号，还意味着广州改变了对“城中村”改造采取运动式大拆大建的思路，进入了规范化、制度化、科学化的有序改造轨道。

（二）社会治理方面：构建了党建引领共建共治共享社会治理新格局

近年来，广州积极创新“城中村”治理新思路新举措，走出了一条富有广州特色的超大城市“城中村”治理之路。2022年7月28日，广州市委召开党建引领“城中村”治理专项工作领导小组会议，对“城中村”治理问题进行了全面谋划，着力推动“城中村”治理全面上水平。

一是创新治理体制，构建党建引领“城中村”治理的工作体系。广州“城中村”的人口普遍具有密度大、“倒挂”严重、结构复杂等特点。比如有“广州市第一大‘城中村’”之称的白云区大源村，面积25平方公里，户籍人口7000人左右，而常住人口达到17万人，户籍人口和非户籍人口的比例达到惊人的1∶23。面对庞大的常住人口，传统的村党组织和村民委员会已难以承担起繁重的社会治理任务。广州市加快“城中村”治理体制创新，在坚持和加强党组织领导的同时，把各方力量组织

---

① 2022年4月，公开征求《广州市旧村改造村集体经济组织决策事项表决指引（修订稿）》公众意见；2022年7月，发布《广州市旧村改造合作企业引入及退出指引（修订稿）》征求意见；2022年8月发布《广州市引入社会资本参与城镇老旧小区改造试行办法（公众征求意见稿）》。

② 《迈上新台阶，白云区棠涌、黄边、五龙岗片区策划方案经市城市更新工作领导小组办公室联审会暨专家评审会审议通过》，广州市规划和自然资源局网站，http://ghzyj.gz.gov.cn/xwzx/gzdt/content/post_8299842.html。

和发动起来，形成党建引领、各方参与的治理合力。比如白云区在“城中村”组建 48 个“大党委”，由街道党工委牵头，将区域内经济联社、村改居社区、“两新”组织等作为成员单位，把各级党代表、人大代表、政协委员、党员干部、企业员工、居民群众、志愿者等资源整合起来。白云区在“城中村”实现了 430 个经济联社党支部的全覆盖，并推动经济联社党支部书记、社长“一肩挑”，全面提升党建引领“城中村”治理能力水平。

二是创新治理机制，探索党组织领导、公众参与、民主协商的“城中村”治理机制。广州市在基层民主协商治理方面颇有基础。自 2014 年增城区石滩镇下围村探索坚持党的领导、议事制度规范、村民有序参与、信息公开及时、权力监督有效的“民主商议、一事一议”的下围村模式以来，至 2018 年底已在全市 1144 个村、1581 个社区实现了协商议事工作的全覆盖。针对“城中村”人口结构复杂、利益诉求多元等特点，广州市充分发挥“城中村”党组织的领导核心作用，依托村民代表大会、“村事大讲坛”“村民议事厅”等载体，定期组织村社党员、大学生、群众代表、“两代表一委员”等群体开展议事活动。议事的范围涵盖“城中村”规划建设、社会治理、治安管理、文化教育、群众娱乐、卫生医疗、环境整治等。通过这一机制，充分打捞“沉没的声音”，最大限度把民间的意见建议收集起来，这不仅有助于切实解决身边的热点难点堵点问题，把矛盾化解在基层，还有助于加强政民互动，实现上级政策和基层民意的有效对接，凝聚成推动“城中村”治理的强大合力。

三是创新治理方式，探索清单式、网格化、智慧化治理新路径。比如清单式治理。广州市委召开党建引领“城中村”治理专项工作领导小组会议后，各区纷纷召开党建引领“城中村”治理专项工作领导小组会议，审议通过具体工作方案，对“城中村”治理的任务进行梳理和细化，形成任务清单。白云区“城中村”治理的任务清单共涵盖 90 项具体任务、238 条具体措施。比如网格化治理。2014 年 10 月，广州全面启动城市社区网格化服务管理工作，至今已从城市社区延伸至农村社区，实现城乡全覆盖。[①] 2022年，广州在“城中村”综合治理中充分发挥网格的基础性作用，进一步优化“城中村”网格划分设置，加强专职网格员队伍建设，壮大基层治理力量。比如智慧化治理。广州在“城中村”治理中全面加强来穗人员、出租屋和重点治安要素基础信息采集，深化“技防”“人防”融合，高质量开展实有人口摸排工作，全面推广应用“粤居码”，完善“以业管人”，压实用工单位信息申报主体责任，坚持“查”“打”并举，推广出租屋第三方代管、楼（栋）长制、村级物业围蔽式管理等经验。

（三）公共服务方面：提升了群众的获得感幸福感安全感

公共服务是“城中村”发展的重要内容。近年来，广州市加强对“城中村”公共服务基础设置建设规划指引，加快健全公共服务工作体系，持续推进基本公共服务均等化，有效提升了群众的获得感幸福感安全感。

一是加强公共服务基础设施规划指引。由于缺乏规划，广州“城中村”曾经普遍存在公共服务基础设施落后的问题。广州市结合“城中村”改造，加大对“城中村”公共服务基础设施的规划和投入，供水、供电、供气、消防、通信、环卫、教育、医疗、文化等公共服务基础设施建设日趋健全。2022年2月25日，广州市规划和自然资源局印发《广州市村庄基础设施和公共服务设施分类配置指引（试行）》，将村庄基础设施和公共服务设施因地制宜分为“城中村”、城边村、远郊村三类进行系统化配置。其中，对“城中村”的主要基础设施和公共服务设施做出了明确要求。比如规定党群服务站建筑面积不少于500平方米，村委会办公用房建筑面积不少于200平方米，综合文化服务中心室内面积不少于300平方米；幼儿园用地面积≥10平方米/生，建筑面积≥8平方米/生；小学用地面积≥9.4平方米/生，建筑面积（不含学生宿舍）≥7平方米/生；托儿所建筑面积600~800平方米，

① 《广州市网格化服务管理“十四五”规划》，广州市来穗人员服务管理局网站，https://www.gz.gov.cn/zwgk/ghjh/fzgh/ssw/content/mpost_7942327.html。

婴幼儿日间养育托管点建筑面积200平方米；儿童游乐场地建筑面积100平方米；等等。同时要求必须配置卫生站、污水收集管网等。[①] 可以预见，广州“城中村”的公共服务基础设施建设将会得到进一步完善。

二是加快健全公共服务工作体系。广州市不断加强公共服务工作体系建设，已经构建起“市政务服务中心—区政务服务中心—镇（街）党群服务中心—村（社区）党群服务中心”四级公共服务网络。由于“城中村”具体情况的差异，不同“城中村”村一级党群服务中心的建设模式、占地面积、服务类型等不尽相同。比如天河区猎德村的党群服务中心，由区、街共建，占地1618平方米，共设置宣讲堂、羊城家政室、家庭医生服务驿站、社情民意室、党建活动室、志愿服务站、村史馆、非遗传承室、康体厅、图书馆等10个完备的功能室，是集思想教育、文化交流与便民服务功能于一体的综合性服务场所。白云区大源街大源村的党群服务中心占地2000多平方米，通过政府购买服务的方式由社会组织运营，融合了政务、新时代文明实践站、“两代表一委员”联络站、大源党校、文化长廊、社区图书室、妇女之家、心理咨询室、儿童活动室、青年之家等服务类型，是集党员教育及社群服务于一体的综合性功能区域。

三是持续推进基本公共服务均等化。截至2021年底，广州常住人口约1881万，其中近900万为非户籍人口。而非户籍人口大部分居住生活在“城中村”。广州市在加强“城中村”公共服务工作时，着力在基础教育、医疗卫生、文化体育等基本公共服务方面持续推进均等化进程。仅就基础教育而言，近年来广州就不断完善惠及非户籍人口子女的教育政策。从2017年起，广州市就已全面开展来穗人员随迁子女积分入学，打破了来穗人员子女入学难的“坚冰”。2019年4月26日，广州市政府常务会议审议通过了《广州市促进学前教育普惠健康发展行动方案》，明确要求“到2020年广州市各区普惠性幼儿园覆盖率将达到80%以上，其中公办幼儿园在园幼儿数

① 《关于印发〈广州市村庄基础设施和公共服务设施分类配置指引（试行）〉的通知》，广州市规划和自然资源局网站，http://ghzyj.gz.gov.cn/zwgk/ztzl/zdlyxxgkzl/spgg/ggxx/content/mpost_8165424.html。

占比达 50%以上”。[①] 到 2021 年，普惠性幼儿园覆盖率实际上已达到 85.38%。[②] 2022 年 3 月 15 日，广州市教育局网站发布《〈广州市民办义务教育学校学位补贴工作方案（征求意见稿）〉编制说明》，规定“人籍一致”，在广州民办义务教育学校就读的学生，各区按小学生不低于每人每年 5000 元、初中生不低于每人每年 6000 元的标准实施学位补贴，差额部分由家长缴交。[③] 这些政策，有效解决了来穗人员子女“入公办学校、入优质民办学校贵”的难题，进一步提升了“城中村”基础教育基本公共服务的均等化水平。同时，根据“城中村”非户籍人口集聚的实际，广州市还通过政府购买服务的方式，由社会组织向“非户籍人口”及其子女提供就业咨询、技能培训、亲子早教班、家长微课堂、小候鸟夏令营等服务，帮助他们更好地实现社会融合。

二　乡村振兴背景下广州“城中村”发展的经验与启示

近年来广州在“城中村”发展方面进行了许多新探索，取得了许多新成效，有力促进了城乡融合。这一生动实践表明，“城中村”党组织是“城中村”发展的核心领导力量和重要推动者，只有坚持和加强党的领导，才能为“城中村”发展提供根本保证；增进民生福祉是“城中村”发展的价值依归，只有不断增进民生福祉，才能凝聚“城中村”发展的强大动力；创新社会治理是“城中村”发展的重要抓手，只有不断创新社会治理，才能推进“城中村”治理体系和治理能力现代化。

---

① 《2020 年普惠性幼儿园达 80%以上　鼓励单位、机关举办公办幼儿园》，广州市人民政府网站，https：//www.gz.gov.cn/gzszfcwhy/2019ngzszfcwhy/cwhy/2019n/4y/15j071ccwhy/xgbd/content/post_ 2997821.html。

② 《2021 年广州市教育事业发展统计公报》，广州市教育局网站，http：//jyj.gz.gov.cn/gk/zfxxgkml/qt/tjsj/content/post_ 8343408.html。

③ 《〈广州市民办义务教育学校学位补贴工作方案（征求意见稿）〉编制说明》，广州市教育局网站，http：//jyj.gz.gov.cn/gk/shgysyjs/content/post_ 8142594.html。

（一）必须把坚持和加强党的领导作为“城中村”发展的根本保证

中国共产党的领导是中国特色社会主义最本质的特征，也是中国特色社会主义制度的最大优势。农村基层党组织是实现村民自治的领导主体，是乡村振兴的重要实施主体。“城中村”能否有效发展，关键在于党的领导是否有力。广州“城中村”发展的实践表明，只有抓住了党组织这个“主心骨”，始终坚持和加强党的领导，才能最大限度调动党员干部群众的积极性、主动性，才能更好地整合人财物等各类资源，实现“城中村”的良性发展。一是强化“城中村”党组织的整体功能。“城中村”党组织整体功能中的核心是政治功能。要把“城中村”党组织锻造成为把握正确政治方向、坚持正确政治原则、宣传党的主张、贯彻党的决定、领导基层治理、团结动员群众、推动改革发展的坚强战斗堡垒。同时，要增强“城中村”党组织“联系群众、服务群众、凝聚群众、造福群众的功能，真正发挥战斗堡垒作用”，以提升党组织的组织力为重点，把广大党员和人民群众团结凝聚在党的旗帜之下，形成心往一处想、劲往一处使的良好局面。二是完善网格党组织建设。进一步健全“城中村”党组织网格建设，不仅要把支部建在经济联社上，还要结合“网格化”治理的实际，把支部建在网格上，切实打通党的基本理论、基本路线、基本方略向基层传导的“脉络”。三是推行党组织成员和自治组织成员、集体经济组织成员“交叉任职”。严格落实《中国共产党农村工作条例》，“城中村”党组织书记通过法定程序担任村民委员会主任和村级集体经济组织、合作经济组织负责人，推行“两委”班子成员、党组织成员和集体经济组织成员“交叉任职”，切实加强党组织对“城中村”发展的领导。

（二）必须把增进民生福祉作为“城中村”发展的价值依归

以人民为中心是中国共产党最根本的执政理念。在新时代，随着我国社会主要矛盾的转化，人民对美好生活的向往更加强烈。在乡村振兴背景下推进“城中村”发展，就是为了让人民更好地共享发展的成果。而“城中村”

群众共享发展成果的直接体现，就是增进民生福祉。广州“城中村”发展的实践表明，只有增进民生福祉，让群众感受到实实在在的好处，才能激发群众内心深处对“城中村”改造以及各项工作开展的坚定支持。一是有序推进“城中村”改造，完善“城中村”基础设施建设。“城中村”改造是城市化发展的必然，对于改善人居环境、提升城市品位乃至对于推进城市化进程本身，都具有十分重要的意义。要改变“长官意志”式的大拆大建思路，进一步提升决策的制度化、民主化、科学化水平，根据城市化发展的一般规律，因地制宜地有序推进“城中村”改造工作。二是加强环境综合整治，推动“城中村”功能和品质不断提升。要坚持“生态第一、环境优先”的理念，坚持规划引领，坚持减量发展、留白增绿，深入开展环境综合整治，变“脏乱差”为“洁净美”，为“城中村”群众营造美好的居住生活环境。三是把满足群众所想所需放在首位，着力解决群众关切的切身利益问题。针对老百姓的操心事、烦心事、揪心事精准施策，不断提高教育、医疗、环卫、交通、托管等公共服务水平，提升“城中村”群众的获得感幸福感安全感。

（三）必须将创新社会治理作为“城中村”发展的重要抓手

习近平主席反复要求加强和创新基层社会治理，指明了基层社会治理发展的方向。“城中村”普遍具有人口规模大、结构复杂等特点，传统的社会治理方式已经难以适应乡村振兴背景下“城中村”发展的需要。广州“城中村”发展的实践表明，要破解“城中村”存在的许多老问题，必须坚持新理念、构建新体制、创新社会治理方式。一是创新社会治理理念。破除传统基层党组织和自治组织大包大揽的“全能主义”思维，注重调动辖区内各种经济组织、社会组织、党员群众等主体的积极性，引导各种主体积极参与“城中村”治理，为“城中村”管理服务注入新的活力。二是创新社会治理体制。“城中村”治理不仅仅是“城中村”自身的事情，还是党委、政府、国有企业、事业单位等共同的责任。要充分发挥党委、政府在“城中村”治理中政策支撑、财政扶持、人才支持、资源整合等作用，推动人才资源、财政资金向“城中村”下沉，实现“城中村”治理从“城中村”基层党组织和自治组织的“独角戏”向党委、政府、国有企业、事业单位、“城中村”党组织、自治组织以及辖区内各种经济组织、社会组织和个人共同参与的“大合唱”转变。三是创新社会治理方式。适应“城中村”发展的需要，综合运用网格化、精细化、智慧化、法治化等治理方式，不断提升“城中村”治理体系和治理能力现代化水平。特别是要充分发挥大数据、区块链、云计算、人工智能等数字技术在“城中村”治理中的优势，推动“城中村”社会治安的智能化、可视化和管理与服务的信息化和高效化。

三　乡村振兴背景下广州“城中村”发展的问题与对策

尽管广州“城中村”发展取得一定成效，但和乡村振兴的要求相比，仍存在一些亟待解决的问题。比如产业方面结构单一、低端粗放的问题仍比较突出；人才方面资源匮乏、人手不足的情况较为普遍；文化方面物理空间改造和传统文化保护的关系尚不够协调，公共文化设施也有待健全；生态方面，公共绿地面积缺乏、河道水质较差等情况仍较为多见；组织方面，党组织和党的工作“两个覆盖”仍不够到位等。“城中村”振兴是乡村振兴的重要组成部分，为更好地促进广州“城中村”发展，助推乡村振兴加快实现，从以下五个方面提出对策建议。

（一）产业方面：加强科学规划，完善产业配套，推动“城中村”产业结构转型升级

一是加强科学规划。结合“城中村”改造，充分利用区位、生态、资源、市场等优势，加强“城中村”产业发展的科学规划，进一步改善区域交通环境，提高公共设施建设水平。二是完善产业配套。结合产业升级转型的需求，完善“城中村”现代产业链服务配套，带动现代服务业投资落地。

三是加强招商统筹。建立村级工业园改造产业研究和招商引资平台，加强园区用地与市场主体对接，引导先进制造等战略新兴产业入驻园区。四是强化用地整合。由区统筹整合村级工业园区不同土地权属人用地资源，化零为整，统一规划运营，实现共建共享。

（二）人才方面：创新工作机制，推动人才下沉，形成人才向“城中村”汇集良性局面

一是实行领导干部“挂村”。市、区、镇街党员领导干部分别联系 1 个问题突出的“城中村”，区委常委带头，区人大、区政府、区政协党组成员分别建立联系点，定期到各联系点指导工作，及时协调解决重点难点问题。二是实行职能部门“包村”。由区委组织部、区委政法委牵头，会同公安、民政、住建、农业农村、城管等职能部门，分别包联指导 2~3 个“城中村”开展基层治理工作，建立健全定期会商机制，推动职能部门积极参与党建引领“城中村”治理各项工作，以点带面推动全域基层治理工作提质增效。三是党员干部“驻村”。根据“城中村”存在的问题，有针对性选派市、区年轻干部担任第一书记，推选职能部门干部、镇街包片干部、“两代表一委员”、驻区共建单位代表等组成驻村服务队伍，定期轮流入驻“城中村”，通过召开村民党员小组会、集体座谈、个别谈话、走村入户等方式，动态收集村情民意、及时梳理问题清单。对村党组织职权范围内的事项，及时反馈予以解决；超出村党组织职权范围的，及时上报相关职能部门协调落实解决。

（三）文化方面：传承历史文化，完善文化服务，构建“城中村”居民共同精神家园

一是注重物化改造与文脉传承的协调。在“城中村”改造中，既要在空间设计方面推动“城中村”向城市化转型，又要尽可能保存“城中村”所独有的历史风貌、景观符号和文化意向，“城市文明传承和根脉延续十分

重要，传统和现代要融合发展，让城市留下记忆，让人们记住乡愁”[①]。二是加强文化设施建设。各级财政要统筹规划，加大对“城中村”书屋、图书馆、文化广场等公共文化设施建设的资金支持力度。同时，本着互利共赢的原则，鼓励市场力量、社会力量参与“城中村”公共文化设施建设。三是“城中村”“两委”成员、宗亲族老、社会贤达等群体要通过自我学习和大胆创新，挖掘“城中村”的特色文化，通过自建相关设施来发展文化产业和文化事业，不断满足“城中村”居民日益增长的文化消费需求、丰富群众精神文化生活。

（四）生态方面：完善绿化布局，加强市容环境整治，推动“城中村”人居环境改善

一是完善绿化布局。坚持因地制宜，引导“城中村”从自身实际出发，结合“城中村”改造及拆违拆迁等工作，充分利用废弃地、闲置地、边角地等，采取见缝插绿、破硬还绿、空地补绿等措施建设“口袋公园”，不断完善“城中村”的环境绿化布局，提升“城中村”生态品位。二是开展市容环境整治。定期组织开展“城中村”市容环境秩序集中整治，重点整治乱摆卖、占道经营、乱拉挂等“六乱”问题，维护良好的环境秩序。三是对“城中村”架空的电力线、通信线、广播电视线开展集中整治。按照“谁寄挂谁整改”“后建服从先建”原则，以“安全、规整、美观”为目的实施整治，采用入地、入管、贴墙、捆扎等方式集中敷设，规范线路架设和布线，实现强弱电分离、各种管线整齐有序、符合安全规范。

（五）组织方面：创新治理机制，激发组织活力，不断提升“城中村”党组织组织力

一是推行“城中村”“大党委”治理机制。以行政村或经济联社党组织

---

① 刘会民：《习近平考察广州永庆坊：让城市留下记忆》，央广网，http：//china. cnr. cn/gdgg/20181025/t20181025_ 524395234. shtml，2018 年 10 月 25 日。

为核心，与辖区机关企事业单位、“两新”组织党组织签约共建，吸纳共建单位党组织负责人作为“大党委”兼职委员，因地制宜制定出台兼职委员激励措施，激励引导兼职委员积极主动参与“城中村”治理，形成以“城中村”党组织为核心、多元主体参与的共建共治共享基层治理共同体。二是深入实施“城中村”“头雁”工程。加强“城中村”党组织干部全周期管理，围绕“选、育、管、用”四个重点环节，注重从致富能手、退役军人、大学毕业生等人员中选拔担任“城中村”“两委”、集体经济组织班子成员，不断提升基层党组织战斗堡垒功能。三是持续壮大“城中村”党员队伍。市、区两级每年统筹一批发展党员指标，向党员较少的“城中村”倾斜，重点在“城中村”集体经济组织成员、基层治理一线表现突出的居民、网格志愿者中发展党员，为“城中村”党组织注入源源不断的新鲜血液。

参考文献

[1]《中共中央国务院关于实施乡村振兴战略的意见》，人民出版社，2018。

[2] 刘守英等：《中国乡村振兴之路：理论、制度与政策》，科学出版社，2021。

[3] 陈晓莉：《城中村治理中的政府管理与村民自治研究》，中国社会科学出版社，2018。

专 题 篇

Monographic Studies

B.8

农村基层党组织在乡村振兴中的引领作用及实现机制

张仙凤*

摘　要： 办好中国的事情，关键在党。农村基层党组织在推动乡村振兴中具有聚焦政治引领、领导乡村治理、团结动员群众、推动改革发展等功能，但实践中还存在着政治功能发挥有限，以及乡村治理能力、服务引领群众能力、引领农村社会变革能力有待提升等问题，对此，要在织密建强农村党的基层组织体系的同时，通过发展新型农村集体经济、占领农村思想文化阵地、嵌入乡村治理体系推动乡村治理、健全体制机制等途径，不断完善农村基层党组织引领乡村振兴的组织基础、经济基础、思想基础、社会基础及制度基础，确保农村基层党组织引领功能的充分发挥，推动乡村振兴，加速农业农村现代化进程。

* 张仙凤，广州行政学院市情研究所副所长，主要从事基层党建研究。

关键词： 农村基层党组织　乡村振兴　引领功能

乡村振兴是关系全面建设社会主义现代化国家的全局性、历史性任务。农村基层党组织作为党在农村的战斗堡垒，具有聚焦政治引领、领导乡村治理、团结动员群众、推动改革发展等功能。然而，农村基层党组织在引领乡村振兴中面临着政治功能和组织力与新型城镇化快速推进的形势不适应、乡村治理能力与乡村治理体系加快推进不协调、服务引领群众能力与农村社会阶层分化不匹配、引领变革能力与农村经济社会快速发展不相称等现实问题，因此，探讨新时代农村基层党组织有效引领乡村振兴的机制是一项亟待破解的重大课题。

一　农村基层党组织引领乡村振兴的逻辑理路

农村基层党组织引领乡村振兴是理论、历史和实践三重逻辑的统一，既是马克思主义有关组织建设和“三农”发展思想的科学指引，也是中国共产党百年来重视并化解“三农”问题的方略赓续，还是新时代农村基层党组织的历史使命和时代要求。

（一）马克思主义为乡村振兴提供理论指导

马克思和恩格斯虽然没有关于乡村振兴的直接论述，但是在揭示资本主义必然灭亡的历史规律时，对“三农”问题做了深刻论述。首先，他们认为农业是其他社会生产劳动的基础，提出：“农业劳动是其他一切劳动得以独立存在的自然基础和前提。”① 其次，他们认为农民在无产阶级革命中具有无可替代的作用。马克思指出：“除非预先把人口中的主

① 《马克思恩格斯全集》第33卷，人民出版社，2004，第27页。

体——在这里就是农民——争取过来，否则就不可能取得持久的胜利。”① 无产阶级只有同农民阶级形成最稳固的联盟，才能战胜资产阶级、消灭剥削，而这也是农民阶级实现自身利益的唯一办法。最后，他们认为农民阶级最关注的问题是土地问题。他们认为农民阶级参与革命的根本原因就是要解决土地问题，工人阶级和农民阶级形成稳固联盟的基础是通过土地改革以保障农民阶级的利益。马克思、恩格斯关于“三农”问题的相关论述深刻表明了农民阶级的极端重要性，深刻表明了工人阶级需要与农民阶级紧密联系在一起，并为农村基层党组织团结带领农村群众推动乡村振兴提供了根本理论指导。

（二）中国共产党领导乡村发展的方略赓续

中国共产党历来高度重视“三农”问题，始终将解决占中国人口绝大多数的农民的生存和发展问题视为自己的初心和使命，长期致力于解决“三农”问题、推动“三农”发展。从某种意义上讲，将马克思主义与中国农民问题的实际相结合是马克思主义中国化的首要切入点。新民主主义革命时期，中国共产党人颁布了《井冈山土地法》《兴国土地法》《中国土地法大纲》等土地政策。社会主义革命和建设时期，《中华人民共和国土地改革法》的颁布标志着农民真正成为土地的主人。在制定、颁布农村相关法案的同时，党中央认识到在农村建立健全党组织、加强党的领导对解决“三农”问题的重要性。1954 年中共中央批转中央农村工作部《关于第二次全国农村工作会议的报告》就明确指出：“为加强领导农村的社会主义改造运动，必须健全农村党的领导队伍。”改革开放以来，党和国家的工作重心转移到经济建设上，在这一时期“三农”工作取得了前所未有的突破，突出表现为农民负担减轻、农村经济发展和农业经营创新。从 2004 年开始，中央每年出台“一号文件”，聚焦“三农”问题，不断加强党对农村发展的领导。2005 年全国人大常委会决定废止《中华人民共和国农业税条例》，中国农民从此告别了延续 2600 多年的“皇粮

① 《马克思恩格斯全集》第 29 卷，人民出版社，2020，第 636 页。

国税”。党的十八大以来，以习近平同志为核心的党中央精准施策、精准扶贫，如期完成脱贫攻坚历史性任务，并进一步做出实施乡村振兴战略的重大决策。100多年来，中国共产党一以贯之地高度重视“三农”问题，始终坚持并加强党对农村发展的领导，成效卓著。新时代农村基层党组织引领乡村振兴是中国共产党领导乡村发展的方略赓续。

（三）对农村基层党组织战斗堡垒的时代要求

中国特色社会主义进入新时代，社会主要矛盾的深刻转化使得推动城乡均衡发展成为重要时代课题，然而在市场经济条件下推动乡村振兴绝非易事，必须高度重视并充分发挥农村基层党组织的引领作用。一方面，引领推动乡村振兴是新时代农村基层党组织的历史使命。农村基层党组织与基层群众距离最近、联系最广、接触最多，是党在农村全部工作和战斗力的基础。坚持乡村全面振兴，必须由农村基层党组织带领广大农民群众，抓重点、补短板，强弱项，推动“三农”工作落实落细。另一方面，乡村振兴具有复杂性、艰巨性和长期性特点，必须要有强有力的农村基层党组织来引领。全面实施乡村振兴既要着力解决乡村发展不平衡不充分的难题，也要立足农业农村现代化目标全域推进，还要在3个五年规划期内缩小城乡差距，实现均衡发展，确实不易。因此，新时代、新征程、新使命都要求农村基层党组织在乡村振兴中发挥引领作用。

二　农村基层党组织在乡村振兴中的引领功能

历史经验充分证明，办好中国的事情关键在党。乡村振兴作为国家的重大战略部署，能否有效推进并如期实现的关键在于农村基层党组织引领功能能否有效发挥。农村基层党组织在乡村振兴中的引领功能主要体现在聚焦政治引领、领导乡村治理、团结动员群众、推动改革发展四个方面，其中，聚焦政治引领是根本，领导乡村治理是基础，团结动员群众是保障，推动改革发展是关键，这些功能的实现深刻影响着乡村振兴的进程和成效。

（一）聚焦政治引领

农村基层党组织作为党在农村的领导核心，在推动乡村振兴中发挥政治引领作用，具体表现在以下几个方面。第一，聚焦政治领导，确保乡村振兴的发展方向。党的十九大报告明确提出“坚持党对一切工作的领导”，由此明确了党组织的政治领导功能。具体来说，农村基层党组织的政治领导功能体现在两大方面：一是及时传达党中央有关乡村振兴的战略部署，确保广大群众准确把握中央精神；二是在贯彻落实中央关于乡村振兴的决策部署中，农村基层党组织通过事前决策、事中执行和监督以及事后评估确保乡村振兴工作始终沿着正确的方向前进。第二，聚焦政治协调，凝聚乡村振兴的发展共识。农村基层党组织的政治协调主要体现在内部协调和外部协调两个层面：一是在农村基层党组织内部，通过坚持民主集中制，在农村党员群体中集思广益，凝聚改革发展共识；二是农村基层党组织加强对群众利益的协调进而达到凝聚共识之效，通过坚持群众路线，探寻广大农民群众利益的最大公约数，从而实现外部凝聚。第三，聚焦政治服务，激发乡村振兴的发展动力。基层党组织的政治服务功能和政治引导功能是一体的，服务群众的过程本身就是领导群众的过程。农村基层党组织在帮扶农户的过程中，势必会赢得农民的拥护和支持，从而更有利于激发农民发展的动力。

（二）领导乡村治理

农村基层党组织扎根农村，是党领导农村的重要抓手，肩负着乡村治理的重要职责。第一，农村基层党组织引导具体乡村治理的发展方向。农村基层党组织作为重要的社会治理实践主体，有效嵌入乡村治理体系，成为乡村治理体系的重要组成部分。农村基层党组织是联系上级与基层的纽带和桥梁，既确保党的政策建立于民意基础之上，也确保党的政策获得人民群众支持并得到积极贯彻执行，由此引导具体乡村治理的发展方向。第二，农村基层党组织整合乡村各类治理资源。治理不同于管理，是各个主体共同参与社会秩序的构建。在乡村社会中，除了农村基层党组织，还有村民委员会以及具有动员和建设能力的社会组织和经济合作组织等治理主体，特别是一些族老、乡贤等在农村具有相当的权威和影响力，是乡村治理的重要资源。农村基层党组织一方面可以吸纳这些优秀分子入党，另一方面也可以整合这些治理资源，从而实现自治、法治与德治的有机结合。第三，农村基层党组织优化乡村治理环境。农村基层党组织是由农村先进分子组成的优秀团体，成员的法治意识较强，可以通过普法教育和宣传，帮助农民掌握法律知识，培育法治思维，营造自觉守法的良好氛围。此外，农村基层党组织还可以抵制农村丑恶现象，遏制宗族恶势力的滋生蔓延，营造风清气正的乡村治理生态。

（三）团结动员群众

人民群众是乡村振兴的主体力量。农村基层党组织作为党直接联系群众的纽带，可以充分发挥自身优势，有效团结动员群众，凝聚乡村振兴发展合力。第一，以思想动员增进群众的政治认同和思想认同。农村基层党组织通过坚持不懈抓好农村党员理想信念教育，抓好广大农民群众思想教育工作，有效宣传党的方针政策和党在农村工作中所取得的伟大成效，为乡村振兴战略的推进提供思想指引和精神力量，使广大农民群众深刻认识到乡村振兴战略是党“为广大农民谋幸福”的重要举措，从而自觉投身乡村振兴。第二，以组织动员增强农村广大党员服务群众的能力和号召能力。农村基层党组织要不断增强群众工作能力，充分发挥党的群众工作优势，在推进乡村振兴中，注重党员先锋模范作用的有效发挥，深深扎根群众、发动群众，充分激发农民群众对乡村振兴战略目标的向往，从而最大限度地凝聚群众力量，推动乡村振兴。第三，以利益协调激发群众干事创业的积极性。利益矛盾是制约乡村和谐的根本。农村基层党组织扎根于乡村，最了解民情民意，可以根据不同社会组织和群体的不同需求，创新方式方法，协调利益矛盾，寻求利益最大公约数，最大限度地团结动员群众，激发群众投身乡村振兴的积极性。

（四）推动改革发展

改革是农村发展的根本动力。农村基层党组织作为先进农民的集合体，推动乡村改革发展是其引领乡村振兴的重要体现。第一，引领农村经济发展。“产业兴旺、生活富裕”，这既是乡村振兴的基本要求，也是衡量乡村振兴成效的重要指标。致富不致富，关键看干部。相比于普通农民而言，农村基层干部和农村党员能力素养、文化水平、政策把握能力都比较高，是带头推动乡村振兴的建设力量，引领农村经济发展的中坚力量。实践已经充分证明，在我国广大农村地区，基层干部和农村党员多数能够在经济发展中起到带头作用。第二，促进农村组织变革。长期以来，不少农村地区受到宗族势力甚至黑恶势力影响，逐渐故步自封，发展滞后，既不利于党发展农村事业，也不利于党的基层政权巩固。农村基层党组织充分发挥自身的组织优势和政治优势，能够有效团结农民群众与黑恶势力做斗争，促使农村实现组织变革，实现“村民自治”。第三，推动乡村文化振兴。乡风文明是乡村振兴的内在动力和文化支撑，直接关系着乡村振兴的成效。农村基层党组织可以通过推进乡村精神文明建设，持续挖掘和培育优良乡风，推动乡村文化产业发展，提高农民群众明辨是非的能力和思想道德水平，促进乡村文化振兴，以文化振兴带动乡村全面振兴。

三　农村基层党组织引领乡村振兴的现状和问题

事实证明，农村基层党组织在引领乡村振兴中发挥了重要作用，但也存在一些不适应、不协调、不适合和不相称的短板。只有找准问题，方能对症下药，从而药到病除。

（一）农村基层党组织的政治功能和组织力与新型城镇化快速推进的形势不适应

新型城镇化与乡村振兴两大战略是推进社会主义现代化的两个重要环

节，系统分析、统筹把握这对矛盾关系，使二者同向而行，能够有效促进城乡之间的互促互进，实现城乡之间各生产要素的充分涌流，进一步提高农村经济社会发展能力，让农村紧紧跟上城镇发展的脚步，实现城乡共同发展。党的十八大开启了中国特色新型城镇化新征程，以习近平同志为核心的党中央团结带领全国人民深入推进新型城镇化战略，建立并完善顶层设计，不断提升城镇化水平和质量，完善城市功能，有效实现了城镇空间格局的持续优化，补齐了城镇空间产业竞争力、空间结构、公共服务等多块短板。与此同时，新型城镇化对农业、农村和农民也产生深远影响，一方面，农村人口外出就业率增长，使得农村劳动力大量外流，农村"空心化"现象愈发严重，农村经济发展面临更大挑战；另一方面，随着农村一、二、三产业结构发生变化，农民群众的文化水平、生活质量不断提高，农民对农村社会各方面的发展需求也在不断提升，农民"急难愁盼"的问题随之增多。可以说，中国新型城镇化的快速推进对农村基层党组织在组织能力方面提出新的更高要求。然而，一些农村基层党组织党建工作的弱化、虚化和边缘化导致其政治功能弱化，先锋模范作用难以发挥。此外，基层党组织覆盖面不够、党员结构失衡、组织生活创新度不够、流动党员管理难度大等问题也严重影响了组织力建设的质量和效果。

（二）农村基层党组织乡村治理能力与乡村治理体系加快推进不协调

实现乡村全面振兴是推进乡村治理体系和治理能力现代化的必然要求。党的十九大提出，要加强农村基层基础工作，健全自治、法治、德治相结合的乡村治理体系。新时代乡村治理体系的加快推进要求农村基层党组织以农村社会的客观实际为着眼点，遵循农业、农村、农民的特有规律，不断提升乡村治理能力，以此回应新时代乡村治理的空前挑战。"大海航行靠舵手"，推进乡村全面振兴，推动乡村自治、法治、德治有机结合，其关键在于发挥好农村基层党组织在乡村治理中的领导核心作用，提升其治理能力和治理水平。当下，一些农村基层党组织面对农村人口不断减少、人心涣散、矛盾冲突不断等问题束手无策，主要是其治理理念滞后、治理方法落后、治理能力不高、治理效能较低，难以有效吸引多元乡村治理主体参与治理过程。同时，乡村治理过程中还存在治理权力泛化、异化等问题，部分村干部的“微腐败”令人触目惊心，破坏了乡村治理生态，严重违背了乡村治理的公共性，削弱了农村基层党组织的组织力和引领力。

（三）农村基层党组织服务引领群众能力与农村社会阶层分化不匹配

改革开放以来，我国农村地区阶层分化日益严重。尤其是处于东部沿海发达地区的农村，经济社会率先发展，大部分农民从农业领域分离出来，转到非农领域就业，一部分农民则通过自主创业率先发展起来成为富裕阶层。经济上的分化使得原先均质化、相差无几的农民被划分成不同的社会阶层。这一现象给农村基层党建工作带来巨大挑战。其一，党员干部队伍中从事传统农业生产的人数在减少，越来越多的个体户、种植养殖大户、私营企业主等加入党组织，使农村基层党组织在人员构成上发生巨大变化。其二，面对不断分化的农村社会阶层，有些农村基层党组织还继续沿用过去的一套做法，思想认识还停留在过去，没有及时创新治理体制机制以整合不同农民群体利益，导致基层党组织的领导能力与新形势下农村社会阶层显著分化的挑战不相适应，村党员干部队伍在带头示范、民心凝聚等方面的能力与农村社会阶层分化提出的新要求难以匹配。

（四）农村基层党组织引领变革能力与农村经济社会快速发展不相称

新中国成立以来，中国共产党领导亿万农民不断进行农村管理体制机制创新，不断解放和发展农村生产力，农村步入了社会主义市场经济和现代化农业的发展轨道。新时代以来，我国“三农”工作成效显著，令世人瞩目。一是农业生产迈上新台阶。粮食产量逐步稳定在较高水平，农业生产结构不断优化，农业生产组织方式和模式发生重大变化。二是乡村基础设施显著增强。农田水利建设得到加强，农业机械化程度明显提高，水电路网建设提速，垃圾污水处理能力提升。三是农村居民收入实现持续性快速增长。农村居民消费能力持续提升，农村居民最低收入保障改革稳中有进，脱贫攻坚实效显著，小康社会全面建成。在农村工作取得历史性成就的同时，值得警醒的是：一些农村基层党组织在一定范围内还存在脱离群众、墨守成规以及引领能力不够等问题。在引领变革中基层党组织成员中动“歪脑筋”、打“小算盘”的人不少，各类形式主义频繁出现。这些人在谋小利而害大局、破坏地方政治生态的同时，导致农村基层党组织引领变革创新失范失效，不仅降低了变革创新的效应与作用，还严重损害了基层百姓群众的切身利益。

四　农村基层党组织引领乡村振兴的实现机制

基于乡村振兴发展之需与农村基层党组织引领功能发挥有限之间的矛盾现状，亟须加强顶层设计，以完善农村基层党组织体系，同时还要发展新型农村集体经济，占领农村思想文化阵地，推动乡村治理，通过健全体制机制等途径，不断完善农村基层党组织引领乡村振兴的组织基础、经济基础、思想基础、社会基础及制度基础，确保农村基层党组织引领功能的充分发挥，推动乡村振兴，加速农业农村现代化的进程。

（一）织密建强基层组织体系，以提升组织力为抓手，夯实农村基层党组织引领乡村振兴的组织基础

坚持和加强党的全面领导是做好新时代组织工作的根本所在。农村基层党组织是党在农村的“神经末梢”和“毛细血管”，是把党的全面领导落实到乡村振兴战略实施中的关键所在。首先，织密农村基层党组织体系要纵向横向一体抓，完善纵到底、横到边的组织架构。纵向到底，即纵向延伸到农村最基层，重视基层、强基固本，夯实党组织体系的基本单元，畅通贯彻落实党的决策部署的“最后一百米”；横向到边，即横向覆盖农

村工作的各领域，让党的领导落实到乡村治理的各领域各环节。其次，织密农村基层组织体系要有形有效一体抓，发挥农村基层党组织的政治功能。一是强化政治引领力，例如实施村组两级重要事权清单管理、建立镇村两级党建联席会议制度等；二是增强思想引领力，例如建设教育基地、开展党史学习教育及基层党员教育培训等；三是强化群众组织力，通过健全镇、村、村民小组三级党群服务体系等来贯彻群众路线；四是提升社会号召力，通过强有力的组织号召动员能力，以党建推动急难险重任务的落实。最后，要严密组织体系建设，既要重视抓好组织设置、增强组织功能，又要重视组织管理、严明组织纪律。强化纪律意识是加强基层治理能力和治理水平的重要推手，党的农村基层组织要严格执行党的纪律，不断净化农村政治生态，进一步夯实农村基层党组织引领乡村振兴的组织基础。

（二）创新推动新型农村集体经济发展，盘活农村集体资产，夯实农村基层党组织引领乡村振兴的经济基础

产业兴旺是乡村振兴的关键。对新时代农村而言，发展新型集体经济，盘活农村集体资产是乡村产业兴旺的关键一环。夯实农村基层党组织引领乡村振兴的经济基础，要发展壮大农村新型集体经济，将发展农村集体经济的类型与发展阶段相结合，主要应做好以下几方面的工作。首先，将农村集体产权制度改革作为实施乡村振兴战略的重要制度支撑，要加快改革，明确集体经济组织的法人地位，完善集体经济中的成员界定、集体资产量化等基础工作。其次，推动乡镇农村产权服务中心建设是实施乡村振兴战略的重要环节，要加快创建农村产权交易平台，健全成员股权的进入退出制度，实现农村产权收益最大化，有效推动农村集体经济发展。最后，要实行公共开支税前列支，推动集体经济“消零消薄”，同时，还要不断盘活农村集体资产。一是要调整产权结构和创新经营方式，推动农村集体经济组织改革重组和规范化；二是要完善组织制度和理顺权属关系，加强集体资产纳轨管理；三是要延长农业经济产业

链，着力提高农业经营效率效益，创新农村集体经济形式、样态；四是要以资金到位为基础，以保障集体利益为核心，抓好集体资金收缴管理。

（三）占领农村思想文化阵地，培育乡村新型农民，巩固农村基层党组织引领乡村振兴的思想基础

思想是行动的先导和动力。占领农村思想文化阵地、培育乡村新型农民是实现乡村振兴的重要一环。农村基层党组织要牢牢把握农村意识形态主动权，始终占据农村思想文化阵地。首先，要以社会主义核心价值观引领新时代乡村精神文明建设。农村基层党组织要坚持在农民群众中开展“四史”教育，使其感悟党的领导与新中国取得伟大成就的内在必然关系，坚定“四个自信”，厚植爱国主义、集体主义情怀；要组织乡风文明建设活动，常态化开展道德模范、好人好事等榜样示范活动，持续挖掘优良家风、优良乡风，培育乡村文明新风尚。其次，要活化乡村优秀传统文化，打造乡村特色文化品牌。农村基层党组织应发掘具有当地特色、厚植于一方水土的文化“基因”，发展乡村文化与乡村生产相结合的经济模式，着力推动各类文化遗产、传统手艺、民俗艺术的发展，打造优质乡村文化品牌，有条件的地方还可以将农村文化与农村旅游产业相结合，因地制宜大力发展旅游业，以文化振兴推动乡村振兴。最后，思想的转变根本在人，乡村振兴还需要培育大批乡村新型职业农民。乡村新型职业农民要有土地情怀、有过硬本领，也要有经济头脑，毫无疑问应是当下推动乡村振兴的“生力军”以及未来的“主力军”。为此必须加强新型农业知识、技能的培训力度和广度；要强化大中专院校，特别是农林院校大学生振兴乡村的责任感和使命感，将其培育成为新型职业农民；要鼓励其他行家里手跨行业转型为新型职业农民。同时，要提升新型职业农民培育的保障水平，确保师资队伍、资金保障、软硬件设备等配备到位、发挥实效。

（四）领导农民进行乡村治理，提升乡村善治水平，夯实农村基层党组织引领乡村振兴的社会基础

党建引领乡村治理是实现乡村治理体系和治理能力现代化的应有之义，是破解乡村基层治理碎片化与乡村社会个体存在原子化难题的重要抓手，也是中国共产党应对新时代机遇和挑战的使命所在。在乡村治理实践中，党建引领建构一核多元的乡村治理共同体有助于将党的政治优势、组织优势以及制度优势转变为治理效能，从而推动乡村社会的有序发展。领导农民进行乡村治理，提升乡村善治水平需要做到以下几点。首先，要坚持以嵌入式党建引领网格化治理。即以村民小组、治理网格等为基础单元，将党组织延伸下沉至最基层，充分发挥党员的先锋模范作用。其次，要坚持以联合体（区域化）党建引领共同体治理。区域化党建以推动发展、服务群众、凝聚民心、促进和谐为目标，将党建领域所聚合的多方主体拓展成为乡村治理中的多元共治，实现乡村共建共治共享。再次，要坚持以服务型党建引领精细、集约化治理。农村基层党组织要进一步突出政治属性，强化服务功能，通过资源整合与统筹配置，促进乡村治理要素有序流动，助推乡村治理精准化。最后，要在坚持民主决策与民众监督相结合中实现党建引领。既广开言路、集思广益，又让农民来监督农村基层党组织，使其正确履行公权力，不敢放松懈怠。

（五）以健全体制机制为重点，强化农村党建责任，夯实农村基层党组织引领乡村振兴的制度基础

制度是治国安邦的根本。体制机制建设在农村基层党建引领乡村振兴的进程中发挥根本性和全局性的作用，农村基层党组织引领乡村振兴必须以健全体制机制为重点，强化农村党建责任。首先，要健全农村党建工作的责任机制。一是从述职的对象、方式和内容等方面入手，完善农村党建的述职机制；二是从考评内容的选择、考评程序的制定及考评结果的采纳等方面完善农村党建工作的评价机制；三是从农村基层党政一把手工作问责着手，完善

农村党建工作责任追查机制。其次，要完善农村党建工作的保障机制。一是注重加大对农村财政支出的拨付，合理增加党费在农村基层党建组织中的留存，把农村党建经费纳入同级财政预算当中；二是健全激励保障机制。通过设置形式多样的活动、竞赛，以兼顾物质奖励和精神表彰的方式开展评优争先，动员鼓劲，形成人人力争上游的农村基层工作氛围。最后，要强化农村党建工作领导机制，注重领导制度的创新、领导精力的投入以及领导机构的完善等。

参考文献

［1］张占耕：《马克思主义农民问题的中国化》，《中国农村经济》2021年第11期。

［2］中共中央文献研究室：《建国以来重要文献选编（第五册）》，中央文献出版社，1993。

B.9

乡村振兴战略背景下农村基层党组织书记能力建设

李志清　何绍清*

摘　要： 加强农村基层党组织书记能力建设，是新时代加强农村基层党组织建设、助推乡村振兴的关键抓手。广州认真落实加强基层党组织建设三年行动计划，坚持政治标准与树立导向、统筹选派与镇村培育、强基固本与强化核心、从严管理与正向激励、党建统领与业务工作等相结合，有效提升农村基层党组织书记综合能力。根据党中央和新时代党的建设的新要求，农村基层党组织书记存在讲政治抓党建能力有待提升、培养选拔渠道有待拓宽、业务技能培训水平有待提高、联系服务群众工作质效有待优化、拒腐防变能力有待加强等问题，我们应通过加强政治历练，提高农村党组织书记政治素质；优化选用机制，源头把控农村党组织书记能力水平；加强专业训练，锻造农村党组织书记履职能力；加强实践锻炼，厚植农村党组织书记群众基础；严管厚爱并举，筑牢农村党组织书记廉洁防线等措施，建强农村基层党组织书记队伍，为全面推进乡村振兴提供坚强的组织保障。

关键词： 乡村振兴　农村基层党组织　党组织书记

---

* 李志清，广州行政学院市情研究所副教授，主要从事基层党建研究；何绍清，广州行政学院番禺分院讲师。

“实施乡村振兴战略是一项长期而艰巨的任务，要遵循乡村建设规律，着眼长远谋定而后动，坚持科学规划、注重质量、从容建设，聚焦阶段任务，找准突破口，排出优先序，一件事情接着一件事情办，一年接着一年干，久久为功，积小胜为大成。”① 当前广州进入了乡村振兴发展的攻坚阶段，农村基层党支部书记能力的强弱关系到基层党组织战斗堡垒作用的发挥，关系到乡村振兴战略的实施效果。因此，持续加强农村基层党组织书记能力建设，是新时代加强农村基层党组织建设、助推乡村振兴的关键抓手。我们以习近平新时代中国特色社会主义思想为指导，对标习近平总书记关于加强基层党组织建设和乡村振兴发展的重要论述，聚焦持续当好全省乡村振兴的示范和表率这一目标任务，通过学习研讨、实地走访、集中座谈等方式，对广州农村基层党组织书记能力建设的现状、存在问题及对策建议等开展广泛调研，形成本报告。

一　广州农村基层党组织书记能力建设的做法

近年来，广州以推动落实加强基层党组织建设三年行动计划为契机，突出农村基层党组织“书记抓、抓书记”的策略，坚持以“五个相结合”为加强农村基层党组织书记能力的关键举措，推动广州乡村振兴发展不断取得新进展、新进步。

（一）坚持政治标准与树立导向相结合，确保农村基层党组织书记队伍实现优者上、劣者下

“火车跑的块，全靠车头带。”广州印发《关于加快推进村党组织书记“三个一肩挑”工作的通知》，将“三个一肩挑”作为强化基层党组织政治功能的硬举措来落实。目前，广州全市 1145 个行政村 100%实现村党组织书记“三个一肩挑”，整个推进过程平稳有序、风清气正，进一步巩

① 《习近平谈治国理政》第 3 卷，外文出版社，2020，第 261 页。

固了党在农村的执政基础。从化区结合开展扫黑除恶专项斗争，围绕村基层党组织书记履职能力、村班子运行状况等要素，对全区 274 个村（社区）进行“拉网式”逐一研判会诊，排查划定标杆村（社区）58 个、较好村（社区）92 个、一般村（社区）79 个、问题村（社区）45 个、发现问题 152 个。精准撤换 31 名“四不”党组织书记，及时把 24 名曾受过刑事处罚的村“两委”干部清理出去，全面净化基层政治生态。同时，坚持“六对接、六查找”，对排查出来的 12 个软弱涣散村（社区）党组织进行集中整顿、重点提升。黄埔区村党组织书记队伍先后经过“不合格书记排查”（清理 6 人）、“一肩挑”整改（调整 7 人）、2021 年换届（新任 17 人）等调整撤换，党组织书记队伍相对 2017 年村级换届后，平均年龄下降 1.1 岁、大专以上学历占比提升 14.26%，党组织书记综合素质有较大提升。

（二）坚持统筹选派与镇村培育相结合，为农村基层党组织书记队伍注活力、添动能

广州市重视选派有丰富工作经验、善于做群众工作的干部，到乡村振兴任务重、党组织后进等类型的村（经济联社）担任驻村第一书记，建强村级战斗堡垒，夯实乡村振兴的组织基础。白云区自 2018 年以来共选派 30 名第一书记、38 名工作队员，全脱产驻村开展软弱涣散党组织整顿工作，全区软弱涣散党组织 100%实现“摘帽”，4 个重点村被省委组织部评为整顿工作“优秀”；其中大源村被评为全国乡村治理示范村，大源村党组织被评为广东省先进基层党组织，钟落潭镇良田村第一书记查晶晶 2021 年被评为广州市优秀党务工作者。从化区坚持“因村施策、靶向提升”，大力开展“百名第一书记”驻村工程，统筹选派 113 名优秀党员干部到覆盖全区一半的村党组织担任第一书记，将第一书记工作岗位作为锻炼年轻干部、培养后备干部、夯实基层基础的重要路径。建立健全“村推镇（街）选区考察”金种子培养选拔机制，重点围绕党组织软弱涣散、书记年龄老化、集体经济薄弱的村共选拔书记后备干部“金种子”558 名。

（三）坚持强基固本与强化核心相结合，让农村基层党组织书记队伍更坚实、更有力

建立结构合理、素质过硬的村基层党组织队伍是乡村振兴发展的关键所在。2021 年 1 月，番禺区 177 个行政村全部完成“两委”换届，共产生村党委书记 63 人、村党总支书记 89 人、村党支部书记 25 人；其中，男性 157 人，占比 88.70%，女性 20 人，占比 11.30%；35 岁及以下 14 人，36~45 岁 49 人，46~55 岁 84 人，56 岁及以上 30 人；本科学历 30 人，大专学历 102 人，大专学历以下 45 人；连续担任村党组织书记工作年限 3 年及以下的有 83 人，担任这一工作年限 4~6 年的有 31 人、7~9 年的有 32 人、10 年及以上的有 31 人；总体上呈现结构合理、学历水平较高、基层工作经验较丰富等特点。黄埔区村党组织书记队伍在能力素养、风险承压、专业素质、主观能动和权力监督等方面得到优化，60 名村党组织书记中，男性 54 名、女性 6 名；大专以上学历 52 名，其中本科以上 21 名；平均年龄 46.5 岁，年龄最小的为 29 岁；换届后，连任党组织书记的有 43 名，新任党组织书记的有 17 名。花都区村党组织书记平均年龄 45.9 岁，大专及以上学历 232 人，占比 92.1%。“两委”成员中党员有 1572 名，占比 89.9%，“两委”成员大专及以上学历 1517 人，占比 86.7%。选拔 35 岁以下年轻干部 551 人，占比 30.7%。“两委”成员平均年龄 40.7 岁，基层干部队伍综合素质较强，结构合理，更具年轻活力。

（四）坚持从严管理与正向激励相结合，激发农村基层党组织书记队伍转作风、增干劲

作为村基层党组织书记，在作风上必须率先垂范，廉洁奉公，继承和发扬我党的优良传统和作风。增城区制定村基层党组织成员职责清单、村级“小微”事项清单、村党组织书记风险清单 80 项，推动村干部时刻自警自省。建立健全村党组织书记公开承诺、村干部人选资格审查、农村集体“三资”管理等 20 余项监督机制。从区级层面把牢人选储备、任职资格、

政治审查、出国（境）、离任村干部补贴发放资格等关口，压紧压实镇街属地管理责任，完善村级监察站运行机制，广泛开展群众监督。制定《增城区农村基层干部履职尽责监督管理若干意见（试行）》，明确重点监督的4大类问题、21种情形，提出组织处理、党纪政纪处分、追究法律责任等8个方面监督和责任追究措施。高标准建设村（社区）干部档案库，按照“一人一档”从严管理村（社区）“两委”干部档案。从化区建立健全村（社区）“两委”干部联合审查机制，共审查村“两委”干部1216人次、村级后备干部1089人次；共办理村（社区）党组织书记因私出国（境）审批19人次。探索推动“现有专职委员+兼职委员”模式，考察选拔4名优秀村第一书记、书记为镇（街）兼职委员，进一步拓宽村级干部晋升渠道。建立村干部待遇保障长效机制和激励约束机制，出台《关于逐步提高全区村级干部工作补贴和规范绩效考核管理的实施意见》，规定以2017年为基数，连续三年每年新增投入928万元，用于提高全区村“两委”干部待遇。花都区区级财政统筹安排专项经费，保障镇（街）为603名村干部购买城镇职工社保，并修订出台《花都区村社干部绩效考核工作指导意见》，设立村社干部年度绩效考核奖，近年为村“两委”干部发放村级工作目标绩效奖人均4.5万元，进一步激发村社干部干事创业的热情和动力。

（五）坚持党建统领与业务工作相结合，推动农村基层党组织书记队伍强担当、有作为

广州市坚持党对农村工作的全面领导，坚持党建引领乡村振兴高质量发展，展现农村基层党组织的担当和作为。从化区线上运用“仁里集”共建共治共享“一键通”云平台，线下建立“四必行四必止四知道四跟上”党员干部网格化服务群众机制，多措并举访民情、听民声，进一步提高群众对乡村振兴等中心工作的知晓度、支持率和认同感，以组织力、战斗力、凝聚力的新提升大力推动莲麻、米埗、南平等20个特色小镇建设成效初显；推动从化区在全市率先实现省定干净整洁村全覆盖；推动全区拆除违法建设面积241.38万平方米，完成年度任务的96.55%。积极构建基层党建工作新格

局，聚焦改革发展各项任务，组建乡村振兴示范先锋队等14支党员攻坚先锋队，探索建立党建一体化联动工作机制，并在温泉片区和生态设计小镇片区试点探索“六呼六应”基层治理新模式，为建设粤港澳大湾区最美乡村提供坚强有力的政治保证和组织保证。

二 当前农村基层党组织书记能力建设中存在的主要问题

总的来看，广州在加强村基层党组织书记能力建设上形成了一些经验做法，取得了一些实际成效。与此同时，我们也清晰地认识到，对标习近平总书记重要指示批示精神，对表新时代党的建设总要求，对照各项目标任务，当前仍存在一些不平衡、不充分、不协调的问题，主要表现在以下几个方面。

（一）讲政治抓党建能力有待提升

通过分析近年来农村基层查处案件、巡视巡察、扫黑除恶专项斗争等工作情况，发现个别村党组织书记仍然存在理想信念不坚定、树立“四个意识”不牢固、践行“两个维护”有偏差、主体责任落实不到位等问题，未能不折不扣贯彻执行上级重大决策部署。一些党委抓基层党建工作前热后冷、时热时冷，不敢碰硬，不敢正视问题，不敢触及矛盾；对“把抓好党建作为最大政绩”理解不到位，抓政治建设意识不强，强化政治功能办法不多，组织党内政治生活方式方法单一，党员教育管理不够严格，甚至出现政治规矩和政治纪律意识不强导致违法违纪情形。归根结底是思想政治问题没有得到根本解决，讲政治抓党建能力不够强。

（二）书记培养选拔渠道有待拓宽

《中国共产党农村基层组织工作条例》提出，村党组织书记应当注重从本村致富能手、外出务工经商返乡人员、本乡本土大学毕业生、退役军人的党员中培养选拔。为适应新形势，少数村社进行了公开选拔村社干部的有益探索，但部分村社干部来源渠道仍然有限，引进的高素质专业人才较少。有的村选拔后备干部视野不宽，习惯从治保队员等本村工作人员中选；有的村党组织不按要求接转党员组织关系，故意设置门槛，拒绝接收在外发展成为党员的村民，阻碍了人才回乡；有的村集体经济薄弱，干部待遇低，岗位吸引力不足，优秀青年不愿回村任职，导致部分村党组织队伍整体素质不高、结构不优，老龄化和后备力量不足的问题较突出，不能适应当前乡村振兴、强基固本的新任务。如广州市从化区 221 个村党组织书记平均年龄 48 岁，45 岁以上 144 人，占比 65%；60 岁以上 17 人，占比 7.7%；中专学历 22 人，占比 10%；初中及以下学历 52 人，占比 23.5%；女性村委会主任仅 6 人，占比 2.7%，与上级 10%的硬指标差距较大。在目前各村的书记后备干部中，50 岁以上仍有 40 人，初中及以下学历仍有 68 人。

（三）业务技能培训水平有待提高

其一，村党组织书记普遍认识到学习的重要性，有工作本领恐慌，但实行“三个一肩挑”后村党组织书记工作任务繁重，日常忙于完成上级布置的各项任务，无暇提升自身能力素质。这就需要创新培训方式，充分利用互联网等线上方式，帮助村党组织书记克服工学矛盾，提升培训效果。

其二，针对“三个一肩挑”要求对村党组织书记的培训需求调研分析不够，分层分类开展业务技能培训的精准度不足，对于急需紧缺的党建、基层治理、集体经济发展、生态文明、历史文化等核心业务针对性培训不足，基层党组织书记对新形势下的新知识了解不多，运用新知识、新方法去解决新问题的水平不高。

其三，常规业务培训的课程设置质量有待提升，上级党委面对培训需求，主要依托县区党校、镇街党校开展了包含理论和业务能力等内容的专题培训，师资力量较为薄弱，同时调查研究和需求分析不够，课程内容的吸引力不够强，开展业务培训的方式方法不够灵活，往往出现学用脱节等问题，常学的用不上，急用的学不着。

（四）联系服务群众工作质效有待优化

随着“一肩挑”、交叉任职的推进，村“两委”职数有所减少，同时各类事务有增无减，一些村干部坐班时间较长，逐渐行政化。例如一部分村党组织书记在当选以后，由于上级布置的很多任务都压在书记身上，被繁重的行政事务缠身，忙于开会、处理文件，光坐班不走访群众，不了解民情，反而出现了基层干部不熟悉基层的现象。虽然多数村党组织书记作为本乡本土人员，对辖内情况有一定感性了解，但不少村党组织书记对于本村村情底数不清，甚至对村内老弱病残等群体的现状掌握得也不准确，对于群众的操心事烦心事揪心事响应不够及时，对村民解决矛盾的诉求反应迟钝、回应敷衍、处置失当。

（五）拒腐防变能力有待加强

“微腐败”也可能成为“大祸害”，它损害的是老百姓的切身利益，啃食的是群众获得感，挥霍的是基层群众对党的信任。有些村“两委”干部的组织纪律性不强、行动散漫，脱离群众高高在上，吃拿卡要雁过拔毛、欺上瞒下虚报冒领、以权谋私优亲厚友、拉帮结派拉票贿选、目无法纪胡作乱为等形式的“微腐败”时有发生。实现“一肩挑”后，村党组织书记权力相对集中，易产生大权独揽、听不进意见等问题，形成“一言堂”，弱化了相互监督的约束力，增大了治理基层腐败的难度。同时，镇街纪律监督力量有限，当出现一些苗头性、倾向性的问题时缺乏提醒和监督，易出现村党组织书记出了问题后，班子被“一窝端”的情况。

三　新时代提升农村基层党组织书记能力的对策建议

（一）加强政治历练，提高农村党组织书记政治素质

一是重视思想建设。把村党组织书记纳入党内集中教育重点人员范围，

由市级职能部门开展党章党规党纪教育、党的宗旨和作风教育、世情国情党情教育以及社会主义核心价值观教育，解决好世界观、人生观、价值观这个“总开关”问题。持之以恒强化理论武装，由属地镇街抓实村党组织书记教育培训、理论宣讲、第一议题学习等各项制度，深入学习贯彻习近平新时代中国特色社会主义思想，真正领会贯穿其中的马克思主义立场、观点、方法。

二是提高政治能力。加强对民主集中制执行情况的监督检查和教育培训，落实党章规定的“四个服从”，提升村级重大事项决策“四议两公开”运行质量，引导村党组织书记做党的全面领导制度的忠实尊崇者。扩大村党组织书记选拔视野，选优配强村党组织书记后备人选。对于违反政治纪律和政治规矩的行为予以严肃处分，坚决撤换政治上不合格、经济上不廉洁、能力上不胜任、工作上不尽职的“四不”村党组织书记，起到激浊扬清、奖优罚劣的作用。

三是规范党内政治生活。安排镇街驻村领导定期抽查村党组织书记开展党的组织生活情况，严格落实“三会一课”、组织生活会、谈心谈话、民主评议党员等制度，定期向组织汇报思想，严格开展村（社区）党组织书记备案管理，按时足额交纳党费，坚持不懈锤炼党员干部忠诚干净担当的政治品格。

（二）优化选用机制，源头把控农村党组织书记能力水平

一是创新选任制度。把加强党的全面领导贯穿换届选举全过程，持续深化村“两委”干部选任制度改革，把党管干部原则贯彻到农村一级，变“选谁是谁”为“是谁选谁”。持续落实人选资格三级审查、选举程序“六公开”、选任分离，强化“两委”班子建设顶层设计，上级党委加强把关，推动年龄梯次更合理、学历水平更提升、专业知识更互补。

二是拓宽选人渠道。推行村社干部跨村（经济联社）交流、提拔，探索拿出部分村干部职数面向社会招聘专业化人才的做法，注重引进法律、规划建设、物业管理、财务管理等方面的专业人才，将本村人治村转变为德才

兼备者治村。在政府雇员系列中选配培养对象，建立年轻干部库，对综合素质高、培养潜力大、熟悉村情民意的政府雇员建档立卡，实行轮岗跟踪培养，择优推荐为“两委”干部建议人选。优化村（经济联社）大学生名单制度，持续推进村级组织党员队伍建设，形成后备人才长效培养机制。

三是持续选派第一书记。总结运用上一轮软弱涣散基层党组织整顿中选派驻村第一书记和工作队的重要经验，对乡村振兴任务重的村、党组织软弱涣散村等类型村，因村派人、科学组队，推动打造乡村振兴示范村。利用第一书记懂政策、知识广、信息灵的优势，发挥第一书记“传帮带”作用，推动加强村党组织建设，帮带村党组织书记提升工作能力，充分调动村干部的积极性、主动性、创造性。

（三）加强专业训练，锻造农村党组织书记履职能力

一是做好培训需求分析。综合运用绩效分析法、问卷调查、面谈、关键事件分析法等多种现代培训需求分析方法和数据统计分析技术，提升村党组织书记专业训练需求分析工作的准确性。科学分析村党组织书记所需专业能力的内涵和支撑要素，开展村党组织书记个人绩效考核，发现和分析专业化能力差距，精准确定需要参加培训的对象以及培训需求。

二是提升培训质量水平。围绕党和政府的中心工作，开发建设与村党组织书记专业能力提升相匹配，内容涵盖基层党建、村务管理、集体经济发展等专业知识、专业方法的新型专业训练课程体系，解决实际工作中遇到的问题，力求务实管用。采取培训机构与党委政府职能部门联合举办的形式，遴选与中心工作相关的处、科级领导干部为村党组织书记开展专题培训，使村党组织书记在实战体验和解决问题过程中切实提升分析问题、解决问题的专业化能力。完善考评制度，把村党组织书记队伍纳入网络大学堂培训范围，利用党建信息系统等定期开展业务知识测验，把测验结果作为干部管理、使用的重要参考依据，激发村党组织书记参加业务培训的热情。

三是创新培训方法体系。依托镇街党校、村党群服务中心等载体，灵活应用案例教学、情景模拟等方式，通过“学习知识、分享经验、创造性集

体研究问题、实际行动”四位一体的方法，提升专业训练的实战性，提高干部学以致用的能力。分期分批安排村党组织书记到区、镇街两级纪检、组织、政法、农业、乡村振兴、民政、城市更新等相关职能部门跟班学习，继续安排第一书记到重点村脱产指导，提高村党组织书记的政治素质、业务素养和群众工作能力。积极选派村党组织书记到先进地区学习培训，邀请名家大师、实践经验丰富的干部授课，开拓思维，学习借鉴先进工作经验。

（四）加强实践锻炼，厚植农村党组织书记群众基础

一是提高调查研究能力。村党组织书记心里要有一本账、做明白人，每年至少 1 次走访全村农户，收集村情要素，掌握所在村整体情况，特别要到困难较多、情况复杂、矛盾尖锐的地方去，及时掌握民情，深入研究问题，帮助解决困难。同时，要针对基层党组织建设、发展集体经济、完善村级治理等重点工作形成专题调研报告，不断提高村党组织书记的认识能力、判断能力和解决实际问题能力。

二是常态化联系服务群众。在“一肩挑”背景下扩大村党组织书记选拔视野，积极引进户籍不在本村但符合条件的优秀人才竞选村党组织书记。大力拓宽村党组织书记晋升空间，对表现优秀的人员参照事业编制标准落实经济待遇，增加专项招录乡镇公务员、事业编职数，增强村党组织书记联系服务群众的动力。明确村党组织书记联系网格、联系群众要求，发挥党员突击队、党群先锋队作用，统筹深化在职党员回村报到服务等工作，在抓好基础设施、村民就业、公共服务、乡风文明等民生实事上下功夫，以实际成效赢得百姓口碑。

三是团结凝聚干部群众。村党组织书记要牵头制定并落实“两委”班子详细分工，做到决策果断而不“武断”，工作“总揽”而不“独揽”，经常性谈心谈话、帮助解决存在困难，充分调动班子成员积极性。要深化党支部建设标准化工作，抓实抓细发展党员、组织生活、“双星双评”等任务，发挥党员先锋模范作用。要以当前乡村振兴战略为重要契机，围绕实现乡村产业振兴、人才振兴、文化振兴、生态振兴、组织振兴，推动农业全面升

级、农村全面进步、农民全面发展，激发广大农民的积极性主动性创造性，激活乡村振兴内生动力，将广大农民紧紧团结在党组织周围。

（五）严管厚爱并举，筑牢农村党组织书记廉洁防线

一是建立村党组织书记履职承诺制度。全面梳理村党组织书记权责清单，推行竞职履职承诺制度，要求村党组织书记主动设定工作目标，认真落实履职承诺，并组织开展村级组织换届“回头看”，做好资格审查部门之间的衔接配合。定时开展信息交流、实时共享，及时掌握村党组织书记是否违纪违法、涉黑涉恶等情况，坚决把群众反应强烈、造成严重恶劣影响及涉黑涉恶的人清理出村干部队伍。组织部门要对拟任党组织委员人选逐个研究把关，确保村干部队伍纯洁可靠。

二是完善农村基层干部考核评价制度。进一步优化考核导向，按照权责分属，建立负面清单，将考核重心集中在抓中心工作、抓重点项目、抓关键环节的评价上。大力推行村党组织书记重大事项报告制度。督促村党组织书记持续用好“四议两公开”，加大党务、村务、财务公开力度，不断完善村务监督，规范村务监督委员会工作规则，将监督执行情况列为考核评价重要打分项，并把职能部门人员、村民代表、自治组织负责人等纳入考核主体。在考核过程中要自觉接受村民群众的监督，合理划分各考核主体的权重，优化考核主体结构，在公平公正公开的环境中进行考核，对村民群众有异议的问题及时进行回应。

三是构建待遇保障和职业成长制度。对于村党组织书记待遇建立年度调整机制，推动落实优秀村党组织书记福利待遇，充分调动党组织书记工作积极性，解决他们的后顾之忧。用好从优秀村党组织书记中选拔乡镇领导干部、考录乡镇机关公务员、招聘乡镇事业编制人员制度。出台学历提升专项鼓励政策，打破职业天花板，打通多元成长通道。大力推荐优秀村党组织书记参选各级党代表、人大代表及政协委员，提高政治待遇。将容错机制覆盖范围扩大到村干部队伍，为敢于担当、奋发有为的村党组织书记营造良好的干事创业环境。

参考文献

[1] 李志清:《新时代实施村党组织书记“一肩挑”的思考》,《探求》2022 年第 3 期。

[2] 李国福:《新时代实行村级主干“一肩挑”的若干思考——以南平市建阳区为例》,《福建省社会主义学院学报》2020 年第 3 期。

[3] 胥爱贵:《选优配强乡村组织振兴的“领头雁”》,《唯实》2021 年第 3 期。

B.10
农村党组织书记能力提升建设的现状、问题与对策

——以花都区为例

王 幽*

摘 要： 实施乡村振兴战略，农村基层党组织的坚强领导是保障，农村基层党组织书记的能力提升是关键。当前农村党组织书记的政治能力和业务能力与新形势下的新要求还有一定差距，对自身角色能力认知存在偏差。主要原因是农村党组织书记的能力建设滞后于时代需求，农村工作的体制机制有待持续优化。应压实上级党委、政府的领导责任、优化政策环境，为农村党组织书记营造干事氛围；通过完善激励机制、健全监督机制、强化培训实效等，锤炼一支政治过硬、本领高强的农村“头雁”队伍，在乡村振兴中发挥农村党组织的坚强领导核心作用。

关键词： 乡村振兴 农村党组织书记 基层工作能力

“十四五”开启了全面建成社会主义现代化国家的新征程，乡村振兴作为重大历史任务和“三农”工作的总抓手，具有深远的历史意义和战略意义。党的十八大以来，党中央高度重视农村党组织建设，农村基层党的干部队伍逐步走向年轻化、高素质化，党组织书记的综合能力和治理水准都得到

* 王幽，中国人民大学硕士，中共广州花都区委党校高级讲师，研究方向为基层治理、基层党建。

了很大提升。在历史新征程中，农村党组织书记一方面肩负着实现农业农村现代化和带领村民共同富裕的国家期待，另一方面要回应群众各类新诉求和对美好生活的新期待，这对党组织书记队伍建设提出了既要精党务又要懂经济、既要会管理又要善服务的新要求。因此，农村党组织书记的能力提升就成为乡村振兴战略背景下加强农村基层党组织领导的首要重心。本文对以花都区为主的广州市农村党组织书记能力提升建设现状进行梳理，分析存在的问题和原因，提出提升农村党组织书记能力的建议，为深入推进乡村振兴提供坚强人才支撑和组织保障。

一　花都区农村党组织书记能力提升建设现状

按照《中国共产党农村基层组织工作条例》要求，广州市将村党组织书记兼任村民委员会主任和村集体经济组织、村“两委”班子成员交叉任职作为强化基层党组织政治功能的硬举措，2020 年全市 1144 个行政村 100%实现村党组织书记“三个一肩挑”。花都区深化改革举措，为加强党对农村集体经济事务的领导，将党支部建在经济合作社（以下简称经济社）上，截至 2022 年 6 月，全区 1742 个经济社应建尽建 1323 个党支部，全区经济社社长 100%实行任命制；281 个经济社实现书记、社长、小组长“三个一肩挑”，100 个经济社实现书记、社长“一肩挑”。农村基层党组织带头人集党组织书记、村民自治组织和集体经济组织负责人于一身，身份、职能和责任增多，需要党组织书记全面提升各项能力素质。

（一）实施“头雁”工程，选优配强干部队伍

第一，以本轮村级换届为契机选好“头雁”，实现组织意图人选落实率、35 岁以下年轻干部配备实现率、女村党组织书记占比达标率“三个 100%”。新一届农村党组织书记队伍呈现新气象。一是年龄结构优化，村书记平均年龄 46. 74 岁，较上届下降 5. 09 岁；作为村书记后备人才支撑，村“两委”共选拔 35 岁以下年轻干部 335 人，占比 26. 95%，基层干部队伍更

具年轻活力。二是文化层次提升，村书记大专及以上学历 167 人（不含在读/就读），占比 88.83%，较上届提高 14.89 个百分点，干部队伍向高学历、知识化大步迈进。三是性别配比更科学，女性干部人数增加，女性村书记 20 人，占比 10.64%，女性“两委”成员 309 人，占比 24.86%，有利于在农村工作中发挥女性特有的性格品德及能力优势。

第二，深入开展“开门履新办实事”行动。将做好村级换届工作后半篇文章与“我为群众办实事”实践活动结合起来，实施村党组织书记“开门履新办实事”行动，推动新一届村党组织书记深入走访群众，聚焦群众急难愁盼问题，主动担当作为，实施承诺践诺。188 个行政村党组织书记走访村民约 40000 户，确定民生实事 2000 余件。

（二）注重培训教育，增强干部队伍综合素质

第一，换届后迅速组织开展培训工作，采取分期、分批、分层次、分类别的方式，高标准组织“头雁”培训班。全区每年分批对 188 个行政村党组织书记进行提级轮训，突出乡村振兴专题学习，分批次组织到增城、南海等先进地区交流学习；区委组织部统筹协调民政、农业农村、妇联、团委等部门，采取“点单式”送课下乡，分类别对以村党组织书记为主的村社干部进行培训。

第二，持续优化“羊城村官上大学”工程，组织发动村干部报读 2022 年春季大专班 11 人，本科班 59 人，不断提升文化学历。

第三，引进仲恺农业工程学院共建博士工作站，在全国特色产业亿元村——瑞岭村设立岭南盆景园艺培训中心，实施“广东技工”技能提升行动，打造村书记致富带头人，已培训盆景技师 500 多人，其中省市级持证工匠 5 人，大力提升专业技能水平。

（三）实施“育苗”工程，加强后备干部能力建设

按照远近期结合原则，采取“在岗”锻炼、“在库”培育、动态管理的方式，培养储备一支素质精良、结构合理、数量充足的村书记后备干部队

伍。188 个行政村在库后备干部共有 993 人，其中按 1∶2 比例选配党组织后备书记 376 人。实施“在岗”锻炼，组织各镇街面向社会公开选拔储备新一轮在岗后备干部，每村选配 1 名优秀年轻后备干部，加强对农村后备干部的培养和锻炼，不断完善农村干部队伍梯次配备，为基层组织注入活力、增添动力。建立村后备干部信息库，对后备干部实行全程纪实管理，强化日常管理和考核监督，结合实际进行动态调整，保证村后备干部队伍政治可靠、能力可用、充满活力。

（四）强化激励保障制度，激发推动乡村振兴工作动力

健全农村党组织书记离任保障机制，建立完善正常离任村党组织书记信息库，区级财政统筹安排专项经费，保障镇（街）为 707 名包含村书记的村干部购买城镇职工社保，解决后顾之忧。修订出台《花都区村社干部绩效考核工作指导意见》，设立村社干部年度绩效考核奖，将乡村振兴等重点工作纳入村级考核重点，充分发挥考核指挥棒作用，2021 年发放村“两委”干部村级工作目标绩效奖人均 3.7 万元，进一步激发村书记带班子、干事业的热情和动力。

（五）持续选派驻村第一书记，对点帮扶提升治理能力

精准摸排乡村振兴重点帮扶村 6 个、先行示范村 6 个、后进村 2 个，统筹从区直单位、事业单位选派 14 名优秀中层以上干部全脱产驻村，围绕抓班子、强队伍，抓经济、促发展，抓制度、促和谐，抓民生、办实事，深入开展抓党建促乡村振兴。通过“本村书记+第一书记”的帮扶模式，在建强农村基层党组织、推动强村富民、提升治理水平、为民办事服务上取得成效。

二 花都区农村党组织书记能力提升建设存在的问题

2018 年 10 月印发的《中国共产党支部工作条例（试行）》对村党支

部的要求是："全面领导隶属本村的各类组织和各项工作，围绕实施乡村振兴战略开展工作，组织带领农民群众发展集体经济，走共同富裕道路，领导村级治理，建设和谐美丽乡村。"2019 年 1 月印发的《中国共产党农村基层组织工作条例》对村党组织的要求是：宣传和贯彻执行党的路线方针政策和党中央、上级党组织及本村党员大会（党员代表大会）的决议，讨论和决定本村各项建设及重要问题并及时报告乡镇党委；领导和推进村级民主、基层协商和村民自治，加强村党组织自身建设，做好群众工作，领导本村社会治理等。政策层面对村级党组织的期待是：贯彻党的路线方针政策、带领群众致富、推进乡村治理、加强自身建设、实现乡村全方位振兴。因此农村党组织书记能力建设可从"政治能力"和"业务能力"两方面着手。政治能力包括坚定理想信念、廉洁自律、责任担当意识、自我革新力等；业务能力包括理解"三农"方针政策、引领服务发展、群众工作、依法开展工作、应对和驾驭复杂局面的能力等。

（一）花都区村书记"能力自评"数据分析

为了解新一届农村党组织书记对农村工作能力的认知和自我评价，对花都区 188 个行政村新一届村书记开展问卷调研（见表 1）。首先是能力认知，在多选题"村书记最缺乏的政治能力"中，66. 48%的村书记选择了最缺乏"自我革新力"（刀刃向内、勇于改革创新），占比最高；有 61. 54%的村书记认为缺乏"责任担当意识"；而"廉洁自律"是村书记们认为做得最好的一方面，只有 17. 58%的人选择该选项，占比最少。

表 1　广州市花都区行政村党组织书记群体"最缺乏的政治能力"自评

村书记自认为最缺乏的政治能力	坚定理想信念	责任担当意识	廉洁自律	自我革新力
选择人数（人）	64	112	32	121
占比（%）	35. 16	61. 54	17. 58	66. 48

资料来源：中共广州市花都区委党校问卷调研数据。

在多选题“村书记最缺乏的业务能力”中，61.54%的村书记认为最缺乏“应对和驾驭复杂局面”的能力，比例最高；认为最缺乏“引领服务发展”和“理解三农方针政策”能力的人数比例也都达到了46.7%；但村书记对自己“依法开展工作”和“群众工作”本领较有自信，选该两项的较少（见表2）。

表2　广州市花都区行政村党组织书记群体“最缺乏的业务能力”自评

村书记自认为最缺乏的业务能力	引领服务发展	群众工作	依法开展工作	理解三农方针政策	应对和驾驭复杂局面
选择人数(人)	85	40	40	85	112
占比(%)	46.70	21.98	21.98	46.70	61.54

资料来源：中共广州市花都区委党校问卷调研数据。

其次是个人能力自评，每项能力给出了从“很好”到“很弱”五个自评选项。村书记群体明显对自身的政治能力自评分更高。“坚定理想信念”“责任担当意识”“廉洁自律”均有超过50%的村书记自评“很好”；而对“自我革新力”村书记就没有那么自信，接近60%的人评价“好”，只有约25%的人评价“很好”。村书记对个人业务能力的自我评价不如政治能力高，50%~60%的人自评“好”，自评“很好”的人数跌至20%~40%；此外还有相当一部分人自评“一般”（见表3）。

表3　广州市花都区行政村党组织书记个人能力自评

政治能力自评	很好(%)	好(%)	一般(%)	弱(%)	很弱(%)
坚定理想信念	52.2	46.7	1.1	0	0
责任担当意识	51.1	48.4	0	0.5	0
廉洁自律	56.6	42.3	0	0	0
自我革新力	24.7	59.9	14.8	0.5	0

续表

业务能力自评	很好(%)	好(%)	一般(%)	弱(%)	很弱(%)
引领服务发展	30.8	58.8	9.9	0	0
群众工作	38.5	56	4.4	0	0
依法开展工作	40.1	53.3	4.4	0	0
理解“三农”方针政策	20.9	61.5	17.6	0	0
应对和驾驭复杂局面	20.3	57.7	20.9	0.5	0

资料来源：中共广州市花都区委党校问卷调研数据。

（二）花都区行政村党组织书记能力的主要短板

综合问卷分析与走访调研发现，村书记一是重业务轻政治，在判断“政治能力”和“业务能力”哪个更重要时，70.3%的人认为“一样重要”，有20.9%的人认为“政治能力更重要”。但在实际工作中他们重视抓具体工作而忽视政治学习，也正因为关注点在业务能力上，才自觉与现实需求有差距，对个人业务能力的满意度下降。二是片面理解角色能力，认为廉洁遵纪不出错、三会一课按部就班就是理想信念坚定、政治意识强；认为不违反法律就是依法治理；化解矛盾、减少上访就是做好了群众工作，没有全面认识和把握角色能力的内涵和要求。

具体看村书记能力短板，第一，政治能力不够强。一是缺乏责任担当意识，农村基层党组织是党执政体系的最末梢，承担全面推进乡村振兴各项重大任务的落地，村书记的责任担当意识和执行能力是政策有效落地的保障和攻坚克难的“尖刀”。但有的村书记因集体经济薄弱、刚性约束和限制多、难以施展拳脚等，工作态度逐渐变成得过且过，主动意识和积极性消磨殆尽；有的村书记担心追责问责，不求有功但求无过，只图完成任务，不愿主动谋划，甚至为了“事少”拒绝资源和机会。二是党建与中心工作脱节，错把“党建”理解为“党务”，依葫芦画瓢完成台账，重痕不重绩，留迹不留心，未能很好地用党的创新理论武装头脑，未将党建与中心工作融会贯通来解决实际问题；重业务轻党建，把主要精力放在人居环境整治、拆违、维稳等事务性工作上，有的村书记甚至只重视经济发展，对党建工作缺乏认同和荣誉感。三是自我革新、刀刃向内的勇气不足，部分村书记在班子团队建设中好人主义盛行，没有把好“两委”干部出入口关；党内政治生活松弛低效，滞后于新时代党建要求和实际需求，工作改革没能因地制宜、因势而动。

第二，业务能力不够强。村书记的综合业务能力与实施乡村振兴战略的要求仍有差距，在理论水平、知识储备、发展能力、学习创新、防范风险等方面仍存在“本领恐慌”。农村工作尤其需要增强团结能力和群众工作本领。受乡村社会宗族文化影响，村书记对内需要团结“两委”班子带好队伍，对外需要团结对立派系势力避免乡村分裂，不少村书记缺乏相应的治理智慧和团结能力，难以在乡村振兴中凝聚合力。新换届的村书记队伍吸收了更多新鲜血液，村书记队伍和“两委”班子队伍整体年轻化，但有的人对“三农”感情不深，情况不够了解，服务意识欠缺；有的人缺乏工作经验，不会讲农村、农业内行话；有的人群众基础不深厚，难以有效地发动和依靠党员群众干大事。

三　农村党组织书记能力提升建设问题的原因分析

农村党组织书记存在的能力短板和能力提升建设不足问题，应从内外两个方面来分析。内因上，村干部在人口结构方面不够合理且能力与现实需求存在差距，导致村书记整体素质偏低。外因上，农村基层党组织工作机制和村干部队伍管理机制的科学化水平还须不断提升。

（一）村书记能力建设滞后于时代需求

第一，村书记队伍在人口结构方面不够合理。花都区村书记队伍结构不够优化、综合素质能力不高。一是平均年龄偏高，花都区新换届后的村书记年龄段以“46~55 岁”为最多，占比 42.6%。二是文化程度偏低，虽然学历“大专及以上”的人占比 69.1%，但以专科为主，部分村党组织书记难以适应现在农村工作对基层干部专业化的要求。

第二，村书记能力发展不够全面、过硬。“三个一肩挑”后，村书记不仅身负贯彻党的方针政策、加强党组织建设的重任，还要在发展和壮大集体经济、振兴现代农业中扮演带头人的角色，也必须是农村基层社会治理的能人。一是部分村书记思想观念不适应乡村振兴背景下的农村发展需要，缺乏与时俱进、开拓创新精神，带头致富、发展村集体经济、带领群众致富的能力偏弱。二是村书记手中权力大了，肩上责任也更大，必须具备强烈的责任意识，敢于主动担当作为，在“两委”班子中唱主角、挑大梁、带好头。但目前一些村书记不敢担当、不愿负责、不想干事的情况不同程度存在。新时代对“三农”工作的要求和标准提高，但村书记的能力建设并非一年半载之功，常滞后于实践发展和现实需求，致使村书记能力短板明显。

第三，优秀储备人才选任资源匮乏。实施乡村振兴战略需要数量充足、质量优良的村书记队伍发挥“头雁”的作用，在城镇化大背景下，大量中青年农民外出务工，长期居住工作在城镇地区，造成村干部后备人才不足、村书记选任资源匮乏。

（二）农村工作的体制机制有待持续优化

第一，缺乏容错纠错机制。农村党风廉政建设持续推进，纪检监察力度不断加强，形成了不敢腐、不能腐、不想腐的良好风气，但容错纠错政策在基层的落实落地非常不足，且有的部门将“支部书记负责”理解为“支部书记担责”，处理问题片面化、简单化，事事要求村书记签责任状，村书记在农村成了被追责问责的头号“专业户”。“一票否决”导致村书记负面工作情绪很大。

第二，条块责任尚未厘清及合理下放。目前存在职能部门将任务下放而资源、权力下放不足问题，导致镇街没有足够资源分流给村，难以积极回应村级需求，有的镇街部门直接充当“二传手”，将工作传导给村一级。村级目标工作考核涵盖了党的建设、信访维稳、征地拆迁、“两违”查控、禁毒、人居环境整治、安全生产、集体“三资”、村务管理和基层治理等10多项内容，村书记作为第一责任人，承担着各项工作的决策部署和推动落实，考核任务重，工作压力大，容易形成“职业倦怠”。表现为：一是机遇意识不强，满足现状，等待观望，工作部署慢半拍，执行力差；二是认为付出与回报不对等，服务意识淡化，导致对群众的凝聚力和动员能力下滑。

第三，激励保障措施仍须不断完善与创新。近年来，村干部的待遇有所提升，省、市、区积极探索优秀村党组织书记进入机关事业单位的途径，但村干部在职待遇低、退休保障差、晋升空间小的状况依然存在，这也是村书记工作积极性、主动性和创造性不足的原因之一。

第四，管理方式不够科学。目前主要通过量化考核来规范村党组织建设，存在指标过于具体、灵活空间不足问题，村党组织采取整齐划一的执行方式，难以激发村书记的个性化探索和创新能力；村党组织围绕上级布置的工作任务转，村书记精力被牵制，紧缺能力得不到锻炼，从年头忙到年尾却鲜有亮眼成绩。在大量资源下乡过程中，“一刀切”的行政路径难以规避。一是滋养了部分村书记“等靠要”的思想，破解发展难题、谋划新思路的创新能力不强；二是刚性的制度约束不适应基层千差万别的具体情况，出现村书记手握资源却无法用在刀刃上的情况；三是经费使用层层设限，难以真正根据基层和群众的需求用起来，不利于营造宽松的干事环境。

四　新时代提升农村党组织书记能力的若干建议

2021 年 5 月中共中央印发的《中国共产党组织工作条例》中提到，要“增强党组织政治功能，选优配强党组织书记，把党的基层组织建设成为坚强战斗堡垒”。广州市新一届农村“两委”班子换届后，任期由原来的三年调整为五年，村干部有了更大的空间和时间大展拳脚、推动发展。“火车跑得快，全靠车头带”，因此做好新一届农村党组织书记能力建设尤为重要。农村党组织书记队伍提升能力应从以下四个方面破解难题。

（一）“加强领导”+“优化政策”，破解领导责任不实、机制不活难题

第一，加强组织领导，压实工作责任。加强党的领导是农村基层党组织

人才振兴的根本保障，市委、区委、镇委和街道党工委要切实担负起领导责任，承担农村党组织书记队伍建设的主体责任，加强对农村人才工作的组织领导和工作指导，并与区党委、镇（街）党（工）委绩效考核挂钩，完善问责机制。

第二，优化政策环境，营造干事氛围。农村党组织书记锤炼本领、提升能力的前提条件要确保他们敢于施展拳脚以及有施展的平台，地方党委、政府要加快推进容错纠错机制下沉，在镇街一级形成实施细则和落地保障，在责任追究处置中重视基层调研和个体申述，为农村党组织树立容错榜样，鼓励基层党组织书记勇于担当、敢于作为。为基层松绑减压，规范整合各项考核和调研检查，减轻村党组织负担，让村书记腾出精力谋发展、搞治理。及时解决农村基层困难，多提供政策、信息服务，为农村产业发展做好平台搭建和中介渠道。以镇街为范围开展村级大拉练，在重点工作中锤炼村书记工作本领，营造“比学赶超”的工作氛围。此外在制度设计中，要充分考虑不同村在经济基础、区位、发展资源等方面的差异，增强灵活性，真正为村书记干事创业提供支持。

（二）“外引输血”+“内培造血”，破解选任资源匮乏、后继乏人难题

第一，以“本土人才”为主，培育农村党组织书记。推动发展党员指标向农村基层倾斜，把村民小组长、经济社社委会成员、致富能人等群众基础好、业务能力强的人作为重点培养对象，发展成为党员，使其进入村社党组织班子，培养为党组织书记。吸引潜在返乡人才资源，从大学生、农民工、商人、退伍军人和退居退休的城镇职工中物色能人贤人，请回原籍担任村干部。深入研究优秀农村党组织书记的素质条件和成长规律，制定村级后备干部“前一中一后”全周期培育计划，做好新老交接和启蒙教育，提升后备干部履新能力。花都区在行政村下面的经济合作社一级建立党支部，在选任资源匮乏的经济合作社，优先下派村党委干部兼任经济社党支部书记，主持工作并开展“传帮带”。

第二，以“本土人才+选派干部”模式，对农村党组织书记能力建设开展帮扶。从机关优秀干部和新录用公务员中持续选派“第一书记”到行政村基层党组织挂职，尤其是乡村振兴重点村、软弱涣散村、后进村、空壳村、人口倒挂村、城乡混居村，周期以两年及以上为宜。建立由第一书记、驻村帮扶干部、大学生村官、镇街包村干部、对口联系人、党建联建干部等组成的帮扶力量。一是能对农村党组织干部队伍进行人才补充。“本村书记+第一书记”很好地实现了点对点帮扶，下派干部的政策视野、知识储备、专项能力等都将对本土成长的干部形成影响和带动；下派干部原属单位的行政资源也将随之被拉动，对村书记开展工作、培养能力提供更多资源。二是有利于选派干部的自身成长。有的年轻干部缺乏在基层和艰苦地方的磨炼，有的年轻干部做群众工作本领不够强，一定要把有培养前途的年轻干部放到基层去锻炼。下去要真下去，而不是去“镀金”。更多的干部深入田野，农村人才建设和能力提升的政策制定和执行才能更贴合实际。三是有助于加强对本土人才的监督。选派干部的局外人身份不受农村熟人社会的制约，不仅能对农村党组织形成外部监督，维护本土干部的廉洁能力，还能帮助村书记克服好人主义，提升班子管队伍的能力。

（三）“政治过硬”+“本领高强”，破解政治意识不强、能力不足难题

第一，将政治能力建设放在首位，不断提升农村党组织书记的政治领导力。强化理想信念教育，提高村书记的政治站位。坚定政治信仰的养成要以长期的理论涵养、艰苦的实践锻炼和政治历练为基础，因此要引导村书记自觉将党的领导贯穿乡村治理的全过程，把党在农村的方针政策落到实处，引领乡村各项工作在正确的政治轨道上前进。基层党组织是党执政的根基，地动则山摇，要强化农村党组织书记的责任意识和忧患意识，增强危机感，认识到自身肩负的责任，增强工作内驱力。增强群众意识和服务意识，村书记要摆正角色定位，全心全意为人民服务，将村民群众所思所想所盼作为自己工作的方向。

第二，将业务能力建设置于本位，不断提升村书记的综合素质。重点培养改革发展能力，能用新思路、新点子、新办法攻坚克难；提高行动执行能力，能深入领会政策精神，执行不变通、不走样；加强组织动员能力，善于寻找最大公约数，团结农村各类组织和党员群众，画出最大同心圆；具备应急处变能力，在平时打好基础，就能确保出现紧急情况时迅速有效加以处置；提升群众工作能力，增强群众感情、了解群众思维、学习群众语言；强化依法工作的能力，加强运用法律武器来化解农村社会矛盾，处理问题纠纷，维护农民合法权益。

第三，以教育培训为农村党组织书记能力建设的重要渠道。以“政治过硬”为核心，发挥党校教育的主阵地作用，通过年度轮训和专题培训，提高村书记的理论素养和领悟贯彻落实党的方针政策的能力；以“本领高强”为基础，通过村党组织书记论坛、党员夜校、农民讲堂、名村跟班、学历教育、基地培训、挂职锻炼、网络教育等多样化形式，有针对性地设计符合村情社情的业务课程，提升村书记综合素质和“三农”工作能力。健全配套完善的农村党员定期培训制度、高质量多元化师资培训保障机制和督查考核培训机制，以制度保障农村基层党员干部教育培训的务实性、系统性、灵活性和长效性。

（四）“激励厚爱”+“监督严管”，破解内生动力缺失、失职渎职难题

第一，建立科学完善的激励机制，激发村党组织书记干事创业热情。一是合理化薪酬保障机制，以当地农村经济社会发展水平和村干部工作实际情况制定村书记经济待遇标准。广州市农村地区的村干部工作已与全职状态无异，应以本地农村劳动力平均收入情况确定村书记的基础报酬，再叠加绩效和奖励报酬，总体应不低于村民外出务工薪资平均水平。优化绩效和奖励报酬的构成要素、人群区分度和在总薪资中的配比，突出村书记的工作实绩和贡献，激发能动性。二是健全离任和退休保障机制，对满足一定的工作年限但未达到退休年龄的村书记给予离任补助；对满退休年龄的村书记按工作年

限核算养老生活补助金，保障退职后收入达到在职基础报酬一半以上；在村干部工作趋于职业化的珠三角地区，应将符合参保条件、自愿参保的村干部纳入城镇职工社会保障体系，让村书记“退有所安、老有所养”，解除后顾之忧。三是拓宽政治前途，靠事业留人，结合“思想政治、业务能力”指标，推荐优秀村党组织书记参加镇街公务员定向招考、镇街事业编制人员招聘；将政治素养好、参政议政能力强的村书记推荐为各级党代表、人大代表和政协委员；加大对书记队伍中优秀代表的宣传表彰力度，发挥政治荣誉的激励作用，增强先进典型的示范引领作用。

第二，完善考核监督管理制度，维护农村党组织书记的纯洁性和自律能力。一是建立奖惩公正分明的考核评价机制，以乡村治理实绩作为考核内容，建立多元主体的考评方式，畅通“能者上、庸者下、劣者汰”的村书记晋升和退出机制。二是构建多元化监督模式，强化区党委落实农村党组织书记队伍建设责任，完善上级规范管理和监督、同级村务监督、社会组织和企业主体监督、村民群众监督的联动互补监督系统，将此作为常态化监督模式；此外在农村熟人社会，应辅之以巡查监督和异地监督，以规避基层监督的“人情阻碍”，提升监督实效。通过制度化的激励和约束，给农村党组织书记营造一个既安心又不敢松懈的奋斗环境，充分发挥农村基层党组织在乡村振兴中的主心骨作用。

参考文献

[1] 中共中央党史和文献研究院编《习近平关于“三农”工作论述摘编》，中央文献出版社，2019。

[2] 王同昌、席国锋：《留守型农村基层党组织带头人队伍建设研究》，《中共天津市委党校学报》2020 年第 5 期。

[3] 聂继红、吴春梅：《乡村振兴战略背景下的农村基层党组织带头人队伍建设》，《江淮论坛》2018 年第 5 期。

[4] 杨群红：《农村基层党建难题破解之道》，《人民论坛》2010 年第 26 期。

B.11
农村经济联社党建工作优化路径与趋势
——以荔湾区为例

张学东　蔡文芬*

摘　要：　经济联社作为城中村集体经济组织，既是党的组织在最基层的神经末梢，也是党的事业在最基层的发展基石。荔湾区现有21个经济联社，是荔湾区经济社会发展的重要组成部分，不仅承担着经济发展和乡村振兴的任务，还承担着基层治理和公共服务的职能，其发展关乎社会稳定大局和城市治理优化，关键在于经济联社党组织要坚强有力、经济联社党建工作要扎实过硬。在新时代全面推进乡村振兴战略背景下，经济联社党建工作需要加强基层党组织建设，选好配强党组织带头人，发挥基层党组织战斗堡垒作用，从而充分发挥党领导一切的作用。

关键词：　经济联社　党建工作　路径优化

经济联社是集体经济联合社的简称，是中国城镇和农村集体经济组织。其中农村集体经济组织，是指原人民公社、生产大队、生产队建制经过改革、改造、改组而形成的合作经济组织，包括经济联合总社、经济联合社、股份合作经济联合社、股份合作经济社、经济合作社和股份合作经济联合总社等。经济联社在乡镇、村党组织的领导下，依法享有独立进行经济活动的

* 张学东，中共广州市荔湾区委党校常务副校长，主要从事基层党建研究；蔡文芬，中共广州市荔湾区委党校高级讲师，主要从事基层党建研究。

自主权，接受各级人民政府、村民委员会的监督。经济联社的原居民是它的股东或组织成员。改革开放以来，城镇化不断加快，城市周边的乡村由政府主导和推动而成建制实施土地城镇化和人口户籍非农化成为推进城镇化的主要手段，“村改居”作为城镇化进程的主要载体，为经济社会的迅速发展提供了充足动力和广阔空间。2002 年，荔湾区全部完成“村改居”工作，从体制上完成了“农转居”的转变。撤村改居同时，成立了经济联社，负责原村委会“三资”的管理和运营，并且逐步探索现代公司化经营管理模式，从原行政村“两委”的治理体制向经济联社党组织、村民自治组织、集体经济组织的三元治理体制转变。《中国共产党章程》第三十三条规定：农村党组织领导本地区的工作和基层社会治理，支持和保证行政组织、经济组织和群众自治组织充分行使职权。《中国共产党农村基层组织工作条例》提出了党对农村工作全面领导的总要求。在新时代全面推进乡村振兴战略背景下，经济联社需要加强基层党组织建设、选好配强党组织带头人、发挥基层党组织战斗堡垒作用，从而充分发挥党领导一切的作用。

一　荔湾区经济联社党建的现状

（一）基本情况

1. 联社总体情况

经济联社是荔湾区集体经济组织的主要形式，在全区经济社会发展中占据举足轻重的地位。荔湾区共有 21 个经济联社，分属 11 个街道办事处，由街道负责监督管理，相关职能部门负责业务指导。经济联社下设经济社或发展公司等经济组织。目前，实行二级核算的经济联社有 5 个，西郊经济联社已作为公司制改革试点，实行公司化管理模式。全区经济联社在册社员 53374 人。

2. 党组织和党员情况

21 个经济联社设置党组织 21 个，其中党委 8 个、党总支 12 个、党支部1个。现有党员1965名，其中经济联社股东党员416名（见表1），领导班子成员114名。党组织设置基本按照党员人数和工作需要以及一个经济联社成立一个基层党组织的标准建设。21个经济联社全覆盖建成党群服务中心，成为日常开展党组织活动、民主商议集体重大决策事项的重要阵地。

表1　荔湾区21个经济联社党员情况表（2022年）

经济联社名称	党员人数	股东代表人数	党员所占比重(%)
西　郊	38	60	63.3
河　沙	15	66	22.7
坦　尾	37	107	34.6
山　村	13	55	23.6
五眼桥	18	61	29.5
花　地	17	43	39.5
茶　滘	17	47	36.2
葵　蓬	26	87	29.9
坑　口	29	59	49.2
鹤　洞	15	19	78.9
东　漖	11	57	19.3
西　塱	32	95	33.7
大花园	7	20	35.0
东　塱	35	79	44.3
沙　洛	18	58	31.0
南　漖	12	91	13.2
海　南	14	81	17.3
海　中	8	79	10.1
增　滘	8	32	25.0
海　北	22	81	27.2
龙　溪	24	95	25.3
总　计	416	1382	30.1

资料来源：荔湾区委组织部。

3. 领导班子情况

本届经济联社领导班子于2021年与村（社区）“两委”干部同步换届选举产生。任期届满的19个经济联社同步完成换届选举工作，选举产生新一届经济联社领导班子成员 126 名、监事会成员 84 名。党组织书记和常务理事长实现 100%“一肩挑”，领导班子成员交叉任职率达 93.33%。全区 21 个经济联社党组织委员共 92 人。经济联社领导班子中，女性党员 26 人，35 岁以下的党员 11 人。

（二）主要做法

1. 逐步完善固本强基、建章立制的制度保障

全面加强党对经济联社的领导，围绕经济联社党组织工作建章立制，坚持把制度建设贯穿经济联社建设的各方面。坚持以《中国共产党章程》为根本遵循，认真贯彻落实《中国共产党农村基层组织工作条例》以及上级文件要求，区内出台印发文件包括《荔湾区关于进一步加强经济联社工作的意见》《关于进一步规范经济联社重大事项决策“四议两公开”的具体举措》《荔湾区经济联社社务监督委员会（监事会）管理办法（试行）》《荔湾区加强党的基层组织建设三年行动计划（2021～2023 年）》等，编印《广州市荔湾区经济联社经营管理法规文件汇编》，汇总 17 项制度从党的建设、集体资产交易管理、内部制度建设等方面健全完善经济联社人、财、事管理制度机制，多方面多角度促进经济联社工作有章可循，有据可依。2022 年，制定《荔湾区委党建引领城中村治理专项工作 1+7 系列方案》，其中包含《城中村党组织组织力提升行动方案》；制定《荔湾区推动基层党建高质量发展三年行动工作方案（2022～2024 年）》，把强化经济联社党组织建设作为推动高质量党建的重要内容；印发《关于对荔湾区经济联社党组织实施挂牌管理的通知》，成立荔湾区经济联社挂牌评定工作领导小组，坚持一年一评定，实行挂牌动态管理，全面激励经济联社党建水平上新台阶，提升经济联社党组织的创造力、凝聚力、战斗力。落实“四议两公开”制度，加快股份合作制章程的修订，推动党建入经济联社章程，目前 21 个经济联社已有 19 个经济联社完成章程修订工作。

2. 着力培育“头雁”队伍，推动发展的内生动力

实行“1+N”（党建+其他综合业务）培训模式，分级分批推动经济联

社党组织书记全覆盖培训。一是举办领导班子成员专题研修班。区委组织部、区农业农村局、区委党校联合举办2022年荔湾区经济联社领导班子成员专题研修班，全区经济联社党组织书记、副书记参加，以进一步提升经济联社领导班子综合素质。通过集中学习、现场教学、参观交流和互动研讨多种方式，提升经济联社领导成员履职能力，切实推动经济联社组织建设和各项事务高质量发展。二是认真落实“羊城村官上大学”工作机制。引导经济联社工作人员积极入学深造，2018年以来，共有31名经济联社领导班子和后备干部报名就读，提高自身学历，强化素质水平。三是实施定向培养后备干部。结合实际制定《荔湾区经济联社后备干部队伍培养工作方案》，实施定向培养、定员帮扶、定岗锻炼“三定”培养机制，通过设置定向课程开展培养、由街道领导班子成员结对一批后备干部、吸纳后备干部在街道“一队伍三中心”任职等措施，进一步提升经济联社后备干部队伍综合素质，为建强经济联社领导班子注满“蓄水池”。

3. 有序搭建、合理设置体系优化的组织架构

优化经济联社基层党组织设置，持续推进经济联社党组织标准化建设。按照党员人数和工作需要，设置党委、党总支、党支部，深化“支部建在经济社上”，建立“经济联社—经济社—党员责任区”三级组织单元，织密上下贯通执行有力的组织体系，在经济联社范围设立网格党支部81个、网格党小组203个、党员责任区2137个。在《荔湾区推动基层党建高质量发展三年行动工作方案（2022~2024年）》中，要求经济联社党组织“严格党员发展程序，原则上每年至少发展1名青年党员”。在《关于开展对经济联社党组织实施挂牌管理的工作方案》中，从党组织建设、工作落实情况、制度建设、群众口碑和其他事项等五个方面对经济联社党组织进行清单式指引，实行百分制评估，按照得分情况实施分类挂牌管理。面向全市遴选18名经济联社监察站专职站长，21个经济联社全部配齐了监察站站长，切实加强对经济联社领导班子的监督管理。

4. 有效发挥党建引领基层治理的组织功能

加快推进经济联社党群服务阵地建设和作用发挥，坚持把党群服务阵地

建在经济社，把党群服务的触角延伸到群众家门口，21个经济联社实现阵地建设全覆盖，成为党员参与组织生活、群众办理日常服务的主阵地。推行“党建+项目”做法，推动各经济联社党组织和党员在疫情防控、城中村改造、产业升级、河涌治理等方面发挥作用。依托“三大平台”规划，有序推动20个旧村更新改造，完成22个村级工业园升级；加快对茶、花产业的升级发展，岭南花卉综合市场升级完成，茶产业品质提升示范带有序推进。建立经济联社党群服务队、党员突击队130多支，在疫苗接种、核酸检测等疫情防控和基层治理工作中，党组织书记带头领导、年长党员示范带动、年轻党员积极参与，在经济联社工作中充分发挥了党组织战斗堡垒和党员先锋模范作用。

二　荔湾区经济联社党建存在的问题

（一）组织运作活力激发不足

一是党建引领、融合业务不够紧密。经济联社领导班子一年的工作成效主要通过组织内部的年终股东代表大会评定，导致部分党组织书记不同程度存在重经济轻党建的情况，对抓党建的工作压力传导不够到位，没有用更多精力去推动党建工作，以高质量党建带动经济联社高质量发展的思路举措不多。二是对党员教育、管理程度不够充分。日常组织生活“三会一课”、主题党日的参与程度难以保障，存在年轻党员与年长党员参与活动时间较难统一的问题，同时大量经济联社党员进入城区企业工作，或者搬进城区生活，导致这部分党员的工作地、常住地与组织关系所在地阶段性分离，平时较少参与组织生活；组织生活的内容和形式不够贴切基层党员群众的需求，主要依赖会议、讲座等传统形式，对新媒体技术运用得不多，教育效果达不到要求。三是党务考核、保障制度不够健全。督查考核缺乏明确具体的指标，大部分工作人员社务与党务集于一身，对行政事务及经济发展投入时间较多，对党务工作投入时间较少，甚至有的人对党务工作缺乏经验，在做群众工作方面存在一定困难，缺乏将党建工作转化为推动全局工作的能力。

（二）党员队伍结构不够合理

一是党员队伍总体老龄化现象偏重。班子队伍年龄结构不够合理，年龄结构不断老化，新一届经济联社党组织书记平均年龄49.5岁，其中年龄最大的58岁；班子成员中，40岁以下的有27名，41~55岁的有105名，56岁及以上的有6名，整体年龄相对较大，一定程度上影响了基层党组织的活力。二是发展党员较为缓慢。由于股权固化问题，有选举权、被选举权和投票表决权的股东社员逐年减少，后备干部人才培养亟须谋划。社员群众申请入党人数与经济联社发展党员名额之间存在较大差距，发展一名党员需要25个程序，过程较长，难以缓解党员队伍年龄断层和老龄化的压力。三是高学历人才比例较低。全区经济联社党组织书记中本科及以上学历2人，占比9.5%，大专学历14人，占比66.6%，高中及以下学历5人，占比为23.8%，整体学历偏低。目前股份合作制的管理人员是由股东代表选举产生，外来优秀人才难以介入。经济联社内部求学深造的年轻人由于有自身的职业规划，毕业后不愿意返回经济联社参与竞选，且不具备参选条件，“新鲜血液”输入难度较大。

（三）思想观念转变不够到位

一是领导班子在发展集体经济上创意不足。守业心态较重，创业精神不足，观念较为保守。经济联社集体经营管理主要以简单的物业租赁方式为主，缺乏带领集体发展的创新意识，思维固化，现代化经营管理理念匮乏，创新能力不足。二是历史积累问题长期未得到解决。大局观念不强，维护本经济联社的小集体利益往往凌驾于大局之上。少数经济联社尚存在几年甚至几十年积累下来的历史问题，这些问题长期得不到解决，时有信访矛盾发生。三是适应新时代党的建设工作要求与原有基础存在差距。党的十八大以来，全面从严治党向基层延伸，进一步要求基层党组织建设标准化、规范化，从党组织设置、党组织生活、党组织功能等方面进一步明确了要求。而部分基层党组织基础工作较为薄弱，如开会频次不达标、会议记录不规范、台账整理不齐全等问题都一定程度上存在。

（四）组织作用发挥不够有力

一是领导班子党建业务能力有所欠缺。党组织书记多熟悉经济联社经营事务的管理，对党务工作相对生疏，大部分精力放在经济联社的经营事务上，对书记角色所应负的职责相对模糊，如“书记上党课”能力是明显偏弱的一环。二是个别经济联社凝聚力不强。党组织班子成员不团结、党组织核心领导作用不明显。个别二级核算的经济联社党组织对下属经济社的把控能力较弱，呈现一级经济联社弱，二级经济社强的现象。三是监督管理合力未能形成。行政管辖上，街道对经济联社负有属地管理职责；业务指导上，涉及集体资产经营管理、财务监管、年度审计等的事务分别由相应的职能部门负责指导，与区各部门无直接隶属关系；日常监督上，经济联社监事会成员普遍缺乏专业技能和知识，无法对决策事项实现有效监督，而且作为一个基层自治组织，纪检监察机关在监督执纪中对经济联社监管的有力抓手较少，较难实现有效监督。

三　推动荔湾区经济联社党建的若干建议

加强经济联社党组织建设是推动经济社会发展的需要，更是巩固基层政权、夯实党的执政根基的需要。经济联社党组织要增强实力和影响力，为推动集体经济高质量发展打下坚实的物质基础；要增强凝聚力和向心力，推动党员社员共同努力为经济联社发展贡献自身力量；要增强公信力和执行力，牢记初心使命为经济联社谋求长远可持续发展。

（一）强化政治建设，筑牢理想信念

党政军民学、东西南北中，党是领导一切的。经济联社党组织是党在基层的战斗堡垒，是推动党的方针政策贯彻落实的基层组织，要始终坚持以政

治建设为统领，旗帜鲜明讲政治。坚持以习近平新时代中国特色社会主义思想为指导，深入学习贯彻习近平总书记关于加强基层党建的重要论述精神，突出基层党组织政治功能，把政治建设摆在首位，忠诚拥护“两个确立”，坚决做到“两个维护”，以组织路线服务政治路线；坚持把“不忘初心、牢记使命”作为党员干部学习教育的终身课题，推动党史学习教育常态化长效化，不断强化党员理想信念教育。

（二）强化组织领导，完善架构体系

强化党对经济联社的领导，充分发挥基层党组织的核心领导作用和引领带动作用。建立区级工作领导小组，专项化领导和保障经济联社党的建设工作。区各涉农部门、经济联社所在街道切实增强做好经济联社工作的责任感和使命感，层层压实各级抓经济联社工作的主体责任。属地街道党工委、办事处加强对经济联社的指导、支持、监督、管理和协调。根据党组织设置要求和条件，健全区、街道、经济联社、网格“四级联动”组织架构，以经济联社为一级单元、经济社为二级单元、党员联系区域为三级单元，搭建上下贯通至经济联社每一位党员的组织体系，织密“经济联社到经济社、经济社到户、户到人”三级党建网格体系，由区委组织部指导、属地街道党工委负责理清经济联社党组织架构、职责，并将党建工作完成情况纳入经济联社领导班子年度考核。

（三）强化体制机制，优化治理体系

党组织的组织力提升关键在于建构规范、有效、权威的制度体系。要制定经济联社领导班子管理办法，规范落实经济联社党组织书记区级备案管理和经济联社领导班子成员资格联审机制。健全完善经济联社常务理事会、监事会等向党组织报告工作制度和重大事项向街道党工委备案制度。深化经济联社集体经济组织法律法规制度建设，进一步推动经济联社管理体制改革；重要事项应提级管理，完善集体“三资”交易制度、流程、监督管理职责。推进股份合作制章程的修订，要带着造福子孙后代的思维，着眼大局，“一

联社一策”，从根本上解决经济联社存在的矛盾和问题，打破发展壁垒，促进经济联社各项事业稳定发展、社员幸福指数提升，健全完善经济联社经营管理制度。

（四）强化角色意识，履行责任担当

一是强化民主意识。经济联社党组织领导班子要坚持民主集中制原则，按照民主集中制规则议事、决策、办事，避免出现家长制、一言堂现象。对社务、党务重大事项要进行充分酝酿和讨论，营造民主讨论的良好氛围，广泛听取党员、社员、群众各个方面的意见和建议，同时善于进行正确集中，让权力在阳光下运行，让决策在民主中产生。二是强化纪律意识。经济联社党组织党员干部要不断强化党的纪律意识，严格落实中央八项规定，明确权力归属，划定权力边界，不断强化敬法畏纪的思想自觉和行动自觉，不断增强党员干部的党章党规党纪意识，真正把守纪律、讲规矩内化于心、外化于行。三是强化党员意识。作为党组织的一员，党员要严格要求自己，始终不要忘记自己的党员身份；牢记全心全意为人民服务这一根本宗旨，履行好党员权利和义务，积极支持经济联社的全面工作，自觉维护组织威信，执行组织决定，带头落实工作。党员要加强党性修养，在面对集体利益和个人利益冲突时，应具有高风亮节的修养，摒弃本位主义和短视思维，做到立场坚定、大局为重，在是非面前分得清，在名利面前放得下，在关键时刻豁得出，以获得社员群众的认同和信任，从而带动非党员社员有序推进经济联社工作。四是强化团队意识。加强经济联社党组织班子建设，注重培养选拔政治素质好、品德作风正派、处事公正公平、勇于创新会干事的能人进入班子成员。通过党的组织生活、谈心谈话，开展批评与自我批评，不断完善激励、约束机制，促进班子团结，形成强有力的组织力量。

（五）强化人才队伍，培育“头雁”方阵

一是提升领导班子整体素质。继续按照“缺什么、补什么”的工作理念，落实“1+N”系统培训机制。“1”是指强化党建业务培训，“N”是指

结合区域发展实际需求的多种培训项目。坚持问题导向，急发展之所需，不断提升经济联社党组织书记的政治能力和推动经济联社高质量发展的业务能力。目前荔湾区有20个经济联社涉及旧村更新改造，且经济联社发展重点集中在集体产权制度改革、产业园区发展、推动集体经济高质量发展等方面，探索灵活多样的学习和培训模式，充分发挥区委党校—街道党校—职能部门作用，推动经济联社党组织书记培训全覆盖，按照分级分批原则抓好经济联社班子其他成员培养。二是谋划后备干部培养。认真落实“羊城村官上大学”工作制度，引导经济联社工作人员入学深造；实施定向、定员、定岗“三定”培养机制，进一步提升经济联社后备干部队伍的政治素养和理论水平。推进经济联社“头雁”工程，坚持向经济联社选派第一书记。同时，严格发展党员程序，原则上每年至少发展一名青年党员，切实把素质过硬、表现突出的优秀分子吸收到党的组织中来，为党组织注入新鲜血液，激发“源头活水”。

（六）强化监督约束，扎紧权力笼子

一是完善党组织领导下的经济联社议事决策机制，全面提升“四议两公开”运行质量。完善经济联社党组织全面从严治党主体责任清单，加强对“关键少数”的监督力度。纪检部门、组织部门、政法部门、财政部门、农业部门、公安部门从本部门管理职责切入，加强对经济联社的管理、监督，形成党建与业务相互促进的良好局面。属地街道、纪检监察和审计部门加强对经济联社的日常监管。针对目前经济联社存在的问题和风险隐患，提高监督管理责任意识，加强部门间联动，推进形成经济联社综合管理合力。二是区农业农村局等相关职能部门进一步加强对集体“三资”交易的监督管理，加强事前、事中、事后监管，进一步规范集体“三资”交易流程、细节，实现全流程监控，有效杜绝围标串标行为。三是健全完善经济联社监察站监督职能，加快推进经济联社领导成员不敢腐不能腐不想腐机制建设，进一步扎紧权力的笼子。

（七）扎实做好党务工作，过好政治生活

党内政治生活是锻炼党性、提高思想觉悟的熔炉，要增强党组织的规范化和制度化建设，大力提升组织力。一是推进党组织标准化、规范化建设。在对经济联社党组织实施挂牌管理中，以评促建、以评促改，经济联社党组织通过逐一对照《荔湾区经济联社党组织分类挂牌评分标准》中的每一项内容，对照查看党组织基础性工作是否落实到位，以便在日常工作中进一步抓细抓实抓到位。按照“支部班子好、党员管理好、组织生活好、制度落实好、作用发挥好”五好标准，创建一批经济联社“标兵党支部”，打造一批经济联社“党旗红”党建示范点，实现“先进带后进、强社带弱社”。二是所有党员应正常化、常态化参加组织生活。党的组织生活是党组织对党员进行教育、管理、监督的重要形式，包括“三会一课”、组织生活会、民主评议党员、主题党日等日常性组织生活，不断创新组织生活的形式和手段，充分利用“学习强国”App、各类党员教育管理信息化平台、远程教育、公众号等载体，创造条件对党员进行广泛的日常培训，以党小组为单位推动线上线下学习相结合，灵活覆盖老年党员和年轻党员，提升党员组织生活参与率。三是建强基层党务工作者队伍。增强经济联社基层党组织抓基层党建工作力量，配齐配强经济联社基层党组织专职组织员。抓好经济联社组织员“选育管用”，推动经济联社党组织各项工作有人指导、有人落实。

（八）强化党建文化，营造学习氛围

推动营造经济联社内的党建氛围，把党建元素融入社容社貌建设，着力打造红色小广场等既便民又能在潜移默化中凸显“党味”的活动区。充分挖掘利用红色资源，加大对西塱裕安围、葵蓬凤溪等革命老区党建示范点的培育力度。深入挖掘本土历史文化资源，在人居环境整治中结合文明创建工作，加强软硬件建设，以文化润民心，传承中华优秀传统文化基因，将社情社史、民俗文化等内容作为教育党员群众的有效内容和良好载体。利用户外电子显示屏、公告栏，全面加强党务公开、政务公开、财务公开。

参考文献

[1] 荔湾区委组织部、荔湾区农业农村局提供的工作总结、经验材料。
[2] 陈家刚:《党内法规视角下的基层党组织组织力建设》,《江汉论坛》2022年第1期。
[3] 杜志雄、赵黎、崔红志:《跨村联建、村企共建:农村基层党组织创新与发展的实践探索》,《中共中央党校(国家行政学院)学报》2022年第1期。

案例篇

Case Reports

B.12 乡村基层党组织振兴的“从化实践”

陈笔球　邝丽华*

摘　要： 党的十九大提出实施乡村振兴战略，从化区把实施乡村振兴战略作为新时代“三农”工作的总抓手，在实施过程中，坚持党建引领乡村振兴示范区建设，通过凝聚乡村振兴思想共识，实施党建标准化、网格化等工程，建强战斗堡垒，以组织振兴推动乡村振兴，推动从化在乡村振兴中取得优异成绩。但同时，基层党组织也存在“头雁”队伍综合素质不够强、组织制度落实不严格、党员先锋模范作用发挥不充分等问题。随着乡村振兴战略进一步实施，要求从化在组织振兴上有创新，在育强“头雁”队伍、提升组织引领力、战斗力等方面下功夫，最终实现乡村全面振兴。

关键词： 基层党组织　乡村振兴　组织振兴　从化区

* 陈笔球，中共广州市从化区委党校高级讲师；邝丽华，中共广州市从化区委党校高级讲师。

“五大振兴”是一个相互作用、相互支撑的完整体系，其中组织振兴是其他四个振兴实现的引领指导和坚强保障。基层党组织是党的全部工作和战斗力的基础，基层党组织的振兴关系着党的事业的兴衰，更决定着乡村振兴战略能否取得最终的胜利。近年来，从化区认真贯彻落实习近平总书记关于“三农”工作的重要论述，不断加强党对“三农”工作的全面领导，通过大抓农村基层党建强基固本等系列行动，创建基层党组织推动乡村振兴的新模式新路径等，建强党的基层组织，筑牢党的执政基础，凝聚群众力量，以高质量党建引领从化乡村振兴走前列做表率，以基层党组织的振兴推动从化乡村的全面振兴。

一　从化乡村基层党组织振兴的措施与成效

广州市从化区下辖 5 镇 3 街，截至 2022 年 6 月，全区共有 221 个村，1427 个基层党组织，党员 2.9 万多名，其中农村党员 1.2 万多名。从化区深入实施加强党的基层组织建设三年行动计划，积极推进抓党建促乡村振兴示范区建设，切实把党建工作成果转化为推动乡村全面振兴。从化区入选“2020 年度全国农村人居环境整治成效明显激励县”、“中国乡村振兴百佳县市”和全国唯一的县域全域土地综合整治试点区，探索出了一条具有广州特色的超大城市乡村振兴的“从化路径”。

（一）注重思想振心，全面凝聚乡村振兴共识

1. 着眼解决“学什么”，精准选好“三门课”

一是上好“政治课”。坚持把学习贯彻习近平新时代中国特色社会主义思想作为头等大事和首要政治任务，充分利用全区党校系统、“仁里集”云平台、远程教育培训平台等，组织农村党员干部全面系统学习习近平新时代中国特色社会主义思想，学习领会习近平总书记关于“三农”工作、乡村振兴的重要论述和重要指示批示精神。推行“集中授课+线上直播+送课下乡+送学上门”相结合的模式，推广“微党课微学习”“文明实践轻骑兵”

“农民夜校”“红色驿站课堂”“口袋书”等做法，使习近平新时代中国特色社会主义思想和党的惠农政策进入千家万户，传达到每一名党员、群众。二是学好“党史课”。充分挖掘利用全区红色资源，一体化规划打造穗北红色文化产业带；扎实推进以全省首个党章学堂为代表的红色教育阵地建设，深入开展“追寻红色足迹　牢记初心使命”教育，打造具有从化特色的“四史”主题路线；撰写一批红色教育读本、制作一批红色教育视频，其中，《绿水青山红日子》视频获广州市第九届党员教育电视片评比一等奖和网络人气奖，进一步提升了党史学习教育的生动性和有效性，将党史学习教育成效转化为推进乡村振兴的强大动能。三是抓好“技能课”。将乡村振兴有关内容纳入重要学习内容，学习掌握党中央有关政策文件和《中华人民共和国乡村振兴促进法》等法律法规，结合农业生产周期和农时季节需求，通过“农民点菜”确定培训内容，精准提供农村金融、休闲观光农业、农产品安全、品牌建设、现代农业种植技术和病虫害绿色防控技术等特色课程，拓宽职业农民受训知识面，2021 年累计培训人员 3000 多人次。通过常态化开展“三门课”学习与集中轮训，进一步提振了党员干部决胜乡村振兴的精气神。

2. 着眼解决“如何学”，探索培训“新模式”

一是创新教学模式。坚持开门办学，主动打破以往以课堂授课为主的教学模式，按照“以点为基、串点成线、连线成片、聚片成面”的思路，把吕田、良口和温泉等镇众多的红色文化和绿色资源优势串联利用起来，将黄沙坑革命旧址纪念馆、生态设计小镇、老温泉新活力实践馆、云台山战役遗址等作为穗北红色培训的户外教学点和实践锻炼场，把课堂从城区搬到远离闹市的山村，用好用活现场教学资源，打造穗北红色户外课堂。二是创新教学内容。精心策划“七个一”场景式体验式教学活动，即组织党员干部参观一个红色景点、重温一次入党誓词、学唱一到两首红歌、聆听一场专题党课、观看一部红色电影、开展一次党性分析、体验红军的一天等，使培训更有针对性、实效性和吸引力，进一步提高广大党员干部的理想信念和综合素质。

3. 着眼解决“谁来教”，全面组建“讲师库”

从党政机关、学校、医院、村（社区）中，遴选组建一支新时代文明实践轻骑兵队伍。建立涵盖全国知名专家教授、先进典型人物、党政领导干部、优秀第一书记、基层一线干部和退休干部等群体的“讲师库”，让原来单一的“专家领导讲”向多行业、多层次、跨领域的“大众讲”转变，形成让专家学者讲理论、领导干部讲政策、基层百姓讲故事的新格局，让党的创新理论入脑入心，进一步提升党员干部培训实效。目前，已有122人初步入选从化区干部教育培训“讲师库”，为开展穗北红色培训提供了雄厚的师资力量和有力的课程支撑。另外，建立一支由“土专家”“田秀才”组成的流动课堂服务队，走村入户“送科技、送信息、送政策”，帮助农村基层党员群众解决发展现代农业中的技术问题。

（二）注重强基固本，建强乡村振兴战斗堡垒

1. 支部标准化，建设更规范

在推动基层党组织达标创优上下功夫。扎实开展党支部工作标准化规范化创建活动，制作党支部强基固本“两全面一更加”锻造工程作战图，制定《从化区党支部标准化建设问题自查清单》，建立标准化建设项目和指标113个；组织各基层党组织深入开展自查自纠，切实抓好问题整改，并将此纳入基层党组织书记基层党建述职评议考核内容。印发《关于开展党支部评星定级工作的实施方案》和《关于开展党员评星定级工作的实施方案》，把“双星双评”工作作为建立不忘初心、牢记使命和党史学习教育常态化长效化的重要举措，作为进一步提升党支部标准化、规范化、制度化的重要保障。2021年，吕田镇莲麻村党支部被评为全国先进基层党组织；温泉镇南平村和城郊街西和村党支部被评为全省先进基层党组织；江埔街罗洞村党总支等9个基层党组织被评为全市先进基层党组织。精准推进后进村党组织整顿转化，积极探索农村党小组建设“1+10+3”工作模式（即“一条主线”核心、“十个一”标准化、“三级考评”机制），党支部标准化规范化建设进一步加强，推动农村党组织的组织力和执行力进一步提升。

2. 管理网格化，覆盖更全面

严密的组织体系既是农村基层党组织建设的基本要求，也是其坚强有力、全面过硬的鲜明特征。从化区全面织密“镇（街）党（工）委—村党组织—网格党支部—经济社党小组—党员责任区”五级组织体系，将党组织建制延伸拓展到基础网格、经济社。截至目前，新组建网格党支部867个，经济社和楼栋党小组3033个；2022年在职党员回居住地参加服务超30万人次，推动实现党员回居住地报到、网格党组织组建、党组织负责人选配、党员责任区、党员亮身份“五个全覆盖”。建立党员干部联系服务群众网格化管理模式，制作“党群心连心、干群手牵手”党员服务群众网格化一览表；成立社区疫情防控先锋队等若干支党员先锋队，组织每名党员挂钩联系服务1~15户村（居）民，使联系服务群众工作精准化精细化，真心实意为群众办实事、解难题。

3. 党建区域化，统筹更到位

探索成立区域化大党委，构建以区域党委为引领、区域内党组织为主体、区域党员为细胞的区域党建一体化联动新模式。通过搭建有效平台、集聚优势力量、盘活闲置资源等方式，推动辖区内各级党组织由“各自为政”转化为“联合作战”，增强区域党组织的向心力和凝聚力，推动实现组织共建、人才共育、资源共享、活动共办、事务共商、文明共创、环境共造、社会共治、产业共荣、发展共赢。目前，从化区已成立11个农村区域性党委，覆盖8个镇（街）、49个村（社区）、99家企业和15个机关事业单位，推动9个特色小镇入选省级特色小镇，数量居全市第一。从化还探索将党组织建在新乡村示范带上，为加快推进新乡村示范带建设提供坚强有力的组织保证。目前，已成立莲麻新乡村示范带党委、艾米生态智慧农业新乡村示范带党委、生态设计新乡村示范带党委、罗洞工匠新乡村示范带党委、流溪稻香新乡村示范带党委等5个新乡村示范带党委，推动西和花卉、森林浴场、生态设计、罗洞工匠、田园牧歌等5条示范带被纳入广州市精选示范带建设。

（三）注重队伍建设，配强乡村振兴攻坚力量

1. 实施“头雁”工程，力量有保障

一是派强用好驻村第一书记。向乡村振兴任务重的村、红色资源村、集体经济相对薄弱村、后进党组织村等重点村持续选派最优秀的、有培养潜力的干部担任第一书记，落实好省委组织部提出的“驻村”与“住村”双重要求，严格规范第一书记管理，完善第一书记教育培训、管理考核、激励保障机制。近三年，从化区共统筹选派 128 名优秀党员干部到村担任第一书记，全面夯实基层党建工作力量。由区委组织部报送的《百名第一书记助力乡村振兴》在 2020 年《广州城市治理榜》暨第七届城市治理创新研讨会上获评广州市基层党建创新奖。二是建立健全“金种子”培养选拔机制。实施把党员培养成能人、把能人培养成党员、把党员能人培养成村干部、把优秀村干部培养成村党组织书记和村委会主任的“四个培养”工程，建立“能人—党员—村干部—村党组织书记”链式培养机制，共选拔培养村党组织书记后备干部“金种子”558 名。三是实施“头雁”队伍能力素质提升行动。探索推行区管领导干部与村（社区）党组织书记“一带一”传帮带培养模式，精准提升党组织书记的能力水平；建立健全区级重点轮训、镇街党校兜底培训机制，抓好换届后村“两委”干部任职培训，全面提升适岗履职能力。如城郊街通过开展“四个一肩挑”工作，实现“80 后”村书记占全部村书记的 1/3，新调整的“80 后”村书记全部具有大专及以上学历。实施农村基层干部乡村振兴主题培训计划，落实基层党组织书记年度轮训制度，每年至少对村党组织书记开展 1 次集中培训。推行乡村振兴导师帮带制，从各级党政机关事业单位、优秀党组织书记、优秀党员、优秀党务工作者、老干部以及粤港澳大湾区高校、名企、社会组织优秀群体中，择优组建一支懂农业、爱农村、爱农民的乡村振兴导师队伍，通过“一对一”“一对多”“多对一”等方式联系全区乡村，实现 221 个村导师帮带全覆盖，进一步提升了乡村“头雁”队伍推进乡村振兴的能力素质。

2. 引育乡土人才，振兴有支撑

乡村振兴人才是关键。《中华人民共和国乡村振兴促进法》在人才支撑方面提出，要“培养本土人才，引导城市人才下乡，推动专业人才服务乡村，促进农业农村人才队伍建设”。从化区加大招才引智力度，将乡村人才振兴纳入人才工作总体部署，实施“乡土人才计划”“青年回乡计划”，摸清本地及本地在外优秀人才资源，支持退役军人、企业家和优秀社会工作人才到农村发展，实现在“家门口就业创业”。如吸引“耕山寨主”冯文彬、“硕士农民”李卫鹏、“海归创客”邓迪方等一批年轻大学生返乡创业，使“村里来了年轻人”成为常态。依托广东省“一村一品”创新设计研究院等平台，柔性引进院士 7 名和农业类专家教授近 160 人，科技创新助力产业发展动力明显提升。加强本土人才的培养。整合利用职业院校、农村实用技术培训基地等资源，加强对本土农业生产经营人才、产业发展人才、乡村公共服务人才、乡村治理人才、农业农村科技人才的培育。深入实施新型职业农民培育工程，2022 年以来共开展“粤菜师傅”类培训 6687 人次，开展妇婴护理、育婴员、家庭保洁等“南粤家政”技能人才培训 1845 人次，目前共推动 79 人获评广东省农村乡土专家（人数居全市第一），城乡劳动者就业创业能力得到显著提升。

3. 组建党员先锋队，服务有平台

聚焦区内经济社会发展重点工作，组建乡村振兴示范先锋队、疫情防控党员突击队、扫黑除恶霹雳先锋队、治水治污决胜先锋队、拆违治乱铁骑先锋队、产业优化升级先锋队等多个党员攻坚先锋队，扎实开展党员“亮身份、亮职责、亮承诺”活动，组织引领广大党员在乡村振兴、疫情防控等重点工作中干在实处、走在前列。如组建“头雁”先锋队、农村战斗队、社区突击队、企业服务队和一线关爱队等 5 支党员先锋队，带动全区党员在疫情防控、复工复产等工作中起到模范带头作用；治水治污决胜先锋队共吸纳 1714 名党员和群众开展地毯式巡河 39934 次，解决问题 590 个，促成城市集中式饮用水源水质达标率为 100%。

（四）注重机制创新，提升乡村振兴治理水平

1. 推动“党建+”融合，党建工作有新特色

实施乡村振兴战略，必须始终坚持党的领导。从化区创新党建工作体制机制，探索党建引领的“党建+”工作模式，充分发挥基层党组织在实施乡村振兴战略中的战斗堡垒作用。一是开展“党旗引领+特色小镇建设”行动。以党旗引领实施24个党建项目，打造特色小镇党建示范点，让党员带领村民开民宿、农家乐、生产文创产品等发展特色产业；划分党员责任区，引领每名党员带领片区村民保护环境、打扫卫生，整治村容环境，推动莲麻村被评为2021年“全国先进基层党组织”，西和万花风情小镇率先成立全省首个“粤菜师傅”工作室，西塘童话小镇建成全国首个乡村宪法馆。二是开展“党旗引领+疫情防控”行动。从化区是广州市面积最大的行政区，按照“疫情要防住、经济要稳住、发展要安全”的疫情防控常态化要求，从化区通过“724”群防共治（即7支队伍、2个平台、4项运行机制）、党员下沉村（社区）等模式，组织全区2.9万多名党员投身防疫工作，让党旗在防控疫情斗争第一线高高飘扬。“724”群防共治模式获评2020年广州构建党建引领基层共建共治共享社会治理格局年度十佳案例。三是开展“党旗引领+重点项目建设”行动。充分发挥从化超大城市生态功能区优势，在疫情防控常态化条件下，善于在危机中寻新机，在变局中创新局，乘势打造生态经济总部集聚区，有力推动80多家生态设计企业落户生态设计小镇。创建了花卉国家级现代农业产业园，实现广州国家级现代农业产业园“零的突破”。目前，从化区221个行政村全部达到省定干净整洁村和美丽宜居村标准，成功入选全国乡村治理体系建设试点示范区。

2. 线上线下联动，基层治理有新格局

坚持基层党建引领基层治理，积极探索农村社会治理新模式。一是线上，深化打造“仁里集”共建共治共享“一键通”云平台。该平台集党务政务村务信息公开、网上办事、公共服务、农村电商于一体，村民可通过手机零距离直接办事，实现“让数据多跑路，让群众少跑腿”，打通联系服务

群众的“最后一公里”。截至 2022 年 6 月，“仁里集”云平台注册用户 162337 人，发布村务政务公开信息 48672 条、党务公开信息 21374 条、财务信息 16896 条、从化特产信息 68359 条；帮助村民解决 7843 项生产生活问题，收集村民建议意见（我要说话）6125 条，村民参与投票 61139 人次。该项目被评为 2018 年“广州党建十大品牌”和 2019 年首批 18 个全国农村公共服务典型案例。二是线下，投入资金 1921 万元推动农村民主法治议事大厅实现全覆盖，持续推进村级重大事项民主议事决策，全区“民事民议、民事民办、民事民管”多层次基层协商机制初步形成。

3. 民呼我应共鸣，服务群众有新机制

一是建立党员干部乡村振兴联系点，完善区镇（街）领导班子“联镇（街）联村联户”工作机制，该工作机制推行“四包”，即区领导包镇（街）、镇（街）干部包村、村干部包社、社干部和农村党员包户，全覆盖建立区镇（街）领导干部乡村振兴联系点，持续从党政机关、企事业单位抽调熟悉乡村产业、乡村建设、乡村治理等工作的区管干部下沉基层，定期到联系点开展工作。大力实施富民兴村项目，发展壮大集体经济，精准服务当地群众，达到“进村入户转作风，为民务实办实事，凝心聚力促振兴”的目标。二是积极探索“六呼六应”（即党委呼、各方应，项目呼、审批应，治乱呼、执法应，民声呼、党员应，富民呼、双创应，梗阻呼、追责应）基层治理新模式，努力推动实现群众有需求、政府有服务、党员有行动、企业有联动。如针对群众“荔枝减产不减收”的呼声，组织开展“乡村振兴生态从化美荔定制”“手信联荔推广”“国企助荔消费”等系列活动，进一步提升从化荔枝品牌，拓宽荔枝销售渠道，助力农民增收致富。截至 2022 年 7 月，全区通过“美荔定制”形式，已认购 6000 多棵荔枝树，预销售荔枝 50 万余斤，零售价格达 1 斤 30 元以上。

二　从化乡村组织振兴存在的问题

调研组通过发放调查问卷、开展实地走访和个别访谈、召开相关职能部门及镇村干部座谈会等形式进行素材收集、数据分析，其中，收回有效问卷863份，汇总意见建议三大类95条，获得了较丰富的一手资料。调查发现，从化在推进乡村基层党组织振兴的实践中，受多种制约因素的叠加影响，在乡村党组织建设中尚存在一些突出问题，这些问题在一定程度上制约了从化乡村全面振兴的深入推进。

（一）“头雁”队伍综合素质有待进一步提升

1. “头雁”队伍服务意识有待加强

“村看村户看户，群众看干部。”在乡村振兴行动中，有的村党员干部在如何发动群众服务群众凝聚群众问题上思考少、办法少、成效不明显。问卷调查中，对“党支部委员履职情况”问题，96.83%的人认为党支部的委员履职情况很好，说明绝大部分乡村党组织能履职尽责，群众满意度较高，但是仍有39.52%的受访对象认为村党组织偶尔主动与群众沟通并帮助群众解决问题（见图1）。这反映了一些村“两委”干部的“主动服务”意识不强，还没有从以往“要我服务”转变到“我要服务”意识上来。

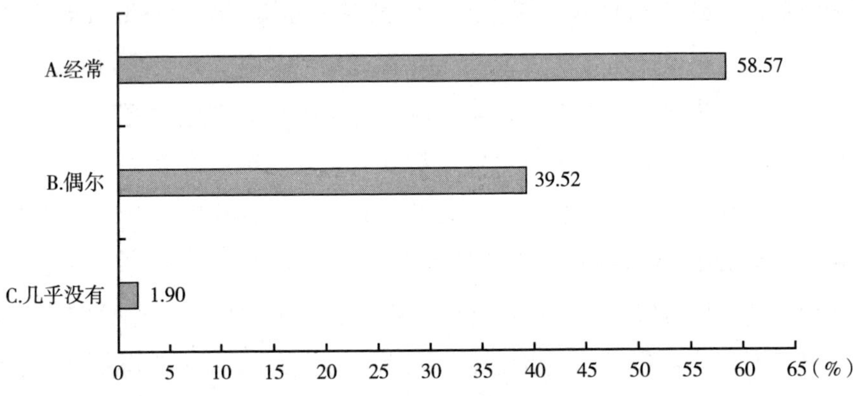

图1　乡村党组织是否主动与群众沟通并帮助群众解决问题

资料来源：广州市从化区推进组织振兴情况问卷调查表。

另外，在对“乡村党组织当前存在的主要问题”的回答中，60.79%的受访对象认为“为民宗旨意识待增强”（见图2）。这表明在部分基层党组织的党员干部心中，坚持把人民拥护不拥护、赞成不赞成、高兴不高兴、答应不答应作为衡量一切工作得失的根本标准还没牢固树立，或没有在日常工作中认真贯彻落实。

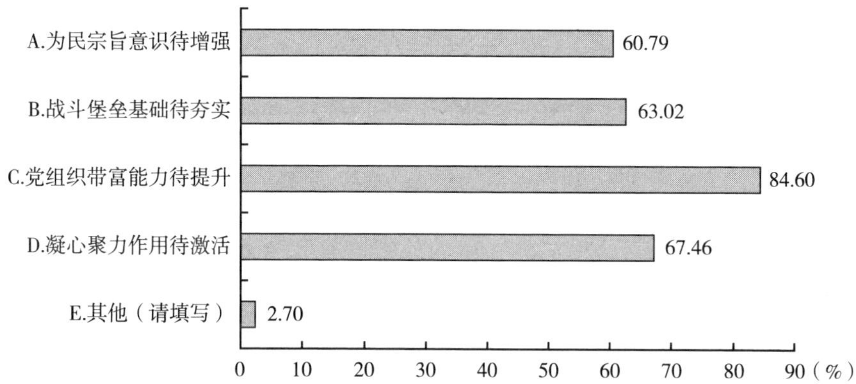

图 2　乡村党组织当前存在的主要问题情况

资料来源：广州市从化区推进组织振兴情况问卷调查表。

2. “头雁”队伍“领飞”本领须提升

“头雁高飞群雁才能齐飞”。要“领飞”还要“高飞”需要有真本事硬本领，包括对党中央以及省、市、区党委的大政方针和决策部署应自身先学一步、先行一步，应学习掌握及时正确、宣传解读通俗易懂、贯彻执行有力到位。而这些往往是部分乡村党组织党员干部存在的短板和弱项。问卷调查中，25.56%的村民认为党支部在引领乡村振兴中的作用发挥方面一般（见图 3）。这反映出虽然有的基层党组织干部整体年龄偏大、素质偏低的状况在持续改善，但仍存在补贴标准相对偏低，每月平均 4000 元，比一般企业工人的工资收入低；保障条件相对不够，由于总收入不高，村干部普遍不愿意从补贴中拿出部分来购买社保医保；晋升通道相对较窄等问题。目前的制度设计导致村“两委”的职务对年轻人吸引力不足，合适的候选人相对缺乏，物色到的人选回不来，年轻党员人数偏少，“头雁”队伍年龄结构不合理、学历低，对理论政策解读和运用的水平、新技术掌握和运用水平普遍不高。

在回答“乡村党组织当前存在的主要问题”时，84.6%的采访对象认

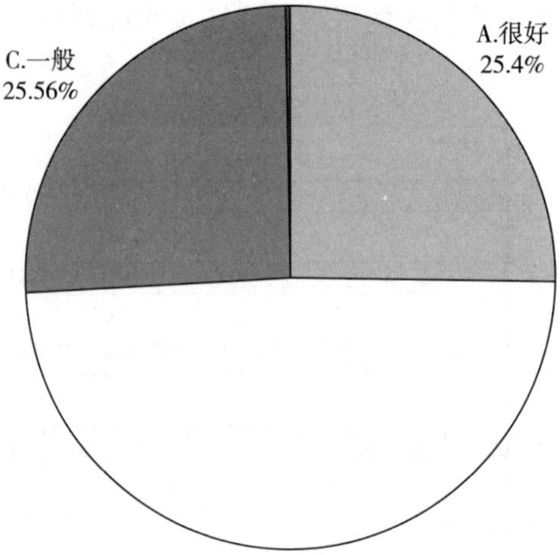

图3　乡村党组织在引领乡村振兴中作用发挥情况

资料来源：广州市从化区推进组织振兴情况问卷调查表。

为，党组织带富能力待提升。这反映出，“头雁”队伍活力不足，攻坚克难、带富能力偏弱。目前，全区223个行政村（含村改居2个）村集体年收入已全部达30万元及以上，但在增速、体量和可持续发展上仍须提升。

（二）基层党组织体系建设有待进一步推进

1.组织制度落实不严格

在实际工作中，村党支部在执行“三会一课”制度时经常遭遇时间难协调、人员难集中、效果难保证“三难”问题。以实地走访的A村为例，该村37名党员中70岁以上的有10名，占比27%，老党员行动不便，对参加组织生活往往“有心无力”；青壮年党员有7名（占比18.9%）长期在外工作，只在周末回村1天，难以按时按要求参加组织生活。同时，村党支部抓党建工作和业务工作存在“两张皮”现象，党内政治生活不严肃，开展的质量不够高，影响了党组织的战斗力凝聚力。

2. 党员先锋模范作用发挥不充分

在进行特色小镇建设、人居环境整治等乡村振兴行动中，一些党员忘记了自己的党员身份，不讲党性，思想汇报流于形式，不愿意、不主动参加志愿活动，在民主议事决策时只看个人利益、眼前利益，欠缺大局意识、集体观念；有的党员模范带头意识较差，在征地拆迁等重点工作中不能冲锋在前，甚至带头做"钉子户"，阻挠拆迁，带头参与违建活动等。

（三）党组织引领发展作用有待进一步提升

1. 协同治理主体的互补机制不健全

有的镇街经营主体、社会组织多元繁杂，统筹协调难度大，导致区域内公共治理的理念、模式滞后于全面推进乡村振兴的要求，各类组织包括生产组织、经营性服务组织、公益性组织、公共服务组织等主体间的联结交流缺乏主导力量和平台载体，缺乏相应机制的保障。

2. 部分群众参与主动性不够高

主观上，由于村民公民意识不强，把权利和义务对立起来，"等靠要"思想仍在部分群众中不同程度地存在；有的群众关注自身利益，忽视集体利益，考虑权利多，不愿尽义务，只注重眼前利益，不关心长远发展。客观上，对中央大政、惠农政策的获取和理解渠道不够丰富畅通，政策落地落实程序载体不够完善，村民的知情权、参与权有效保障不足，也造成村民对村"两委"工作持片面性理解，认为其工作形式多于实质，从而产生疏离感，参与主动性不高。

三　推进从化乡村基层党组织振兴的若干建议

针对存在的问题，从化区应以习近平新时代中国特色社会主义思想为指导，在新一轮基层党建三年行动计划推动下，在不断提升基层党组织建设制度化、规范化、科学化水平中"内强素质"；以乡村发展、乡村建设、乡村治理为抓手，在全面推进乡村振兴、攻坚克难中"外树形象"，高质量推进党建引领乡村全面振兴。

（一）在提升引领力上下功夫，持续培优育强“头雁”队伍

1. 在“选”字上下功夫

大力实施农村党员人才回乡计划，建立村“两委”干部“金种子”人才库，探索出台具体举措吸引优秀的本村外出务工经商人员、农村创业致富带头人、返乡大学生、退役军人等到村任职。

2. 在“育”字上下功夫

大力实施农村后备干部“青苗培育”行动，持续发挥“羊城村官上大学”等工程的“充电”作用，通过增长知识、拓宽视野、拓展思维，打开发展思路，提升“头雁”的带富能力素质。推行乡村振兴导师帮带制，将“头雁”培训纳入全区干部教育培训总体规划，充分发挥乡村“头雁”培训指导中心（站）的作用，在培训内容、培训方式、培训实效上做出新探索，持续提升“头雁”队伍领飞本领。健全乡村“头雁”跟班学习机制，组织村干部到区直党群、涉农部门或属地镇街开展“零距离”“一对一”结对跟班学习，为村（社区）党组织书记配好“名师”，积极探索区直单位党组织书记结对帮扶的“强雁帮带头雁”新模式。

3. 在“管”字上下功夫

深化和完善村干部特别是“一肩挑”人员管理监督机制，全面实施乡村“头雁”区级备案管理。持续向乡村振兴任务重的村选派第一书记，推动派出单位与第一书记所在村实行责任共担。

4. 在“用”字上下功夫

持续以第一书记作用发挥作为实施“‘四强’头雁”工程的重要抓手，通过开展基层党组织“头雁”提升行动，派强用好第一书记，发挥第一书记“六大员”（调查员、协调员、指导员、联络员、宣传员、服务员）作用，助力党组织书记抓好党建，发挥党组织的政治功能，组织党员凝聚群众促改革谋发展。推动第一书记派出单位和第一书记合力聚焦抓党建促乡村振兴，与第一书记所在村实行责任捆绑，通过结对联村，运用派出单位资源力量支持乡村发展。

5. 在“储”字上下功夫

高度重视村级后备干部的人才开源问题，加强调研把脉问题、分析原因，创新运用疏导方法，积极探索从优秀乡村“头雁”队伍中招聘事业编制工作人员，择优推荐一批乡村“头雁”作为“两代表一委员”人选，进一步拓展乡村“头雁”的发展空间，清淤治堵，使后备干部队伍量足质优。

（二）在提升战斗力上出实招，持续培优建强基层战斗堡垒

1. 进一步织密基层党组织体系

一是深化网格党建，在全面织密乡村“镇（街）党（工）委—行政村党组织—网格党支部—自治管理服务单元和经济社党小组—党员责任区和党员联系户”五级组织体系基础上，建立“横到边+纵到底+开放式+全覆盖+实事办”的简便务实管用的组织动员体系。完善党员干部联系服务群众工作机制，形成联系群众全覆盖一张网，持续开展基层党建志愿行动“百千万”计划和“千名村（社区）干部走访（社区）入户为群众办实事”行动，推动“我为群众办实事”形成长效机制。二是探索实行党员联系群众责任清单制，把服务发展、服务民生、服务群众、服务党员作为工作重心，在政治功能和服务功能融合上多下功夫。结合党员特长成立党员先锋服务队，在生产种植、技术服务、垃圾清运等关键环节设置“党员先锋示范岗”，探索创建动态服务先锋岗、流动点、入户小分队，结合党员评星定级分类管理建立“先锋指数”，开展巡回志愿服务，生活上访贫问困，生产上传经送宝，思想上解疑释惑。

2. 进一步规范基层党员管理

一是筑牢培训阵地。加快完善镇街党校办学机制，使区、镇（街）党校机构健全、师资充足、运转良好、保障有力，与省市两级党校体系互为补充，开创与各级新时代文明实践中心相互衔接的办学新格局。二是规范培训内容。坚持政治学校的定位，把学习贯彻习近平新时代中国特色社会主义思想作为首要政治任务和教育培训“第一课程”，常态化开展党规党纪、乡村振兴主题理论学习和集中轮训。三是创新培训模式。深挖用活全区红色

资源，持续提升穗北红色文化产业带辐射效应，通过提升质量打造升级版，擦亮全省首个党章学堂等红色教育基地和“七个一”体验式教学模式的品牌。大力实施乡村振兴“凝心铸魂”行动，依托“微党课微学习”“轻骑兵”“农民夜校”“红色驿站课堂”等平台，深入开展红色精神传承教育和惠农政策宣传，组织动员党员群众积极参与，凝聚推进乡村振兴强大合力。加强评估考核。探索依托“穗好办”等信息系统，开发“一人一档、一支部一册、一镇（街）一库”等模块，加强对党员队伍教育管理服务。

3. 进一步抓实基层党建工作

一是用好“12345”党建工作法。拓宽党员管理服务载体，使“12345”党建工作法常态化长效化发挥教育管理党员、服务带动群众的作用。其中，一访，指扎实开展大走访，增进党群情感；二学，指用心学党章、学讲话，纯洁思想品质；三问，指深入问入党动机、入党奉献、党员差距，感悟初心使命；四评，指持续开展上级党组织评支部、党员评自己，党员评党员、群众评实效，充分发挥监督考核作用；五带，即奋力带头学乡村振兴战略，带头执行“三农”政策，带头增收致富，带头树新风，带头办实事，凸显乡村党组织战斗堡垒作用。用实“三会一课”制度，定期召开支部党员大会、支部委员会、党小组会，着重在党内政治生活规范化与实效性上下苦功。二是重视人才吸纳。落实《进一步推进乡村人才振兴战略三年行动方案》等系列人才政策，健全党委领导下的人才工作领导小组运行机制和议事规则，建立区镇（街）村三级干部结对联系优秀人才机制，完善区镇（街）二级人才诉求快速回应机制，以加强政治引领和政治吸纳。扎实推进重点产业人才开发“一区一品”培育工作。建立人才资源信息库和需求目录库，动态把脉人才情况，适时灵活调整相应措施增强吸纳度。成立区级人才集团，推动基层人才驿站建设全覆盖。大力实施“百名乡贤回乡振兴乡村”行动，打好“乡情牌”“乡愁牌”，动员在外“乡贤”，关心回报家乡，助力乡村振兴事业。

（三）在提升组织力上见真章，持续优化完善乡村治理机制

1. 不断优化多方协同机制

一是坚持公平公正公开原则，培育引导各类参与主体，建立多维度联系网络。抓住数字乡村建设的契机，运用数字化技术助力“党建引领、多网合一、一网多能”的治理机制，整合网络功能，积极参与智慧乡村建设试点，进一步提高乡村治理现代化水平。二是完善优化普及“仁里集”一键通智能云平台，加强党建引领，整合项目阵地经费队伍等资源，吸引社会力量参与，把治理与服务融入网络，使工作的谋划由碎片化转为系统化，管理服务由笼统转为精准，党员群众主体作用由模糊转为具体，形成便捷高效治理网，与线下党群服务站点有机呼应、互补互促。三是大力引导和鼓励社会力量投入乡村建设。对经营性建设项目，规范有序推广政府和社会资本合作模式，切实发挥运营企业作用。

2. 持续增强内生发展动力

一是创新“红色引领”新模式，把党组织优势转化为发展优势。在产业链组建由行业协会会长任书记，产业链上、中、下游企业党员骨干任委员的产业链党支部，大力构建“党组织建在产业链、党员骨干聚在产业链、优秀人才育在产业链、组织生活开在产业链、农民群众富在产业链”的产业链发展新模式。大力实施农村党员带富致富先锋行动，创新设立一批党员带富致富“示范项目”“示范基地”，推动形成党员引领、党群联动、共同富裕的生动局面。二是全面加强农村经济联社党建工作，实施经济联社党组织“扩面增效”、经济联社社长“双倍提升”、经济联社“提级监管”和经济联社“创优育强”等举措，以党建高质量发展推动经济联社高质量发展。三是深入实施新型职业农民培育工程，构建以乡村振兴实践培训中心为核心，联动乡村“头雁”训练营、“粤菜师傅”培训室、农村建筑工匠培训室的“一心多点”培训格局，着力打造帮助群众就业创业、增收致富的民生品牌。四是打好生态牌，做好“优”文章的同时做强“特”产业。要坚定不移保护绿水青山这个“金饭碗”，利用自然优势发展特色产业，因地制宜

壮大“美丽经济”。充分彰显生态绿色本底，运用“数字+”“科技+”，抢抓广州“定制之都”的建设机遇，深挖流溪历史人文资源，统筹生态绿色资源，加快探索建立生态产品实现机制，厚植粤港澳大湾区优质农产品定制基础，做强优质定制经济、休闲农业、文旅融合等产业。

3. 加快完善乡村治理体系

一是积极推行“724”群防共治模式，引导村民树立“人人有责、人人尽责、人人共享，责是享的前提和先决条件”的理念，在人力物力上保障“党旗红”先锋队、“红袖章”联防队和“老兵”护村队等7支队伍发挥应有作用，组织带动村民实现基层有效自治。推行乡村治理“10员”（乡村保洁员、公厕管护员、污水处理巡检员、道路维护员、绿化养护员、田园生产督导员、水电保障员、公益设施管理员、公共安全管理员、志愿服务员）工作机制，大力宣传新的村规民约，推广“积分制”等乡村治理手段，不断提升乡村善治水平。二是健全党组织领导的村民自治机制，充分发挥村民委员会、村务监督委员会、集体经济组织作用，坚持和完善“四议两公开”制度，依托村民会议、村民代表会议、村民议事会、村民理事会、村民监事会等，保障村民的知情权、参与权、监督权。三是积极推进平安乡村建设，大力践行新时代枫桥经验，健全基层社会矛盾纠纷多元预防调处化解机制。积极培育新时代文明乡风，充分利用逐渐完善的新时代文明实践站点，带动新乡贤等各方力量利用这一场馆基地提升乡风民俗，传播诗书礼仪，焕发德行光芒，恢复乡村记忆，聚拢乡愁文脉。

4. 科学推进乡村建设行动

一是完善村民参与乡村建设程序和方法，在项目谋划环节，加强村民培训和指导，组织村民议事，激发村民主动参与意愿，保障村民参与决策。在项目建设环节，鼓励村民投工投劳，就地取材开展建设，吸纳更多农村低收入群体就地就近就业。在项目管护环节，推行“门前三包”、受益村民认领、组建使用者协会等村民自管方式。如推进公共基础设施城乡一体化管护，推行经营性、准经营性设施使用者付费制度，鼓励社会资本和专业化企业有序参与农村公共基础设施管护。二是支持和鼓励农村集体经济组织牵头组建人居环境管护队伍，承担村庄保洁、环境管护工作。大力实施新乡村示范带创建攻坚行动，有效整合特色小镇、美丽乡村、中心镇、名镇名村、河湖水利、“四好农村路”、生态景观林带、高标准农田等建设成果，以镇（街）为单元加快推进新乡村示范带建设，将其打造成美丽生态、美丽经济、美丽生活“三美融合”的高地。

通过不断提升基层党组织的政治领导力、思想引领力、群众组织力、社会号召力，以组织振兴促乡村振兴，从化乡村振兴的最终目标即“农业强、农村美、农民富”定能如期实现。

参考文献

[1] 陈朋：《为乡村振兴提供坚强组织保障》，《人民日报》2022 年 1 月 20 日。

[2]《中华人民共和国乡村振兴促进法》，新华网，http://www.xinhuanet.com/2021-04/29/c_1127393923.htm。

[3] 胡豹：《以高质量为引领推进浙江乡村振兴》，《浙江经济》2019 年第 5 期。

[4] 中共中央宣传部编《习近平新时代中国特色社会主义思想学习纲要》，学习出版社、人民出版社，2019。

[5] 王冬梅：《筑牢乡村组织基石 走好乡村振兴之路》，《新长征》2021 年第1 期。

B.13
推进红色名村党建示范工程的“榄核实践”

王 超 潘武扬*

摘 要： 推动红色村组织振兴建设红色美丽村庄试点工作是贯彻落实新时代党的组织路线，以红色精神的传承激发广大群众创造美好幸福生活的潜能，夯实党在农村执政根基的一项重要举措。南沙区榄核镇是“人民音乐家”冼星海的故乡。镇党委政府充分依托这一红色资源，围绕传承红色基因、弘扬“星海精神”，统筹党建工作与数字农村建设，结合农村治理新特点，初步探索形成了以“有声党建”“声音治理”为特色的红色名村党建示范工程新路径。

关键词： 红色名村 党建示范工程 榄核实践

打造红色名村不仅是对红色旅游资源的开发，而且是对精神高地的塑造，不仅在于提供身心休闲的场所，更在于提供价值体悟的载体，核心就是通过红色基因和革命精神的传承，凝练乡村振兴的“精神场景”，汲取百年党史的智慧和力量，推进乡村振兴。榄核镇是人民音乐家冼星海的故里，是广州市第一个农村党支部的诞生地，也是广州市革命老区镇，红色资源丰富，革命底蕴深厚，在南沙自贸片区新时代发展中扮演着重要角色。为进一

* 王超，澳门科技大学社会和文化研究所2022级国际关系专业博士生，广州行政学院市情研究所所长，教授，主要从事基层党建研究；潘武扬，广州市南沙区榄核镇党委副书记，主要从事农村党建研究。

步贯彻落实习近平总书记关于党史学习教育和乡村振兴的重要论述精神，利用庆祝中国共产党成立100周年的重要契机，榄核镇党委深入挖掘“星海文化”，传承“星海精神”，擦亮“星海名片”，以身边的红色基因洗涤党性、洗礼本色、擦拭信念，既发挥了红色文化促进乡村振兴的动力和引领作用，又使党史学习教育融入日常，把学习党史同总结经验、观照现实、推动工作结合起来，榄核镇成为具有较高知名度和影响力的红色名村，成为全市唯一入选中组部第一批“红色村组织振兴建设试点”。

一　推进红色名村党建示范工程的背景

2016年10月21日，习近平总书记在纪念红军长征胜利80周年大会上讲话时讲述了发生在长征途中的“半条被子”的感人故事。发生这个故事的郴州市汝城县沙洲瑶族村因这个可歌可泣的党史故事而由过去默默无闻的普通村庄变为著名的红色名村，吸引了大批“朝圣者”。2017年，广东省委组织部启动实施红色村党建示范工程。2020年中组部启动评选“红色村组织振兴建设红色美丽乡村试点”工作。深入挖掘红色故事，传承红色精神，在具备相关条件的乡村打造红色名村已势在必行。

（一）契合了新时代精神需求的潮流

新中国成立后，国内消费大致经历了三次革命：温饱型、耐用型以及现在的精神消费型。特别是党的十八大以来，广大党员和群众对“初心”“从哪里来、到哪里去”的灵魂追问极大地提升了人们的精神需求。红色名村拥有底蕴深厚的红色资源，本身就是一部“红色教材”。革命先烈的光荣足迹、革命遗址的宝贵精神、革命故事的峥嵘岁月等鲜活的党史素材更具说服力、更有感染力，也更能入脑入心。用好红色名村的“红色教材”，可以更好地满足党员群众对理想信念和初心情怀的精神需求。

（二）契合了新时代交互体验的需求

红色旅游早已有之，但主要以在景点参观、田园观光、康体疗养、健身娱乐、民俗风情等要素为支撑，导致旅游产品单一化、创新性不足、互动性不强，游客二度重游率不高。“红色名村”区别于一般红色旅游景点的关键在于其将党史故事、党建活动与乡村振兴、脱贫攻坚等党的重要战略决策部署结合起来，展开并弘扬由此产生的正能量，让旅游者在参观访问中变为学习者。

（三）契合了新时代乡愁记忆的情感

红色名村因人或事而名，并将红色元素和党的主题融入乡村振兴，着力提高乡村红色文化示范教育的影响力、感召力和辐射力，以名人故事的厚度提升乡村振兴的精神气质，以乡村振兴成果充实红色文化内涵，让参观者和体验者能够看到过去、留住记忆，达到让红色基因融入血液、融入品格、融入时代的效果，从而实现红色基因薪火相传、红色血脉赓续不断。

二　榄核镇红色名村建设的策略

榄核镇位于南沙新区西北部，处于南沙、番禺、佛山顺德三地的交接处，历来党建基础扎实，在打造红色名村的品牌建设上，既有优越条件，又有现实需求。榄核镇党委坚持以习近平新时代中国特色社会主义思想为指导，按照“党建引领、支部过硬、红色突出、村庄秀美、乡风文明”的要求，推动红色名村建设与乡村振兴有效衔接，以红色逻辑塑造形态之美，以红色堡垒厚植产业之美，以红色生态赋能生活之美，以红色情怀彰显人文之美，形成了“四美榄核”红色名村建设的基本格局，用红色基因为乡村振兴强心铸魂。

（一）学史奋进“悟道”，以红色逻辑塑造榄核形态之美

乡村之美，美在特色。榄核镇立足本地的地理环境、民俗风情、文化传

承和历史脉络，在全面推进乡村振兴中赓续红色精神，把党史学习教育中淬炼出来的红色力量转化为履行新时代使命任务的强大动力，不搞“一刀切”模式，强调“一村一特色、千村千面貌”的差异化发展，防止“千篇一律、千村一面”的同质化建设，最大限度地避免农村“不像农村”的现象发生，让人民“望得见山、看得见水、记得住乡愁”，形成了以红色逻辑为主线的别有风格、另具韵味的田园风光，将红色资源与休闲旅游、乡村振兴、村容村貌整治等工作结合在一起，精心策划，形成叠加放大效应，着力将这片红色热土勾画为“各美其美、美美与共”的多彩画卷。一是把红色资源融进乡村振兴。榄核镇坚持“绿色生态立镇　星海文化兴镇”发展理念，依托当地红色资源优势，坚持以星海文化为主线，盘活镇内红色资源，用“红色引领绿色”，打造珠三角全域旅游新城镇。与推动乡村振兴相结合，将当地红色资源与旅游发展相结合，开发星海品牌文化、番禺县第一个农村党支部旧址——三圣宫、大生杨忠烈士公园、湴湄星海祖居等革命老区红色旅游路线，通过积极保护镇内“三圣宫”等革命遗址，弘扬革命精神，打造红色教育基地，并引导党员干部“打卡红色教育基地”，追忆红色历程，传承奋斗精神。二是将红色元素嵌入乡村景观。榄核镇子沙村推进全域旅游建设，实现5.6公里环岛闭环游览，沿途融入星海文化、香云纱文化元素，打造环村三堤文化风情观光带、园林艺术长廊文化风情观光带、星海艺术基地基础设施配套工程、水上驿站和香云纱文化主题园区等项目，并运用声光电技术打造沿线休憩网红打卡点，塑造夜景灯光秀，呈现子沙新乡貌——子沙光道。三是将红色教育植入公共空间。利用湴湄村南二环高架桥桥底空间及湴湄涌旁村道，通过立体壁画、雕塑、文字、声音等形式展示不同革命岁月中的经典红色文艺作品，包括红色歌曲、红色诗歌、红色电影等。以红色文艺作品为有效载体，向广大群众讲好党的故事、革命的故事、英雄的故事，加强爱国主义教育。

（二）党建引领“聚力”，以红色堡垒厚植榄核产业之美

榄核镇强化党建引领产业发展，常态化把发展壮大镇域经济作为抓党建

的重中之重，利用红色资源这一独特优势，开发集遗址参观、红色研学、绿色休闲采摘、娱乐游玩等项目于一体的红色旅游产业链；开发香云纱产业基地、农垦观光基地，将红色资源转化为经济资源，大力支持发展村级绿色项目和红色旅游，引领村产业发展，带动周边农户餐饮、民宿、特色农产品销售等业态发展。一是打造香云纱产业园。利用星海文化名片的品牌引领作用，打造非物质文化遗产香云纱项目——云纱星韵香云纱产业园。该项目将打造集生产、整染、加工、展销生产、私人定制、品牌孵化于一体的香云纱全产业链。同时结合星海红色文化、香云纱非物质遗产文化、疍家人文化、沙田水乡文化、农耕文化，将该产业园建设为省级红色和传统文化传承特色研学基地。通过研学基地着力打造以弘扬和创新红色文化、传统文化为主要内容的一系列研游学活动，重点利用香云纱非物质文化+文创性商业经营，在植入品牌和研学实践的同时，让香云纱非物质文化传承人、从业人员打造香云纱工作室，他们可以在这里手把手地把香云纱技艺传授给广大青少年，使广大青少年通过切身体验接受传统文化教育，从而激发他们喜爱、弘扬、传承优秀传统文化的热情。项目建成后可以直接增加 200 个以上劳动就业岗位，带动辖区增加 2000 个以上就业工作岗位，预计三年内年工业总产值可达到 6000 万~8000 万元，为湴湄村经济创造全新增长极。二是发展特色农业经济。目前形成规模化乡村农业产业集聚区有三个，分别是牛角村兰花基地、合沙村香云乐苑广东农业公园和民笙农场，三个园区年总收益超过 2600 万元，带动农户就业 323 户，乡村产业成功带动农村 300 余户脱贫。其中牛角村被评为“一村一品、一镇一业”专业村、首批省级专业村，牛角村兰花基地被评为市级农业公园。推进绿村农耕世纪研学项目、湴湄云纱星韵香云纱产业园落户榄核。引入省级农业龙头企业助力甘岗村现代农业科技智慧示范园，打造全镇首个现代农业新技术研发、特色农产品生产推广、农旅深度融合示范项目。三是打造红色生态一体游路线。打造由“星海路、红色文艺乡道、冼星海纪念馆、冼星海作品展示馆、星海公园”组成的“三点两线”环形红色文艺旅游路线，以及香云纱产业园、特色农业项目农植观光区，即以星海红色文化为核心，融合非遗文化、农业文化，打造红色生态一体游，不仅以红色乡村旅游促进榄核镇经济腾飞，而且使榄核镇成为各地党组织过组织生活的热门打卡地。

（三）践行初心“惠民”，以红色引擎赋能榄核生活之美

让乡村生活更加美好，是践行初心使命的真实写照，也是乡村振兴的本质要求。榄核镇紧紧围绕拆违治水、垃圾分类、乡村振兴等中心工作，充分发挥基层党组织战斗堡垒作用和党员先锋模范作用，让党组织成为凝聚人心、凝聚力量的“红色引擎”，在驱动宜居宜游生态圈构建中彰显力量。一是聚焦综合治理。榄核镇以构建“令行禁止、有呼必应”的党建引领基层共建共治共享社会治理格局为指引，完善立体化信息化社会治安防控体系，建设全区首个党建大喇叭试点镇，通过“党建+声音”“喇叭+治理”“平台+服务”等创新理念和举措，以“1个镇级中心平台+N个播放终端”为载体，在全镇24个村（社区）安装445个“大喇叭”系统，积极探索整合多方资源为一个系统平台，如综治系统、公安视频系统、镇村级视频监控设备等，初步探索形成了“有声党建”“声音治理”等党建活动引领农村治理新路径，确保党的全面领导直达基层、党的温暖和党的声音直达群众。二是聚焦服务配套。榄核镇坚持以党建统领基层治理为突破口，树立综合网格、专业网格、公安网格、民生服务网格+党建理念，推行“党建网”与“网格”双网融合治理，将全镇划分为1个中心、7大网格片区和N个基础网格，构建起“体系周密、全面覆盖”的网格巡查机制，综合网格按照“人、屋、车、场、物”进行划分，按“一格两员”的模式配备网格员。在南沙区相关文件要求的4类95项网格清单基础上，榄核网格服务瞄准百姓需求“自我加码”，专门设置了“未列入网格清单”但与群众息息相关的十几个事项，每个专职网格员用脚走村企、用眼检不足、用心促管理、用耳集民情、用嘴宣政策，事无巨细地为居民提供全天候的服务。三是聚焦生态环境。榄核镇全面落实河长制，完成14条河涌清淤项目包括四六直涌、雁沙双亦涌等河涌整治，建设污水管道15公里、服务面积23平方公里，进一步提升河岸堤坝道路环境水平，打造河岸风景线。先后完成了对榄核河两岸防浪墙

加固、堤坝修补等工作，优化乡村水系、林网、绿道等空间布局，让生态美起来、环境靓起来，厚植山清水秀、天蓝地绿、村美人和的乡村生态底色。

（四）星海精神“铸魂”，以红色情怀彰显榄核人文之美

榄核镇多年来一直致力于特色历史文化资源的挖掘和传承，以党的建设为纽带，串联文化阵地，整合文化资源，传承弘扬星海精神、红色基因、传统手艺，讲好榄核故事，留下属于榄核的文化记忆。一是延续文化根脉。榄核镇坚持敬畏历史、敬畏文化、敬畏生态的理念，坚持保护与建设并重，保留乡土韵味，留住田园乡愁，凸显乡村本色；打亮“榄核香云纱”非遗文化名片，推进本地香云纱文化创意园的建设，塑造“非遗”完整产业链，让香云纱这份古老的手艺破茧重生。二是激活文化内涵。榄核镇利用镇委党校、星海故里榄核镇“三新讲学所”等学习宣传平台，用活红色资源，突出典型教育，设计了“重温入党誓词+重走星海路+宣讲活动”的系列品牌活动，打造红色教育基地示范点，广泛开展文明村镇、星级文明户、文明家庭等群众性精神文明创建活动，繁荣兴盛农村文化，提升农民精神面貌，焕发乡风文明新气象。三是放大文化效应。榄核镇坚持以文塑旅、以旅彰文，从全局统筹谋划、整合资源，大力发展以红色文化为魂、田园风光为韵、村落民宅为形、生态农业为基的乡村旅游产业，推进旅游专业村、乡村民宿、农家乐等业态扩面提质，打造了一批特色鲜明、体现地方人文特色的文化旅游精品线路，持续扩大乡村旅游的知名度和品牌影响力。

三　榄核镇红色名村建设的经验与启示

南沙区榄核镇党委不断深化“令行禁止、有呼必应”基层党建格局，将“令行禁止”作为实现党的全面领导、加强党的政治建设效能的重要抓手，全面增强基层党组织的政治功能和组织力，聚焦基层治理的难点、痛点、堵点，加强基层党组织建设，深化基层治理改革，及时解决基层反映的诉求和困难，推动实现基层治理“有呼必应”，为推进党的事业全面发展提

供坚实基础和支撑。榄核镇的实践启示我们，广州构建“令行禁止、有呼必应”基层党建工作格局，必须充分发挥镇（街）党委这个一线指挥部的关键作用，完善以基层党建引领基层治理，以基层善治巩固基层政权，推动党的决策部署落地见效。

（一）构建党建发展格局与基层治理结构

实践证明，深化基层党建工作需要以“固本强基”为重点，以“抓镇街促村社”为关键，以“坚持把党的全面领导直达基层、党的温暖和党的声音直达民众”为主线，以“深化镇街体制机制改革”为支撑，以“党建双直达、组织全覆盖、机制相联通、管理无缝隙、作用大成效、基层真过硬”为目标，着力构建党建发展格局与基层治理结构。在纵向上，按照责权利统一以及合法、便民的原则，进一步理顺镇街与市区级部门关系，优化配置行政管理资源，依法赋予镇街履行职责的必要事权，实现镇街权力清单和责任清单全面覆盖，提升镇街统筹协调能力，加快构建镇街综合治理、市场监管、综合执法、便民服务等平台。建立特色功能区与“区镇合一”的开放管理体制，搭建上下联动、相互赋能的“动力主轴”，提升区域竞争力。横向上，发挥镇街党委龙头作用，加快推进社会治理“一张网”建设，积极推动“小网格、大服务、精管理、一支队伍管到底”工作机制建设，把基层力量牢牢地“扭在一起”，形成“一核多元”集群发力的党建工作格局，不断推进各领域党组织承担社会治理责任的制度化、规范化、常态化，探索符合现代城市镇街基层党建和基层治理的新路子。

（二）优化党建工作能力与基层治理环境

实践证明，基层党建不是想当然的创新工程，需要牢牢把握基层党组织的政治责任和政治属性，坚定正确的政治方向，紧紧围绕中心任务，加强对基层各类组织的统一领导和对群众的教育引导。倡导“大事一起干、好坏大家判、事事有人管”的良好社会风气，自觉贯彻中央和省委市委的决策部署，推动党的路线方针政策在基层落地生根。加强镇街党委领导班子思想政治建设，坚持民主集中制，提高班子民主生活会质量。优先选拔政治品行过硬、党员群众认可、能够驾驭全局、敢抓敢管敢担当的干部担任镇街党委书记。完善抓基层党建工作述职评议考核办法、党建工作责任追究和督查机制，把基层党组织和基层政权建设、基层治理情况作为干部考核的重要内容，着力形成大抓基层的工作导向、用人导向。通过一系列互联互动和服务教育推动群众工作的开展，提升领导能力，优化政治生态；提升组织能力，优化社会生态；不断强化基层服务责任，规范服务行为；建立服务标准，提高服务效能。

（三）创新党建运行方式与基层治理秩序

实践证明，深化基层党建工作格局需要紧扣时代特点和基层工作特征，从加强党的全面领导以及基层建设和民众需求的整体视角来理顺基层党组织的建设逻辑，推动基层党组织的站位提升、功能拓展，把党建工作从“四堵墙内”拓展到“街头巷尾”，将党建工作融入治理网络。第一，在组织形态上，搭建“平台型”的党组织。党组织不仅要使利益资源、责任担当及社会主体权利义务得到公平公正的分配，而且要依靠法治的科学民主程序设计使更多主体能够亲自参与资源利益、责任义务配置的讨论、协商和决定过程。第二，在运作程序上，形成“对接型”的模式。在党建进程中强调“对接型”模式实际上就是融合科层化模式与扁平化模式的各自优势，实现上下相向信息传递，通过党组织领导整合与搭建民众合法表达意见的平台。第三，在决策机制上，健全“智库型”咨询机制。党组织作为决策机构，需要建立健全“智库型”的咨询机制，目的是将民众利益的“事后侧”表达变“事前侧”表达，变“矛盾因”表达为“利益因”表达，变“分散型”表达为“组织型”表达，彻底将矛盾产生后的“民怨”变为党组织决策产生前的“思想工厂”。

（四）红色名村建设与乡村振兴模式创新

红色名村因人或事而得名，将红色元素和党的主题融入乡村振兴，关键在于以人物或事件的文化厚度提升乡村振兴的精神气质，以红色文化助力乡村振兴，以乡村振兴成果充实红色文化内涵。在打造理想信念阵地、推动乡村振兴模式创新、拓展基层党建功能空间等方面，红色名村建设具有较大推广价值。第一，有利于深入挖掘提升红色资源，形成理想信念教育阵地。打造红色村要注重挖掘提升红色资源，对本地革命遗址进行修缮复原，以“讲解+体验”的模式，推出活动主题。将红色名村作为开展理想信念教育的重要课堂和提升乡村振兴影响力的重要载体，成为理想信念的教育阵地。第二，有利于红色引领绿色发展，打造乡村振兴样板。实施乡村振兴战略，是党中央做出的重大决策部署。红色名村是提升乡村品质、打造乡村品牌的重要抓手。打造红色名村要时刻结合乡村振兴的目标要求，聘请专业团队规划设计，把红色名村建设纳入乡村振兴总体规划，打造集参观、学习、旅游等功能于一体，具有革命传统体验、红色精神传承、绿色休闲观光等功能的红色主题旅游线路，让红色名村成为乡村振兴样板。第三，有利于推动党建全面发展，打造基层党建示范村。始终坚持以红色精神为灵魂，在红色名村突出红色标识和红色元素，开展“共产党员之家”挂牌践诺活动，推进阵地建设规范化，在党员活动室、便民服务中心等场地，推出党员红色先锋岗，设岗定责和志愿服务，使党员成为群众身边最具活力的“红色细胞”，着力将红色名村建设成为美丽乡村的红色地标。

参考文献

[1] 马华、马池春：《乡村振兴战略与国家治理能力现代化的耦合机理》，《江苏行政学院学报》2018 年第 6 期。

[2] 朱新山：《中国乡村治理体系现代化研究》，《毛泽东邓小平理论研究》2018 年第 4 期。

[3] 杨守涛：《乡村振兴战略语境下的基层协商与农村社会治理创新——M 县“群众会+”模式研究》，《领导科学》2019 年第 2 期。

[4] 陈进华：《治理体系现代化的国家逻辑》，《中国社会科学》2019 年第 5 期。

B.14

增城区非物质文化遗产保护传承的现状：问题与对策

夏文生　邹小琼　李　涛*

摘　要： 保护传承历史文脉，活化利用非物质文化遗产，是促进城市文化综合实力出新出彩、建设社会主义文化强国的重要内容。近年来，为满足人民对美好生活的向往，广州市增城区以绿色为底色、文化为灵魂、产业为支撑，围绕推动文化、旅游、体育、影视融合发展，构建高品质公共文化服务体系，健全现代化文化产业体系，打造高品质城市文化空间，提升城市品牌知名度和美誉度，正逐步跻身为宜居宜业宜游的现代化中等规模生态城区。作为广州市历史悠久的城区，增城有丰厚的文化基因和丰富的非物质文化遗产。分析广州市增城区非物质文化遗产的保护传承概况及其发展现状，可从中凝练非物质文化基因，探究非物质文化遗产保护传承和发展的路径，发掘取得的成效，彰显广州深厚的非物质文化底蕴，推动城市文化的传承与创新。面向未来，增城应进一步有效活化利用非物质文化遗产，充分展示其非物质文化遗产的历史积淀与资源优势，助力广州担当粤港澳大湾区文化枢纽角色，为广州建设社会主义文化强国城市范例做贡献。

关键词： 增城区　非物质文化遗产　保护传承　活化利用

---

* 夏文生，广州市委党校增城分校一级调研员；邹小琼，广州市委党校增城分校高级讲师；李涛，广州市委党校增城分校办公室副主任。

2018 年 10 月，习近平总书记视察广东并发表重要讲话，强调广州要让老城市焕发新活力，在综合城市功能、城市文化综合实力、现代服务业、现代化国际化营商环境方面出新出彩。广州市深入贯彻落实习近平总书记的嘱托，以老城市新活力，“四个出新出彩”引领各项工作，推动广州建设具有经典魅力和时代活力的国际大都市，而加强对非物质文化遗产（以下简称“非遗”）的保护传承，是增强城市文化综合实力的必要举措，也是推动广州文化强市建设的重要路径。非遗作为中华优秀传统文化的重要组成部分，是中华文明绵延传承的生动见证，凝结和传递着一个民族和地域的历史记忆、共同情感和经验智慧。保护传承并活化利用好非物质文化遗产，对铸牢中华民族共同体意识，建设社会主义文化强国具有重要意义。为进一步推动增城区保护传承非遗工作走深走实，促进城市文化综合实力出新出彩，助力广州建设成为社会主义文化强市，本课题组通过深入实地考察、座谈交流、问卷调查等形式对增城区非遗保护传承情况开展了调研，形成调研报告如下。

一　增城区非遗保护传承概况

增城是广州东部正在崛起的现代化生态新城区。自东汉建安六年（201 年）建县以来，增城已有 1800 多年历史。在悠久的历史长河中，增城人民在劳动、生活实践中不仅积淀了大量的物质文化，也创造了丰富多彩的非物质文化。这些民间文化瑰宝烙下了增城历史发展的印记，以世代相传的方式为增城后人留下了宝贵的文化遗产。

近年来，增城区委、区政府高度重视非遗保护传承和活化利用工作，主动探索非遗保护传承和发展的路径，取得了积极成效。

（一）开展普查，摸清家底

按照广州市对非遗普查工作的要求，增城区成立了非遗普查领导小组及专家顾问组等工作机构，开展了全面、深入的非遗普查工作。经过两次普查，基本上摸清了增城区非遗的种类、项目、分布及生存状况，并从中推荐部分项目到各级候选。目前经批准入选各级名录的非遗项目共有 43 项，其中入选国家级非遗名录 1 项：广州榄雕；入选广东省级非遗名录 3 项：舞貔貅、何仙姑与挂绿的传说、畲族拜祖公图；入选广州市级非遗名录 4 项：舞火狗、舞春牛、客家山歌“过山拉”、广东汉乐（增城）；入选区级非遗名录 35 项：竹雕、篆刻、罗派艺术粤剧、新塘帅府爷出巡过坊习俗、沙头竹席、黄塘头菜的制作技艺、剪纸、兰溪濑粉、灰雕、龙头雕刻（传统龙舟）技艺、荔枝木家具传统制作工艺、舞渔灯、宾公佛传说、舞麒麟、新塘鱼包、广东醒狮、击壤、花灯制作技艺、澳海老土豉油制作技艺、曲水流杯的传说、南山钓台的传说、朱村鸡饭制作技艺、五柳菜制作技艺、章陂大头菜制作技艺、增城鹅汤糍制作技艺、正果云吞制作技艺、喜记避风塘炒蟹制作技艺、正果腊味制作技艺、派潭凉粉制作技艺、增城传统木雕、增城荔枝蒸馏酒制作技艺、增城竹升面制作技艺、毛茶制作技艺、董氏中医正骨疗法、增城传统书画装裱技艺。全区各级非遗代表性传承人共 46 人，其中省级非遗传承人 2 人、市级非遗传承人 5 人、区级非遗传承人 39 人。为保障普查成果，有利今后的保护工作，增城区已建立了“非物质文化遗产保护中心”和非遗档案资料室（设在增城区文化馆）。

（二）出台政策，设立阵地

先后出台了《广州市增城区发展振兴非物质文化遗产三年行动方案（2020~2022 年）》《增城区非物质文化遗产传承基地管理办法》《增城区促进文化旅游体育产业高质量发展扶持办法》等规范性文件，为增城非遗保护工作和产业发展提供强有力的政策保障。并先后设立 1 个市级非遗工作站、1 个非遗工作室、17 个非遗传承培训基地、3 个非遗展示场馆，引入社会力量设立非遗生活馆 1 个，成为增城区非遗展示传播的重要阵地和工作抓手。

（三）形成产业，促进发展

近几年，增城区将非遗保护传承工作与乡村振兴、旅游业发展有机结合起来，取得了可喜成绩。如打造正果老街、1978 电影小镇等乡村旅游平台，让非遗有了相对集中展示和经营的场所，为非遗产业化发展提供了一定条件。

二 增城区非遗保护传承存在的问题及其原因

（一）非遗保护体系需要健全

一是上层设计与统筹力度不够。政府对非遗保护传承缺乏全面、系统、客观、深入的研究和判断，没有充分认识到非遗保护传承的重要性，重显绩轻潜绩，统筹经济建设、城市发展与非遗保护传承的力度有待提升。比如 2019~2021 年，三年间增城区各类涉及非遗的发文仅有 17 份，其中以区政府名义发文 3 份，以文体局名义发文 14 份。2019~2021 年增城区政府对非遗专项经费投入约 70 万元/年，对区级非遗代表传承人专项补助经费 5000 元/人/年，投入与发展需求明显存在较大差距。主要原因是文化产业前期投入较大，且周期长、回报慢，此外，随着科技的发展和生产力的提升，类似传统手工类的非物质文化受到现代化生产技术影响，开始转向批量化机器生产，手工艺人也从非遗制造者转成了非遗销售者，非遗的纯粹性受到严重冲击，多种因素下导致政府层面投入的积极性不足。二是中层联动机制不完善。在与广州华商职业学院的座谈会上，该院校代表反映政府在高职高专院校非遗传承与保护工作上的投入尚处于空白阶段，且没有沟通渠道，不清楚应向哪个部门申请政策和资金支持。据不完全统计，81%的人认为增城区在非遗保护传承中存在体系建设不完善、工作落实不到位、职能分工不够细化、可操作性有待增强等问题。同时各部门之间没有形成合力，统筹安排有所欠缺，导致实际参与非遗保护传承工作的部门较少，实施过程中方向不明确、进度不一致，无法形成共识与合力。三是基层认同感不强，参与不多。表现在基层群众对非遗缺乏情感认同，主要原因是宣传引导不足、传播力度不够。当前增城区非遗宣传多是依靠地方媒体或是相关单位公众号，或是散见于部分非遗技术的生活馆和工作站，宣传平台影响力小、受众面窄，未能融入群众的日常生活。大规模、全方位、高频率的宣传推广和体验活动较少，缺乏有影响力的传播载体和被广泛看得见的传播形式，在外来文化和快餐文化日益强大的宣传攻势下，传统音乐、舞蹈、美术、餐饮等的传播渠道越来越窄、受众越来越少，非遗生存环境受到极大的威胁和挑战。

（二）非遗保护传承与发展各环节人才配备失衡，产业发展的关键力量不足

一是在上游缺乏足够专业的专职“保护人”。增城区至今还未落实非遗专业编制人员，仅有两名兼职工作人员，尚未建立一支比较稳定的、数量充足的专门从事非遗保护的工作队伍，难以承担繁重的工作任务。同时缺乏专业型、复合型管理人才，对非遗保护的深入研究、合理利用等工作的深度指导有待加强，保护工作难以做到科学化、规范化。二是在中游缺乏愿传承和能传承的资深“守艺人”。传承人是非遗传承的关键，许多优秀的民族文化之所以能够流传至今，最关键的就是始终有一定数量的传承人不断将非遗文化加以延续。但目前增城非遗传承人老龄化日益成为困扰非遗抢救保护的突出问题，老传承人一旦去世，容易出现“人亡艺绝”的情况，无法找到可以传授技艺的接班人。另外，增城区非遗项目代表性传承人的传承方式以家族传承、师徒传承为主，虽然采取了非遗进学校等措施，青年一代对非遗愈加感兴趣和重视，但由于学习周期长，经济利益少，非遗工作者社会地位不高，导致年轻群体缺乏传承非遗的动力。三是在下游缺乏专业的非遗推广人。根据问卷调查结果显示，82.1%的人认为创新型推广人才在非遗传承中是十分缺失的。

推广人不应只是宣传非遗，更主要的是能够合理活化利用非遗，使非遗产生一定的经济社会效益。而目前，由于非遗传承的商业模式建立困难、经济效益不高等，缺乏能够对民风民俗、民族歌舞、民间绝技、民间工艺、民族医药等非遗资源进行包装推广的优秀运营者，推进非遗资源向产品转化、产品向产业转化的力度不大。

（三）非遗活化利用不充分，活化模式创新不够，发展路径不多

一是活化利用深度不足。目前，增城区非遗活化利用普遍以“非遗+产品”（榄雕）、“非遗+表演”（醒狮）、“非遗+工程”（灰雕）以及“非遗+旅游”（正果老街）模式为主，看似形式多样，但不同非遗项目往往趋向于其中一种开发模式，且多年如一，融合与创新发展不足。对于“非遗+直播”“非遗+创意”等探索不够。不同类别的非遗项目之间发展不平衡，基本上是单一经营和粗放型发展，没有形成具有本土特色的完整的产业链。“非遗”的传承发展停留在初始层面，除了美食类的非遗产业化发展（如正果云吞等）较好，以广东醒狮、竹雕等为代表的表演类和技艺类非遗均未形成明显的产业化和市场化，未形成成熟的商业模式，主要还是以政府支持为主。二是活化利用的基础不牢。一方面，增城区非遗市场主体规模普遍较小，多以个体工商户形式开展经营，多数市场主体尚未建立完善的现代企业制度，发展局限性较大。开发以政府行为或政府资金补助为主，对政府的依赖度较强，且往往投入与产出失衡，非遗项目自我生存能力较低。另一方面，社会组织、企业对非遗发展信心不足，投入和研发的积极性不够，没有充分发挥社会和市场的主体行为进行活化开发，导致非遗形成新业态的速度大大降低。三是活化利用优秀传统文化的亮点不多。主要表现为尚未形成品牌效应，在参与乡村振兴与推动乡村旅游中，以文塑旅、以旅彰文深度不够，未能很好地推出一批具有鲜明增城特色的非遗特色主题旅游线路、研学旅游产品和演艺作品，“非遗促旅游”“非遗促产业”方式不多，品牌不够凸显。

三 加强非遗保护传承的对策建议

（一）强化高层重视，切实转变观念，建立科学化、制度化的非遗保护传承体系

一是提高站位，高度重视。非遗是祖先留给我们的宝贵财富，是民族的精神命脉，做好保护传承工作功在当代，利在千秋。区委区政府要从讲政治的高度，增强紧迫感责任感，把非遗保护传承利用列入重要议事日程，用工作的实绩实效，捍卫“两个确立”、践行“两个维护”。增城区委党校尝试将非遗文化引进主体班课堂，由党校老师开设历史文化保护传承课程、章镇布艺技师教授布艺手工缝制和蜡染技艺、学员亲自动手制作非遗产品，深受学员欢迎，课后许多学员带孩子到章镇布艺参与布艺制作。建议区政府定期举办“增城区非遗活动周”，让非遗进社区、进村居、进广场，通过举办非遗展览、非遗体验、赢取非遗奖品等活动，让非遗走进人民群众日常生活，提升非遗在全社会的节日感和仪式感，促进非遗逐渐深入人心。借助新时代文明实践中心，整合打造集非遗文艺展示、孵化、交流等平台于一体的文化阵地设施，打造非遗课堂、文化小馆等特色功能室，自上而下形成充分重视非遗、自觉保护非遗的良好氛围。二是加强推广，提升影响。充分利用“名人效应”带来的流量作用，以短视频平台直播方式邀请当红主播进行直播带货，在直播平台进行非遗手工的展示、文艺表演，在直播中讲述非遗，提高非遗知名度，促进手工、美食等的销量，带动经济效益，形成非遗保护传承的可持续发展动力。突破区域宣传媒介局限，邀请中央电视台、广东卫视等主流媒体到增城区拍摄宣传片，邀请综艺节目、影视作品到增城区取景拍摄，进一步提升增城非遗的知名度，使增城成为各类群体的“打卡圣地”。在这方面，增城区传承和利用得比较好的有增城何仙姑文化，目前正在立项打造具有本区特色的何仙姑文化及其相关文创作品，有望成为保护传承增城区非遗的亮点和典范。另外，综合运用“请进来”和“走出去”相

结合的模式，组织学生、旅游团等群体参观，到全国各地参与各大展会，进一步扩大增城非遗知名度和影响力。三是建章立制，加大投入。成立“增城区非遗传承保护领导小组”，建立健全联席会议制度，通过多部门联动，加大工作统筹力度，精准施策，精准投入，把非遗保护工作纳入考核评价体系，全面落实政府职责，奠定坚强基石。制定可落地、具有操作性的保护细则，并进行全过程监管，形成长效监督体系，确保措施落实到位。加大非遗保护传承与发展经费投入，采取定向资助、贷款贴息、税收优惠等政策措施，支持非遗基础设施建设。鼓励预算单位根据工作需要采购非遗相关产品和服务。鼓励和引导金融机构继续加强对非遗的金融服务。支持和引导公民、法人和其他组织以捐赠、资助、依法设立基金会等形式，参与非遗保护和传承。

（二）加大培养力度，强化队伍建设，夯实非遗保护传承全链条人才保障基础

一是配齐配强骨干。加强文化职能部门非遗保护工作方面的人才队伍建设，培养专职人才，提高研究和管理水平。建立一支热爱非遗、专业知识丰富、具有奉献精神的相对稳定的专兼职非遗保护工作队伍，培养一批能够适应和承担新形势下非遗保护工作的业务骨干，并拓宽培训渠道，扩大培训规模，摸清培训需求，定期邀请专家深入指导开展非遗保护与传承工作。同时，对传承人进行相关非遗类型领域的文化内涵培训，增强其对自己所掌握技艺的认识和理论升华，更新其传承理念和思路，增强其职业认同感。二是壮大传承队伍。提供优惠条件和政策，提高非遗传承人的社会地位和荣誉感，支持民间匠人参与文化保护工程项目的实施，对有代表性的非遗传承人进行认定和命名，支持、表彰、奖励有突出贡献的非遗传承人及传承团体。明确非遗保护学科的人才培养目标，推动将传统工艺等列入高等院校、职业院校教学内容，建设以传统工艺传承保护为核心的产学研协同创新平台。如广州华商职业学院于 2020 年建立了以广东醒狮和剪纸为主的非遗教研基地，教研基地以学生社团为载体，通过剪纸作品展

和醒狮表演在校园引起了极大轰动，勾起了全校师生对非遗的浓厚兴趣，省教育厅官网也对此进行了报道和肯定。同时要广泛开展社会性的非遗专题培训或科普讲座，潜移默化地开展教育，激发更多的兴趣爱好者加入非遗保护传承工作。通过建立激励机制、给予特殊补贴、帮助推广创业等方式吸引更多的年轻人加入非遗传承队伍。三是打造专业团队。政府要通过政策引导、加大投入、优化环境等方式，吸引更多的商业机构或社会组织参与非遗的活化利用，培养一批善于整合非遗元素、善于进行文旅融合的专业运营人才，通过现代化手段多措并举合理利用非遗，创新非遗发展思路，建设非遗工坊，打造特色品牌，主动融入市场，走非遗产业化道路，形成产业链。正果老街、章镇布艺等，都是通过专业团队建立公司化运营的模式达到了文化保护传承与经济效益相互促进的目的。特别是正果老街，当地政府在完成基础设施建设和引导后，将老街交由旅游开发公司运营，公司对每一家进驻的店铺进行规划和精细化管理，同时通过网络赋能、直播节目推介、美食活动推广等全方位宣传，成功聚集一大批非遗美食店铺，打造出了极具非遗特色的美食文旅名街。

（三）创新活化利用模式，形成新业态，实现非遗可持续发展

一是整合资源，创新模式。充分动员和联合文联、非公企业、服务外包等各方资源和力量，注重发挥民间社会组织的作用，积极扶持民间组织和单位参与非遗相关创作，招募民间团队进入文化文艺小分队，鼓励和支持企业、民间资本和人才投入非遗传承和发展。到典型案例所在地进行考察调研，邀请专家学者座谈交流，将特色非遗产品的生产、销售、体验与特色节庆、会展、培训等相融合，充分运用市场机制，依托项目带动，合理开发和利用文化遗产，多措并举不断创新和丰富产业业态。二是强化统筹，融合发展。增城区连续两次获得珠三角片区县乡村振兴实绩考核第一名，而增城区大部分非遗均与乡村美食和乡村习俗有关，非遗保护、乡村振兴绝不是两条平行线，应从部署规划的顶层设计层面将二者紧紧拧在一起，和谐共生，取长补短，以乡村振兴推动非遗保护利用，以非遗保护利用促进乡村振兴，

双动力推动增城经济和文化的高质量发展。比如正果老街，近年来通过积极探索榄雕、竹编、鹅汤糍、竹升面等“非遗+文创”有机融合，激发农村生态资源市场需求，提升了农民群众参与度，拓宽了就业创业渠道，促进农民增收，2020 年全镇农民人均纯收入 29496.16 元，同比增长 12%。白水寨景区是省内著名景区，派潭老街建筑保护完好，周边风景优美，是建设风情老街、集聚非遗产业的好平台。建议加强招商引资，及早启动建设。三是打造品牌，形成示范。2020 年 10 月 12 日，习近平总书记考察调研了潮州，潮州的牌坊街作为非遗活化利用的一个经典案例得到更大的关注。增城区夏街古驿道同样有着丰富的历史文化资源和古建筑资源，是目前增城城区仅存且保存完好的古驿道，全长约 800 米，由麻石铺砌而成，麻石路面两侧历史建筑形态保存良好，保留着数座规模较大的祠堂以及众多风格完整的古民居，文物古迹包括通明桥、廻龙关、天后宫、石王庙、黎氏宗祠、双孖祠堂、西溪祖祠中祠堂（忠恕堂）、镜湖王公祠、天恩楼、岁魁匾、槐荫堂、贺榛旧屋、扶瑶府遗址等，每一处古迹背后都有着厚重的故事，每一栋建筑上都有着独特的技艺。建议以夏街旧村改造为契机，以潮州牌坊街为参考，建立夏街非遗古驿道，把增城非遗集中在这 800 米的古驿道两旁，整合打造集本土非遗展示、推广、体验为一体的前沿阵地，与 1978 电影小镇、增江画廊联合建设成为具有文化内涵的休闲娱乐、文化体验长廊。

增城非遗资源丰富，生态环境良好，区位优势明显，周边城市人口众多，“非遗+旅游”产业发展前景可观。我们期望全社会动员起来，进一步提高认识，关心并参与非遗保护传承和发展工作，为广州创建全国文明城市，实现经济、文化全面可持续发展贡献力量。

参考文献

[1] 王世福、邓昭华、易智康：《人文广州：社会主义文化强国的城市范例》，广东

人民出版社，2021。

[2] 中共广东省委党校（广东行政学院）编《新时代广东创新实践案例（第一辑）》，广东人民出版社，2021。

[3] 广州市增城区文化广电旅游体育局：《增城区非物质文化遗产》，2022 年。

B.15

“活化乡愁记忆　构筑精神家园”的城市更新经验

——以黄埔区文冲街打造“广州幸福里”为例

王超　于龙*

摘　要： 黄埔区文冲街牢记嘱托，坚持人民城市人民建、人民城市为人民的重要理念，着力用绣花功夫推动老城市焕发新活力，着力突出“乡愁”“精神”两个主题，以城市有机更新为主线，从个人记忆、百年党史、民族复兴三个层面丰富“乡愁”内涵，打造传承红色基因、弘扬家风传统文化的精神高地，形成了诠释乡愁与幸福、书香与精神、更新与凝神、经典与魅力的“广州幸福里”打卡点。

关键词： 乡愁　城市更新　黄埔区　文冲街　“广州幸福里”

每个地方都有让大家留念的东西。乡愁，或许是妈妈的唠叨、儿时的玩伴、嘴里的零食、屋前屋后的草木；也许是一段英雄的故事、一颗闪闪的红星、一本讲述革命先烈的小人书；更或许是搬迁新居的喜悦、城市灯光秀的美感、家人围坐谈笑的幸福。乡愁是铭记历史的精神坐标，“记得住乡愁”表达了人们对美好家园的期盼。现代化和城镇化不能割断乡愁，城市有机更新更要保护好这份珍贵的记忆。近年来，黄埔区时刻牢记总书记“记得住

* 王超，澳门科技大学社会和文化研究所2022级国际关系专业博士生，广州行政学院市情研究所所长，教授；于龙，广州市黄埔区文冲街道办主任。

乡愁”的殷切嘱托，用百年党史智慧力量引领城市有机更新，形成了系列阶段性成果。特别是对文冲街历经十余年的改造，牢牢把握住了乡愁主线和精神主旨，从个人记忆、百年党史、民族复兴三个层面来丰富乡愁内涵，将陆氏大宗祠和邵山书院等 26 处古建筑按 1∶1 的比例整体“打包”移建，最大限度地保留了历史风貌，通过建设党风家风馆、党刊百年文脉馆、业兴馆、民乐馆，升旗广场、文冲牌坊、幸福之光人民大舞台等系列场馆坊台项目，打造文冲传承红色基因、弘扬家风传统文化的精神高地，形成了诠释乡愁与幸福、书香与精神、更新与凝神、经典与魅力的“广州幸福里”打卡点。

一　问题的提出

“城市更新”的概念自 20 世纪 70 年代在西方发达国家城市管理领域被提出以来，逐步被国际社会广泛接受。城市更新是对城市中某一衰落的区域进行拆迁、改造、投资和建设，使之重新发展和繁荣。它既包括对客观存在实体（建筑物等硬件）的改造，也包括对生态环境、空间环境、文化环境、视觉环境、游憩环境等的改造与延续，以及邻里的社会网络结构、心理定式、情感依恋等软件的延续与更新。改革开放以来我国城市化进程不断加快，由于受到土地资源的刚性约束，城市化与城市更新交织在一起，城市化要借助城市更新来完成。初期，在粗放的城市管理模式之下，许多城市的地方政府往往通过大拆大建来完成城市更新，在这过程中，很多城市的文化遗产遭到破坏，有些甚至遭到毁灭性的破坏。

追求城市高品质已经成为国际城市发展的重要趋势。城市品质已经成为人们定义城市、选择城市和建设城市的重要考量标准。这必然要求推动城市发展价值取向的根本性转变，即由物质形态价值向社会形态价值转变，由注重经济增长向追求多维人文目标转变。除了多样的城市公共空间、完善的城市公共设施，丰富的历史文化资源也是形塑良好城市品质的关键要素。有预测显示，品牌老字号、古迹文化等资源是未来产业和城市发展的稀缺资源。

未来哪个城市能够率先认识、善于挖掘和提炼自身的历史文化禀赋，哪个城市的发展就会更具有魅力。

城市的历史文化遗产是一个城市的独特记忆，是城市的文化底色，也是城市发展的宝贵资源。依据我国有关的文物保护法以及其他相关法律和政策的界定，城市历史文化遗产包含了城市中的各级文物保护单位、历史文化街区、镇村。随着保护工作的深入，在对历史文化遗产保护实践过程中，又把城市的“历史文化风貌区”、历史建筑等纳入历史文化遗产的范畴。历史建筑不同于文物保护单位，其历史价值弱于文物保护单位，一般是具有代表性的近代建筑，如花园住宅、工厂厂房、码头仓库等。文化遗产是一个城市历史的遗留和浓缩，是城市的根脉，它与城市现代化并不矛盾，城市只有延续历史风貌，才能呈现其文化意义，只有新旧并存的城市才是真实的城市。广州作为一座历史文化名城，历史文化底蕴深厚、资源丰富，既有丰富的红色文化资源，又是岭南文化的发源地，承载着城市的精神品格和理想追求。在城市更新中，在对城市中心区老旧社区改造的同时把文化记忆挖掘整理出来，留住城市文脉的“根”，以此推动老旧社区改造提质升级已成为城市区域功能模板的重要组成部分，也是推动城市更新的核心要素。

二　文冲街打造“广州幸福里”的实践

“广州幸福里”项目位于黄埔区文冲街，自 2010 年起，文冲旧改工作正式推进。2019 年以来，黄埔区制定“城市更新 10 条”旧改新政，文冲旧改进度明显加快。2020 年，文冲街制定了《“活力文冲”建设专项工作方案》，全面推进“活力文冲”建设。为此，街道党工委、办事处在原先陆氏大宗祠古建筑群项目基础上，邀请知名专家、媒体人等进一步进行提升策划，提出了“广州幸福里”这一项目并将其纳入“活力文冲”专项工作。截至 2021 年 7 月 1 日，“广州幸福里”第一期“幸福之源”党风家风展览共 7 个馆已经完成建设布展，“幸福之光”庆祝中国共产党成立 100 周年水舞演艺秀已经顺利举行，落实“幸福民生十件实事”正在有条不紊推进之中。第二期“幸福关爱空间”、建设“百姓幸福大舞台”等阵地建设和空间营造进入策划实施阶段。依托“幸福之源”党风家风展览，文冲街道弘扬光荣传统、赓续红色基因，把红色文脉和文冲八百年古村落文化结合起来，办好办实“幸福民生十件实事”，推动“幸福关爱空间”等后续项目落地，把“谋幸福”“知幸福”“传幸福”的理念化作群众实实在在的幸福生活。

（一）学史奋进“爱”扎根，在城市更新中赓续红色精神

黄埔是一片红色热土，见证了国民革命的硝烟、早期共产党人的浴血。在城市更新中，要传承城市文脉，赓续红色精神，把在党史学习教育中淬炼出来的红色力量转化为履行新时代使命任务的强大动力。为了扩大党史红色教育对群众、居民的辐射面，文冲街始终把爱党爱国爱家的红色精神培育作为党史学习教育与城市更新发展的结合点，既通过党史学习教育使广大党员群众明了发展和为民之理，又通过城市更新感悟“续写当代党史”的自豪感，达到在教育中明理、在实践中改造的效果。同时将红色资源与休闲旅游、城市更新、市容市貌整治等工作结合，形成叠加放大效应，将城市社区打造成集展览、教育、培训、体验、休闲于一体的多功能社区。

一是将红色资源融入城市更新。文冲街“幸福之源”党风家风展馆利用互动感强、趣味性强的裸眼3D、动画游戏、视频投影、自助唱吧、H5二维码等现代化媒介来传播红色文化，从家风促党风、党风促党建出发，充分利用现有古祠堂空间，融合红色文化和传统文化，设置党风家风馆、政通馆、城美馆、文昌馆、业兴馆、民乐馆等主题馆，全方位展示文冲人民各个历史时期的生活场景，打造文冲传承红色基因的精神家园。同时建设广东省首家反映党刊百年发展脉络与实践探索的专业展馆，以“党刊的历史使命与时代价值”为主线，展示不同时期党刊传承发展的红色基因和历史精神，持续提升红色教育点承载量，扩大红色教育辐射范围。

二是将红色元素嵌入城市景观。文冲街始终将红色教育与城市更新、环境提升等工作同谋划、同部署，让城区的大街小巷成为鲜活的“红色教科书”，围绕“家国情怀”打造了800平方米的升旗广场，串联一批可看、可

学、可用的党建阵地，着力打造“15 分钟党群服务圈”。文冲街在“广州幸福里”打造了别具特色的幸福之光人民大舞台之“幸福之光·红色传承”庆祝中国共产党建党 100 周年水舞演艺秀表演，用水上幕布的形式播放在中国共产党带领下中国大事记的经典画面，用多元化的影像素材生动诠释了中国共产党百年奋斗的光辉历程。

三是将红色教育植入公共空间。文冲街成立大党工委“1+8+N”学党史小组，形成街道、社区、“两新”组织、群众“四级联动”合力，精细绘制党史学习教育“责任图”，让党史学习教育覆盖全街 44 个党组织、近 1670 名党员。挖掘整合市、区、街、社区各级红色资源，实施“图说党史”流动课堂等“双百”行动。通过教授专家“引进来”、实地践学“走出去”、贴心服务“送上门”等形式，开展“以赛促学”党史知识竞赛、“以读促学”红色故事会、“观影促学”红色电影赏析课等 130 场次，有 8300 余人次参加，打造党员群众沉浸式学习体验。“幸福之源”党风家风展馆内设飞屏互动，观众点击触摸屏，老一辈革命家红色家风的故事便在大幕上播出，可获得一场“面对面”的精神洗礼；政通馆则通过 VR 人机交互设置，以科技赋能为观众展示“政通人和、百业俱兴”的文冲全景；城美馆和业兴馆作为文冲城市更新和数字经济“双引擎”的展示舞台，以旧改实绩和产业数据为居民支持乡村振兴注入新动能；文昌馆内非遗传承人与观众现场互动；民乐馆将居民幸福生活场景投影展出，营造人人均在“幸福里”的氛围。

（二）统筹规划以“文”领航，在城市更新中留住乡愁记忆

文化是一座城市独特的印记，是城市最好的底色，承载着城市历史，体现着城市品格，凝聚着城市精神。黄埔区文冲街用先进的城市文化理念引导城市社区的发展，不断丰富社区自身的文化内涵，找到属于自己的文化发展路径，努力创新和发展属于自身的城市文化，使城市永葆鲜明的特色、鲜活的灵魂和蓬勃的生机。

一是祠堂文化“活”起来，走“新”更入心。文冲街古建筑群整体复

制移建至文化广场水塘沿线，利用祠堂书院空间，叠加新时代文明实践站、有事好商量党员议事厅、颐康服务站、非遗传承基地、退役军人服务站等服务及功能场所，使祠堂成为党员群众议事、育人、娱乐的“大平台”，推动古祠堂“旧器”焕发新光彩。发布《我在广州幸福里》主题曲目，把醒狮、龙舟、粤曲这些最能代表文冲传统文化元素的内容写进这首文冲主题曲里，时尚而不失韵味，共同传递文冲幸福之声。

二是文明家风“传”下去，铸“魂”又聚神。文冲街围绕中华传统文明家风做好城市更新绣花功夫，结合文冲村 800 年的历史传承，融合“党建+文化”，导入文化创意产业项目，还原古村落历史记忆，推动古建筑焕发新彩，筑牢文冲百姓爱党、忠国、齐家、睦邻、修身的文化基因，以党风带文明家风，打造文冲弘扬家风传统文化的精神高地，丰富文冲百姓“文武兼备、智勇双全、冲锋陷阵、争创一流”的奋斗精神和活力风采。

三是先进典型“立”起来，示“范”扬正气。黄埔区和文冲街大力营造学先进、赶先进、当先进的浓厚氛围，通过身边人讲好身边事、身边事激励身边人，引导各级党组织和广大党员从先进人物、先进事迹中汲取力量、奋勇前行、共建家园，对王玉祥等 142 名“光荣在党 50 年”的老党员代表颁发纪念章。开展党支部和党员星级评定工作，通过表彰先进、选树典型把党的优良传统传承好、弘扬好。积极做好表率，围绕疫情防控、旧改攻坚、交通整治、安全生产等方面积极发挥党员先锋模范作用，为文冲建设发展做贡献。

（三）共治共享“暖”布局，在城市更新中提升邻里温情

人民城市人民建，人民城市为人民。城市更新离不开人民群众，必须坚持一切为了人民，一切依靠人民，实现好、维护好、发展好群众利益。文冲街把城市更新工作与增强群众获得感紧密结合，持续深化拓展区、街道、社区三级党群服务阵地，推动党群服务全面向小区延伸覆盖，办好“家门口的党建阵地”。通过改造盘活空间，打造“幸福关爱空间”，形成涵盖老中

青幼的完整公共服务体系，落实十件幸福民生实事，让群众看得到改变，享受到好处，形成良性循环。

一是做足绣花功夫，力争为民服务“全覆盖”。文冲街以街道党群服务中心为一核，划分“广州幸福里”之“幸福之源”党建片区、中国软件CBD智慧党建片区和城市“心”光社区党建片区三大特色党建片区，辐射联动八个社区党群服务中心，构建上下贯通、执行有力的党建组织体系，为街区发展提供坚强组织保障，“零距离”“直通车式”解决园区内企业诉求。联合多方建立状元谷人才活力驿站，系统打造人才创新、创业特色园区，构筑高品质党建服务平台。通过在改造后的社区空间中建设长者饭堂、老年大学、参事议事厅、谈心咨询室，网红打卡点、文化活动馆，幼托空间等，打造“幸福关爱空间”，在古色古香的传统空间中引入现代化公共服务，让不同人群都可以找到所需的贴心服务，形成“令行禁止、有呼必应”党建引领基层共建共治共享社会治理格局。

二是坚持工匠精神，开展“双微”行动“暖服务”。文冲街聚焦热点需求、居民期盼，坚持做到哪里需要建哪里、居民需要什么就提供什么，以“我为群众办实事”实践活动等十件民生实事为基点，推出改革创新举措。设置“双微”行动心愿树，开启街道、社区、网格、群众认领模式，累计收集“双微”行动项目86个，已解决项目53个。健全老、幼、病、残等人群分类分级社会救助机制，开办老年人文化培训班，满足辖区退休老年人文化培训需求，使老年人老有所养、老有所学、老有所乐；成立文冲街综合养老服务中心（颐康中心），引入家居能手“小度”等智能化设备，以及相应的适老化项目改造，该中心将着力搭建一站式综合养老服务平台，为辖区内老年人提供多元化、个性化、智能化的专业服务。全面贯通文冲中路、开通中国软件CBD便民车，提高社区群众的获得感、幸福感、安全感。

三是增强大局意识，完善治理体系“强效能”。文冲街着力构建“1个大党工委+4张网（党的组织网、社区服务网、居民自治网、社会组织网）+N个党群活动阵地”的“1+4+N”社区治理体系，健全政治、法治、德治、自治、智治相结合的治理机制建设，形成“一核三片八区”的党群服务体系，彰显党建引领，使得人人共建、人人共享成为文冲的新时代底色，不断筑牢上下贯通、执行有力的党建组织体系，为街区发展提供坚强组织保障。

（四）知行合一“干”为要，在城市更新中主动担当作为

文冲街认真践行“带领人民群众创造美好生活是我们党始终不渝的奋斗目标”的理念和要求，把城市更新作为一项系统工程，在城市更新工作中锻炼党员干部，用城市更新成果检验干部，广大党员干部用知重负重、攻坚克难的实际行动，诠释对党的忠诚、对人民的赤诚，充分体现了各级党组织和党员干部的政治担当，达到了用党建引领城市更新而提升群众幸福感和获得感的积极成效。

一是把握城市更新机遇，在新发展阶段奋进前行。文冲坚持既要留住乡愁，也要把握未来的政治站位，牢牢抓住“一江两岸三片区”布局的新机遇，以实体经济为场景，围绕人工智能与数字经济积聚一批战略支柱性产业项目，推动数字经济产业链群高质量发展，在城市更新中让昔日村级工业园蝶变为数字创新区，加快建设数字经济与实体经济融合的新标杆，中国软件CBD、中国游戏软件谷、智能网联创新中心已建成交付使用。

二是落实城市更新要求，把新发展理念贯穿始终。文冲街深入践行新发展理念，把新发展理念贯穿城市更新的全过程和各领域，明确了以旧改提升城市“颜值”、以“颜值”催生街区“价值”这一实现“老城市新活力”的提升路径；通过打造高端的生活配套、教育配套、医疗配套等“高颜值”软硬件环境，把高端的人才引进来、聚起来，以高颜值、高标准、高服务的生活环境让人才在文冲安心扎根，力争在增强创新第一动力、集聚人才第一资源方面实现新的突破。与黄埔区委组织部、区政数局、园区党委、企业多方联建共建广州黄埔状元谷人才活力驿站，突出政治、服务、活动三大功能，优化辖区营商环境，实现“诗和远方”兼具。

三是提升城市更新品质，积极参与构建新发展格局。文冲着力打造广州

第二CBD核心区，通过城市更新，释放大量空间要素，统筹好产业、居住、公共服务和环境等空间布局，牢牢把握广州人工智能与数字经济试验区发展机遇，坚持高标准导入新兴主导产业，吸引飞腾、统信、麒麟、百度等人工智能与数字经济技术发展前沿项目落地文冲。

三　主要成效及经验启示

文冲街道在城市更新中取得了明显成效，创造了一系列经验，对于黄埔区其他旧改项目乃至广州市全面推进旧改工作，都具有一定的参考价值。

（一）主要成效

十年旧改，文冲城市面貌焕然一新，工作成效显著，主要体现在以下几个方面。

一是旧改项目顺利“双清零”。2021年2月，涉及2524栋房、1916户、4896人的文冲石化路以西城中村旧改项目，已实现签约率、清拆率“双100%”，为连片打造广州科技创新轴、广州人工智能与数字经济试验区鱼珠片区打下坚实根基。

二是城市环境全面改善。文冲街道在推进旧改过程中，扎实开展“四治”“散乱污”整治工作，100%完成排水单元达标、年度拆违、企业排查等整治任务，以旧改工作为总牵引，实现了街道颜值更高、旧村形象更好，助力居民生活和城市品质双提升。

三是“广州幸福里”逐渐形成品牌效应。2021年以来，文冲在顺利旧改的基础上打造“广州幸福里”，以“谋幸福、知幸福、传幸福”的理念，全面展示美丽的、幸福的、社会和谐的美好文冲。围绕“广州幸福里”将全面建设囊括商业、文化、旅游在内的美丽文冲，全面提升街区品牌价值，助力文冲高质量发展。

四是高端产业渐次导入。当前，文冲街道正对标深圳南山粤海街道等优质产业品牌，沿线布局产业链，大力加快建设中国软件CBD、中国游戏谷等，推动飞腾、统信、麒麟、百度等项目落地运营、产生效益，引导新兴优势产业进驻，让旧城洼地崛起为新城宝地。

（二）经验启示

1. 实行党建引领是城市更新有序开展的根本保障

党的十九大报告提出了新时代党的建设总要求，要求加强基层组织建设，夯实党的路线方针政策和决策部署贯彻落实的基础。文冲街道深刻体会到：有了强有力的基层组织、有了先锋模范的党员群体，工作开展就有了更牢固的基础、更强力的保障。一是实行党建引领，核心是政治引领。文冲街道明确提出：城市更新工作不是单纯的经济问题，更主要的是政治问题。街道党工委因势利导，以换届选举为契机，推动社区党委（支部）班子成员同经济联社等经济、社会组织实现领导交叉任职，推动基层党组织成为本级其他经济社会组织的领导核心，带动引领各个组织朝着同一目标、同一方向稳步迈进，从而筑牢城市更新的政治基础。二是实行党建引领，重点是思想引领。城市更新进度迟缓，很大程度上是思想没有跟上。文冲街道把打通居民群众的思想关作为党建引领的重点，实行一户一对策、一栋一办法，由党员担当先锋模范，为居民群众讲政治、讲政策、讲好处，潜移默化带动绝大部分群众完成思想转变，主动支持本街道的旧改方案，夯实城市更新的思想基础。三是实行党建引领，关键是方向引领。做好旧改工作，要虚心听取群众的意见建议，但又不能“脚踩西瓜皮，滑到哪里算哪里”，统统按照群众意见办。关键时刻，党组织必须拿出办法、指清方向。文冲街道要求社区党委（支部）决不能落在群众后头，只看到具体问题、不顾及工作大局。通过党组织在关键时刻提前介入，各级党组织把握住旧改过程中的议题设置，引领了工作方向。在此基础上，再根据居民群众意见对方案进行不断完善调整，确保城市更新工作有序开展。

2. 维护群众利益是城市更新顺利推进的关键举措

习近平总书记在庆祝中国共产党成立 100 周年大会上的重要讲话中指出，江山就是人民、人民就是江山，打江山、守江山，守的是人民的心。文冲街道深刻体会到：城市更新离不开人民群众的支持，必须坚持一切为了人民，一切依靠人民，实现好、维护好、发展好群众利益。一是维护群众利益，必须增强群众的获得感。文冲街道把旧改工作和增强群众获得感紧密结合。通过改造盘活空间，打造“幸福关爱空间”，形成涵盖老中青幼的完整公共服务体系，落实十件幸福民生实事，让群众看得到改变，享受到好处。而公共服务的进一步便利和周边环境的进一步改善，又提升了当地地价，提升了村集体物业的出租收入，给予居民群众更多的经济回报，就此形成良性循环。二是维护群众利益，必须增强群众的幸福感。文冲街道瞄准“人民幸福”这一关键着力点，通过保留陆氏大宗祠等古建筑，传承延续文冲文脉，打造“幸福之源”党风家风展馆，为居民群众开展党史学习提供教育基地，为居民群众感受乡愁提供实物场地。实现感党恩和忆乡情结合、赓续文脉和传播幸福结合、品味生活和展望未来结合。三是维护群众利益，必须增强群众的安全感。文冲街道明确提出要科学稳妥地处置各类矛盾，让旧改工作和增强群众安全感紧密结合。街道要求党员干部开展直联服务群众，以处置旧改利益纠葛和矛盾纠纷为重点，着力构建群防共治力量，辖区群众安全感、满意度进一步提高，通过党员影响先进群众、先进群众教育一般群众，从而加强社会治安综合管控，确保社会氛围安定、和谐有序。

3. 坚持“老城市新活力”是城市更新获得成功的有效路径

2018 年，习近平总书记在视察广州时强调，城市文明传承和根脉延续十分重要，传统和现代要融合发展，让城市留下记忆，让人们记住乡愁。文冲街道深刻体会到：要用绣花工夫，通过旧改来推动“老城市新活力”，城市更新才能获得人民群众的充分理解和支持。一是坚持“老城市新活力”，必须保留文化灵魂。在推进旧改过程中，文冲既留住了“老城市”的面貌，又留下了“老城市”的文化灵魂。在完整保留已有 800 年历史的古建筑群的基础上，农村文化、古建筑文化以及包括舞狮在内的一些民间传统活动也以此为依托保留了下来。居民赞许地表示：我们的村子还在这里。二是坚持“老城市新活力”，必须擦亮城市活力新品牌。文冲街道坚持对标最优最好，擦亮产业、宜居、党建三大品牌。擦亮产业品牌，借力媒体报道对街道产业发展规划进行深度剖析，广泛推介文冲产业前景。擦亮宜居品牌，邀请中山大学艺术学院姚友毅教授（中山大学校徽设计者、国庆60周年广东花车设计者、世博会广东馆设计者）全程策划指导并设计推出广州幸福里logo及相关衍生文创产品，全面展现城市更新后文冲的幸福生活。擦亮党建品牌，同南方杂志社合作设立“南方党建智库文冲工作站”，研究探索党建引领基层治理的“文冲样本”。

4. 推进产业导入是城市更新高质量可持续发展的前提条件

产业是城市的支柱，只有高质量的产业才能支撑城市的高质量发展。文冲街道深刻体会到：产业规划是城市建设的龙头，必须统筹好产业、居住、公共服务和环境等空间布局，不断吸引优势产业进驻，才能实现高质量的城市更新，并推动城市可持续发展。一是推进产业导入必须坚持高标准定位。文冲定位于广州第二CBD核心区，牢牢抓住广州人工智能与数字经济试验区发展机遇，坚持高标准导入新兴主导产业。目前文冲准备导入的包括飞腾、统信、麒麟、百度等企业，都是人工智能与数字经济技术发展前沿企业。二是推进产业导入必须坚持高质量发展。以旧改为契机，文冲进一步突出毗邻珠江临港经济区、交通便利等区位优势。城市更新能释放大量空间要素，让村级工业园蝶变为数字创新区。新近引入的人工智能、游戏、临港高端商务及物流等产业，能够推动城市更新与产业更新同步并举，不断实现高质量发展，助推“老城市，新活力”。

参考文献

[1] 姜杰、宋芹：《我国城市更新的公共管理分析》，《中国行政管理》2009年第4期。

B.16

创建国家级农业现代化示范区的“朱村经验”

林柳琳　冯德毅*

摘　要： 建设国家农业现代化示范区是加快推进农业现代化的有效方式。本研究以广州市增城区朱村街创建国家级农业现代化示范区核心区的经验为研究对象，研究发现朱村街以打造增城丝苗米金字招牌为魂，以全面振兴增城丝苗米产业为龙头，以推进农民资源入股参与新农企经营为主要抓手，形成了新农企经营创新机制、聚焦产业兴旺、构建现代农业“三大体系”的地方经验。为扎实推进朱村街创建国家级农业现代化示范区，本文还提出，朱村街要聚焦“打造国家级丝苗米现代农业产业园和国家级丝苗米稻田田园综合体”两大战略定位，做实“进一步推进农村农民资源入股参与新农企经营机制创新、擦亮增城丝苗米价值品牌和培育三产深度融合新业态”三个发展策略。

关键词： 农业现代化　示范区　丝苗米　朱村经验

中国正全面开启农业现代化建设的新征程。党的十八大以来，在以习近平同志为核心的党中央坚强领导下，各地各有关部门深入推进农业供给侧结构性改革，不断提高农业综合效益和竞争力，农业现代化不断迈上新台阶。

---

* 林柳琳，经济学博士，广州行政学院市情研究所副教授，研究方向为乡村振兴与区域经济；冯德毅，增城农业农村局局长，研究方向为乡村振兴。

农业现代化是指从传统农业向以现代实验科学和工业技术装备的现代农业转变。加快推进农业现代化是提升国家农业竞争力、全面推进乡村振兴和形成共享富农新格局的必然要求。如何实现以“农业高质高效、乡村宜居宜业、农民富裕富足”为重点的农业现代化成为学术界与实践界关注、研究的焦点。近年来，广州市增城区朱村街紧紧围绕“粮食增产、农民增收、农业增效”目标，推动丝苗米全产业链示范项目落地，推进农民资源入股参与新农企经营机制创新，打造丝苗米“种植有大脑、生长有智慧、销售有追溯”的全链条数字化产业链，积极探索创建国家级农业现代化示范区，形成“朱村经验”，奋力建成全国乡村振兴、共同富裕引领区。

一　朱村街建设国家农业现代化示范区核心区发展的基础与现状

朱村街古称“云母都”，位于广州市增城区中部，西距广州市城市中心45公里，南距深圳100公里，处在粤港澳大湾区中部，广深两大都市圈衔接地带的关键节点，具有重要战略地位。总面积94.07平方公里，下辖12个村民委员会、2个居民委员会，共有158个经济合作社，12个经济联合社，户籍人口4.7万人，常住人口5.8万人。朱村文明之源可追溯至百越商周文化。宋元时期，大批汉人迁入朱村地区，汉越交融，形成具有强烈地域特色的广府文化板块。清康熙迁海复界后，一批批客家人迁住朱村，粤客和谐相处，相互融汇，孕育出富有地方气息的朱村文化。

“北五常、南丝苗”。丝苗米具有500年栽培历史、120年外销历史、110年专业培育历史。明嘉靖十七年（1538年）之前已有大量“丝苗米”种植，清嘉庆十五年（1810年）《增城县志》载：“最佳稻米是丝苗米。”1810年，清《广州府志》载：“优质稻米多出增城。……香山增城所产丝苗、银粘等项上色细米，转以运出外洋旧金山等地阜，为粤民食用，以贵易贱，以少易多，因而惠济贫民，养育黎庶。”可见，19世纪初期增城丝苗米已经成为在广东享有盛誉的优良品种，并已经销往美国旧金山等地。朱村街是国家认证的中国丝苗米发源地。上溯至明嘉靖年间，朱村街产出的丝苗米就已入贡品之列。全面推进乡村振兴战略以来，朱村街坚决落实习近平总书记关于粮食安全和乡村振兴、共同富裕的重要指示论述精神，扛稳粮食安全政治责任，以打造增城丝苗米金字招牌为魂，以全面振兴增城丝苗米产业为龙头，以推进农民资源入股参与新农企经营为主要抓手，奋力创建国家级农业现代化示范区核心区、国家级丝苗米现代农业产业园，打造具有国际影响力的“中国丝苗米之乡”。其发展基础与现状主要体现在以下三个方面。

一是具有粤港澳大湾区罕见的万亩生态良田。朱村街自然资源禀赋优越，土地格局良好，北部环山，南部傍河，主要水系西福河从西南流过，朱村运河与水库排洪渠贯穿中部乡村、农田与城镇，形成极具自然特色的“北山南水中城田”的地形地貌。耕地广袤连片，农田资源优良。区域土地平整，连片耕地面积超过 2 万亩。现已创建朱村万亩现代农业示范区，连片规模种植丝苗米面积超过 5000 亩，是大湾区罕见的丝苗米标准化种植基地，岭南地区少有的大型规模连片水稻田，具备国内独特且难以复制的丝苗米产业发展模式。

二是朱村街为全国优质丝苗米的主要产区之一。引进广东现代种业有限公司，累计培育优质增城丝苗品种 30 多个，选育推广七野丝苗米、九野丝苗米等优质丝苗米品种，通过 5G 智慧平台科学管控，精准用药施肥，实现绿色低碳种植，促进丝苗米提质增产。目前，朱村街正以万亩丝苗米种植区为核心区，建成规模 3500 亩的 5G 智慧稻场和 1800 亩的水稻千亩直播示范区，成功认定龙岗村、龙新村、南岗村为丝苗米“一村一品”专业村。丝苗米产业园以“公司+基地+农户”的经营模式，带动周边 5300 多户农民种植丝苗米 3 万多亩，全区已注册丝苗米商标 72 个，培育出“挂绿牌”“泰稷牌”等省市著名商标、名牌产品，增城丝苗米品牌价值达 51.5 亿元，丝苗米产业园主导产业总产值达 14.51 亿元。2021 年横塱村新流转连片约 4500 亩优质农田，全力发展“丝苗米种植业+加工业+稻田文旅业”三大核心产业，助力建成国家级丝苗米现代农业产业园。

二　朱村街创建国家级农业现代化示范区核心区的经验探索

（一）共享富农，着力推进机制创新

共享发展成果是新时代增进民生福祉的重要途径。2016 年国务院印发《全国农业现代化规划（2016~2020 年）》明确提出“共享富农、着力增进民生福祉”的要求。乡村振兴的本质和目标就是要实现农民富裕富足，并创新富民乡村产业发展机制。朱村街在横塱村率先试点农村农民资源入股参与新农企经营机制，既迈出了探索具有增城特色的乡村振兴、共同富裕之路，又为全面推进乡村振兴的机制创新提供了新思路，为乡村振兴成为富农惠农的“希望之田”提供了生动案例。

横塱村位于增城区朱村街中部，辖区面积 12.4 平方公里，现有合作社 18 个，人口 5411 人，其地处穗港深黄金走廊和广深港澳科技创新走廊的重要节点，区位优越、交通便利。在增城区委、区政府的支持和指导下，朱村街以创建国家级农业现代化示范区核心区为契机，在建成北部万亩农业现代化示范区基础上，以横塱村 4500 亩耕地为试点，开展全区首批农村土地经营权颁证，颁证后耕地经营权可进行担保融资；以横塱村集体 100 亩留用地为试点，试行村集体建设用地入市，以留用地入市交易为入股资本，参与丝苗米全产业链等产业项目经营、共享收益。为推动资源入股机制稳妥落地，增城区创新成立区属国企农业投资集团，通过政府引导、国企参与、村民自治、引进主体，建立“村集体+农投集团+社会企业”利益联合体，乡村产业项目收益通过“保底租金+股份分红”，与农民共享产业利润与升值红利，预计项目达产后村集体收入可为纯租金收入的 5 倍以上。带动农民增加收入，大步向“农业大幅增效、农民大幅增收”迈进。

1. 实现农民从“要我交地”到“我要交地”的转变

土地是农村最重要的资源，也是农民的命根子，是农民赖以生存的基

础，更是富民乡村产业发展最关键的要素保障，增城区始终坚持以实现农民共同富裕为出发点和落脚点，创新土地流转模式，最大化农村土地资源价值，带动农民增收。

其一，创新土地流转模式：农村资源入股参与新农企经营机制。为优化土地流转模式、带动农民收入增加，在区委、区政府和各级业务部门的指导下，朱村街领导干部在与群众探讨碰撞中，探索出在横塱村试点农村农民资源入股参与新农企经营机制，推动“资源变资产、资金变股金、农民变股东”，让农民分享产业增值收益。最简单的道理蕴含着人民至上的情怀，最能打动农民的心，横塱村民的积极性被充分调动起来，村民入股热情高涨，农民从“要我交地”到“我要交地”，一周内完成4500亩耕地流转民主表决，并主动“交出家底”，将村集体已完成选址的100亩留用地作为入股资本参与产业项目建设，农民更加自觉坚定地听党话、感党恩、跟党走，成为新时代党建引领乡村振兴的生动写照。

其二，完善土地流转制度配套：做好土地流转后半篇文章。农村土地带有强烈的底线保障作用，土地经营权流转涉及“三农”领域的方方面面，事关广大农民的切身利益。为完善土地流转后的配套机制，推动资源入股机制稳妥落地，全街从土地流转后产业发展、利益平衡和金融服务等方面着手。一是用好朱村“丝苗米发源地”、丝苗米产业园核心区优势，在横塱片区落地无人农场、丝苗米全产业链等项目，明确土地流转后产业发展方向和可持续收益来源。二是引进区属国企农业投资集团，担当政府和市场之间的有效桥梁，平衡政府、企业、村民三者利益，与农民共享产业利润与升值红利。三是建立集体资产融资担保风险缓释机制。推动区级融资担保公司南粤国投对接横塱村100亩集体用地抵押融资项目，开辟绿色通道，开展政策性融资担保业务，推动政府资源为“三农”强化担保增信支持，推动农村产权抵押融资纳入省、市级风险代偿补偿专项资金支持范围。

2. 促进农民从“被动参与者”到“发展合伙人”的转变

以往在农村土地流转中，由于农民和村集体缺乏话语权，企业作为甲方在实际经营和收益分配中享有主导权，村集体和农民作为乙方在一定程度上成了被动参与者，企业和农民之间并未建立起紧密的利益联结机制。

其一，资源入股参与新农企经营机制的核心是用股权与农民结成利益共同体。为了让农民分享农业全产业链利润与升值红利，朱村街坚持政府引导、市场运作、社会参与，引进区属国企农业投资集团，用股权合作建立起“农投集团+村集体+社会企业”的利益联合体（见图 1），统筹横塱村 100 亩留用地等资产，量化折算入股新农企，建立股份合作制的经营实体，参与丝苗米全产业链等产业项目经营、共享收益，以“保底租金+入股分红”的分配方式，在确保农民基本收入前提下，充分享受产业增值收益，预计全产业链项目达产后村集体收入增长可为纯租金收入的 5 倍以上。

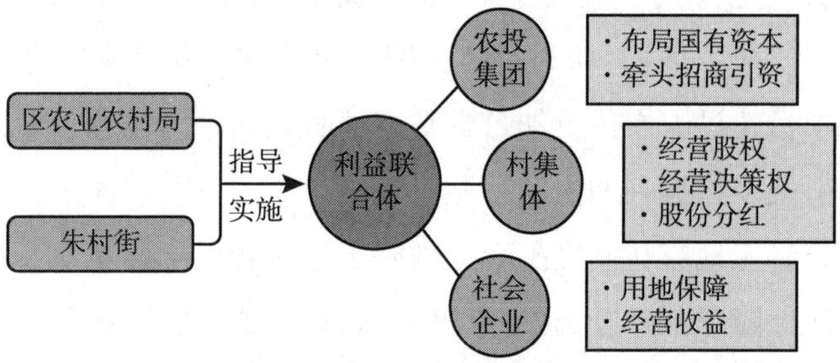

图 1　“农投集团+村集体+社会企业”联农带农机制

资料来源：笔者根据现有资料自绘。

其二，新农企经营机制的优势是让广大农民和企业在投身乡村振兴中实现合作共赢。资源入股新农企机制设计的关键，在于利益联合体建立后，破解了以往企业、村集体和农民三者利益不平衡的难题。一方面实现了农民收入大幅增加，由“国企+村集体+社会企业”组成的新农企中，融入国企血液，引导社会企业肩负起促进共同富裕的责任担当，充分为农民让利，把产业和土地增值收益按股分红、与农民共享。另一方面为社会企业的发展提供有利条件，国企的加入为社会企业后续融资、资源配置、筹建服务提供了有力保障。企业与村集体、农民从“博弈”走向“合作”，凝聚起了共同富裕的向心力，农民从乡村发展的被动“参与者”变成了主动“合伙人”。

（二）着力构建现代农业三大体系，全力推进农业现代化

党的十九大报告明确指出，加快构建现代农业产业体系、生产体系、经营体系，这不仅是实施乡村振兴战略的重要抓手，也是促使我国由农业大国向农业强国转变的重要支撑。近年来，朱村街以全面振兴丝苗米产业为龙头，推动丝苗米全产业链示范项目落地，积极扶持返乡创业“新农人”发展本土乡村产业，加强种业发展、农业种植技术指导与资源引入，以点带面，全面创优做强朱村万亩农业产业发展，不断加快农业农村现代化步伐。

1. 大力发展丝苗米产业，加快产业体系现代化

朱村街横塱新区推进丝苗米全产业链示范项目落地。不断延长丝苗米产业价值链，打通丝苗米育种—种植—加工—仓储—销售的全产业链条，实现丝苗米品种培优、品质提升、品牌打造和标准化生产。全产业链一期项目包括丝苗米种业产业园、烘干加工基地、智慧粮仓、交易定价中心等重点项目。为支持项目建设、推动农民入股增收机制落地，广东省自然资源厅批复300亩乡村振兴专项建设用地指标用于打造全产业链项目，省农业农村厅配套全产业链项目专项资金，7家银行与横塱项目达成合作意向，计划为横塱项目量身定制乡村振兴专项贷款、集体用地抵押融资保险等金融产品，打破了以往发展乡村产业用地难、贷款难的堵点和痛点。

2. 以科技赋能农业生产，加快生产体系现代化

朱村街坚决扛稳保障粮食安全政治责任，保障好初级产品供给重大战略性问题，牢牢守住保障国家粮食安全底线。以优质丝苗米种植为基础，落地种养管理智能化、数字化、精细化的高科技农业、数字农业、精深加工等现代化农业项目。当前，朱村街大力推广优质丝苗米种植，全力培育一批质优量大价高的高端丝苗米品种、品牌，在建成北部万亩农业现代化示范区基础上，在横塱新区打造粤港澳大湾区高标准无人农场。因地制宜集成应用智慧化种植、绿色低碳、无人化种管收等良技良法，实时监测分析丝苗米生长周期的指标和需求，并提出有针对性的种植方案。通过发展高质高效农业，实

现丝苗米全周期精准、高效、规模化种植，提高丝苗米的品质，成为全国优质丝苗米生产的核心产区，创建农业数字化转型升级示范地，将朱村街、增城打造成为全国乃至全球的农业科技高地。

3. 以一、二、三产深度融合为抓手，加快经营体系现代化

农村一、二、三产融合是推动农业农村现代化的重大实践创新，是确保农业稳产增产、农民稳步增收、农村稳定安宁的重要抓手。朱村街坚持保留田园风光，展示农耕文明，建成的虫情监测台、丝苗米展馆、稻田公园、游天府文化研学交流中心、新河社移民纪念馆等公共文化设施，与万亩连片生态稻田融为一体，成为城乡居民融合交流的多功能共享空间和新晋网红打卡点。组织开展农民丰收节、稻田之夜、党建团建、教育研学等各类文化旅游活动，受到当地村民和游客的高度好评，并迅速在微信公众号、朋友圈、社群、抖音等新媒体获得关注和转发点赞。2021 年朱村街乡村旅游接待人数超 200 万人次，同比增长 50%，带动产业园区内农民实现人均可支配收入 36231 元，同比增长 8%，高于全区平均 14% 的水平。当前，朱村街着力引进一批具备数字科技应用、创意营销、实体运营能力的文旅龙头企业，落地一批高端酒店、精品民宿、画室画廊等，引进一批有机生活市集等“美丽经济”业态，争取到世界级、国家级的农业农村论坛大会落地朱村农业现代化示范区，努力建设美丽宜人、产业兴人和的社会主义新乡村。

三　政策建议

（一）聚焦两大战略定位

以朱村万亩丝苗米稻田为核心区，全力振兴丝苗米种植业+加工业+稻田文旅业三大核心产业，创建两个国家级农业产业园区品牌，打造具有国际影响力的“中国丝苗米之乡”：一是国家级丝苗米现代农业产业园；二是国家级丝苗米稻田田园综合体。

（二）做实三个发展策略

1. 进一步推进农村农民资源入股参与新农企经营机制创新

实现农民收入大幅增加、共同富裕是乡村振兴的首要目的，要切实改变农民只能靠土地租金和务工所得的单一收入来源模式以及收入与农业高速发展不匹配的现状，在朱村横塱村试点探索一条具有增城特色的乡村振兴、共同富裕之路。

其一，政府统筹指导。引导农民转变靠拆迁“一夜致富”或靠租金和务工所得增收的旧思路，积极入股参与新农企经营。推动农业、规划和自然资源、建设等部门协同联动，用好上级各项乡村振兴扶持政策，统筹各方对入股经营机制、农业招商、土地流转、产业发展等事项提供指导支持，推动资金、项目、政策等资源向乡村振兴领域倾斜。

其二，农投带动引领。组建区农业投资集团，并在镇街设立子公司，担当政府和市场之间的有效桥梁，负责片区乡村振兴投资合作及开发运营具体实施，在保障农民基本收入前提下，与农民分享农业全产业链利润与升值红利，实现农民收入大幅提升。

其三，农民入股经营。推动建立“国有企业+村集体+社会企业”利益联合体，开创联农带农新机制，鼓励农民以资源、资产、资金、技术量化折算入股，以“保底租金+股份分红”模式增加农民收入，预计二三产投资增长可达纯租金收入的5~10倍。

其四，社会企业参与。鼓励各种社会力量入股新农企，对标国际一流，优先引入创新能力强、带动效应明显、具有国际竞争力的国家级龙头企业，引导国有和优秀民营企业以品牌、技术、资产等要素入股，参与丝苗米产业的发展及产业园运营。

2. 擦亮增城丝苗米价值品牌

坚决扛稳保障粮食安全政治责任，牢牢守住保障国家粮食安全底线。打好全国丝苗米发源地和“中国丝苗米之乡”两张王牌，全力培育一批质优量大价高的高端丝苗米品种，进行品牌形象IP提炼和全方位包装创意设计，培育优质“中国粮”中的精品品牌。

其一，精选种源。实施增城丝苗米种业提升工程，重点规划建设粤港澳大湾区现代种业产业园，引进一批科研型、总部型的种业企业及科研机构，在丝苗米种业产业、良种繁育一体化、现代设施农业等领域重点发力，强力抓好种质资源保护利用、育种创新攻关、良种繁育提升和龙头种业企业培育等重点工作，精选丝苗米新优品种优先培育、大力推广，打造增城丝苗米产业“芯片”，持续提升增城丝苗米产品的口感、质量。

其二，确保品质。重点建设增城5G智慧农业试验区和全球丝苗米交易定价中心两大平台，打造丝苗米“种植有大脑、生长有智慧、销售有追溯”的全链条数字化产业平台，探索建设粤港澳大湾区首个规模化无人农场，创建农业数字化转型升级示范地。全过程按照最高标准实现丝苗米规模化种植，确保全区粮食种植面积、产能稳步提升，成为全国优质丝苗米生产的核心产区和物流交易枢纽。

其三，加大宣传。充分发挥增城丝苗米地理标志产品和地理证明商标“双地标”品牌效应，引入专业团队深入挖掘增城丝苗米品牌形象，以文化为魂、品质为纲、品牌为要，全方位提炼包装增城丝苗米IP，发挥新媒体作用，通过新闻发布会、高端研讨会、名人代言等宣传手段，广泛宣传推介增城丝苗品牌，打造世界丝苗米第一高端品牌。

其四，强化生态。以丝苗米为先行探索，对丝苗米在不同种植模式下的排碳量和固碳量进行测算，摸清碳汇底数，同时，通过科学研究探索碳汇最优的生产模式，大力推广秸秆还田、水稻三控施肥、种植绿肥等绿色种植模式，加快实现增城丝苗米碳中和绿色生产模式。

其五，做优渠道。丝苗米生产和市场要实现紧密联结，要通过全区多部门联动，不断优化完善丝苗米销售渠道，整合线上线下渠道，重视网络电商平台，着力打造商超+景区+线上电商三合一销售平台。重视引进专业销售团队人才，发挥新媒体作用。

3. 培育三产深度融合新业态

作为增城数字农业产业园核心区的朱村万亩稻田农业现代化示范区，应该建设成为开放型、高品质的乡村会客厅，生态、科技、文化、休闲、民生的稻田公园，将增城朱村打造成为全国乃至全球的农业科技高地，为实现乡村振兴、共同富裕贡献力量。

其一，产业兴农，打造生态的稻田公园。通过丝苗米数字农业产业公园建设，不断丰富创新农村一、二、三产业融合发展模式，将农产品生产销售与展示生态、彰显风光、文化熏陶、生活体验相结合。

其二，数字赋能，打造科技的稻田公园。以创建省级数字农业产业园为目标，加快建设丝苗米数字农业产业公园，对标世界一流，引进一批科研型、总部型、智慧型高科技农业项目，实现丝苗米从科研、生产到销售的全链条数字化。

其三，田园诗意，打造文化的稻田公园。举办“大地艺术季”、稻田音乐节、稻田大地景观展等活动，打造一批高端酒店、精品民宿、画室画廊等，引进有机生活市集等“美丽经济”业态，把美丽田园打造成文化乐园。

其四，四季宜游，打造休闲的稻田公园。利用万亩田园和绿水青山的空间生态优势及文化特色，挖掘“周末经济”“夜经济”消费潜力，吸引更多都市人到增城旅游消费，打造吃喝玩乐住全链条乡村旅游产业。

其五，惠农富农，打造民生的稻田公园。始终坚持农民主体地位，坚持共同富裕的前进方向，持续完善产业与农民利益联结机制，积极探索土地流转、就近就业、入股分红等参与方式，切实增加农民收入，让农民分享产业增值收益。

参考文献

[1] 文军等：《现代特色农业示范区：广西理论与实践》，经济管理出版社，2021。

[2] 王济民等：《现代农业示范区规划建设和金融支持研究》，经济科学出版社，2021。

[3] 杜宇能、潘驰宇、宋淑芳：《中国分地区农业现代化发展程度评价——基于各省份农业统计数据》，《农业技术经济》2018 年第 3 期。

［4］孙丽红、吕丽莉：《中国农业生产方式现代化路径研究》，《农业经济》2021 年第 12 期。

［5］曾常林、梅奕欣：《国家现代农业示范区与劳动力：政策拉动下的就业增长》，《财经论丛》2022 年第 1 期。

［6］程博：《现代设施农业示范区怎么建》，《人民论坛》2017 年第 32 期。

［7］曾常林、梅奕欣：《国家现代农业示范区与劳动力：政策拉动下的就业增长》，《财经论丛》2022 年第 1 期。

［8］方伟、杨震宇、梁俊芬：《基于 SFA 模型的广东省农业现代化示范区技术经济效率测评及改进策略》，《南方农业学报》2018 年第 6 期。

［9］孟召娣、朱福守、蒋和平：《国家现代农业示范区建设水平分析及提升对策研究》，《农业现代化研究》2018 年第 2 期。

B.17

粤剧非遗文化在乡村振兴中的创造性转化

——以广州南沙区大岗镇（镇南社区）为例

刘　茜*

摘　要： 文化振兴是乡村振兴的重要内容之一，发掘地域文化特色，特别是地域性的非遗文化，建立以非遗为特色的整体性地方文化品牌，是乡村文化振兴的一条实践路径。实现非遗文化在乡村振兴中的创造性转化，在理念上，要将非遗文化的传承与地方记忆的延续结合在一起；在机制上，要扩大非遗传承面、优化传承模式；在载体上，要发展多种形式的乡村创意文化，培育乡村文化原创力。

关键词： 乡村振兴　粤剧　非遗　创造性转化　大岗镇

2022年中央一号文件指出："要加强农耕文化传承保护，推进非物质文化遗产和重要农业文化遗产保护利用。"这为盘活乡村非遗资源、做好乡村非遗保护和利用提供了新方向。数据显示，我国73%以上的非遗项目保存在传统乡村，近年来，探索统筹推动城乡精神文明融合发展的具体方式、建设与新农村相匹配的新型乡村文化，成为乡村振兴战略中的重要议题。为贯彻落实《中共中央、国务院关于做好2022年全面推进乡村振兴重点工作的

---

* 刘茜，澳门科技大学社会和文化研究所历史学2021级博士研究生，广州大学音乐舞蹈学院讲师，研究方向为岭南地区音乐文化。

意见》精神，中共广东省委、广东省人民政府提出："创新发展岭南优秀传统文化，广泛开展乡村文化活动，深入推进非物质文化遗产和重要农业文化遗产保护利用。"各乡镇基层应致力于找寻、定位自身的文化特色，激活传统村落中的文化记忆，将非遗文化资源与地方文化进行整合，助力乡村文化振兴。通过对非物质文化遗产在乡村振兴中重要性的研究，探讨非遗文化在乡村振兴中的转化方式，实现乡村文化传承的可持续发展。

一　非遗文化在乡村振兴发展中的机遇与挑战

习近平总书记指出："农村不能成为荒芜的农村、留守的农村、记忆中的故园。"① 在当下提倡以文化振兴乡村的背景下，非遗的积极作用日益凸显，非遗和乡村之间不是单向的助力，而是相互赋能，双向互动。一方面，非遗本身就具有朴实的乡土气息，是文化的精华和民族精神的载体；另一方面，非遗文化回归乡土社会，亦可形成新的经济增长点，形成特色产业。

（一）利用非遗文化重塑乡村文化生态，赋能乡村新生活

乡村文化是乡村社会得以延续的核心，在过去数十年的城镇化进程中，由于大批农村人口离开原本的生活环境，乡村社会空心化、乡村交往原子化的现象相当普遍，传统村落成了一座座孤岛。加之城市文化、外来文化等强势文化的冲击，村落中的住户逐渐失去了对乡村的归属感、对乡情的依赖感，传统乡土社会的价值体系和文化秩序正在迅速瓦解。

中共中央、国务院印发的《乡村振兴战略规划（2018～2022年）》指出要"繁荣发展乡村文化"，强调要"弘扬中华优秀传统文化，立足乡村文明吸取城市文明及外来文化优秀成果，在保护传承的基础上，创造性转化、创新性发展，不断赋予时代内涵、丰富表现形式，为增强文化自信提供优质载体"。在战略规划中着重提出乡村文化振兴，无疑表明了重新审视当代乡

① 《习近平关于社会主义社会建设论述摘编》，中央文献出版社，2017，第124页。

村文化需求的重要性，也成为从内部重构乡村文化，从而形成乡村文化原动力的契机。

近年来，在这一规划的引领下，利用非物质文化遗产重塑乡村文化生态的做法已然在各地乡镇蓬勃兴起，也形成了各种成功模式。诞生于农耕文明的非遗文化本身就具有深厚的乡村文化气息，是经过历史积淀而保留下来的优秀文化品类，传统社会对非遗文化的认同也是基于农耕社会的生产、生活和族群记忆而生成的。因此，振兴乡村文化，使非遗文化再次回归乡村，成为培育新时代乡风、民风、家风的强大精神动力，这一思想路径无疑也是为乡村铸魂的有效手段。

在乡村振兴战略中结合激活非遗文化，各地都进行了有益的尝试，基本模式是以非遗为要素，深挖当地具有非遗特色的文化资源、非遗传承人、具有影响力的非遗工作者等，在激活非遗潜能上下功夫。从目前各地的实践情况来看，乡村振兴的新需求与非遗元素相结合，一方面，是把握非遗的精神内核和价值意蕴，运用现代思维和技术手段，打造亮点突出、竞争力强的乡村特色非遗产业体系；另一方面，多借助互联网拓宽非遗产品的传播渠道和销售途径，将特色鲜明的非遗元素和文化符号植入产品，打造辨识度高的农村非遗文创品牌。

（二）社会文化空间的变迁对非遗文化认同感的挑战

联合国教科文组织在《保护非物质文化遗产公约》中，将非遗定义为“能够为这些社区和群体提供认同感和持续感”的文化遗产，说明非遗文化是群体文化记忆的特殊载体，其存续和发展的核心机制是文化认同。非遗文化作为中华优秀传统文化的结晶，其内在价值取向和精神实质不仅体现出地域性和历史性，还被特定的群体所接受和延续。

但农村生活空间的变化也同时改变了农村的文化空间，时间维度的变迁、地域维度的差异，极大地影响了人们对非遗文化价值的认同。以广州这样经济发达的地区来看，则面临着更为复杂的文化认同困境，特别是对那些已经处于城镇化转型过程中的村落来说，较高的现代化程度、学校教育的普及、现代的生活方式、城乡之间界限的模糊等，无论是在物质层面，还是在精神层面，都加剧改变了传统乡村的文化理念。虽然农村中有可能在一定程度上还保留了独特的传统文化，但并不意味着人们对传统文化就有自觉的认同感与归属感。

从社会学与传播学角度来究其原因主要有三：其一，实践传统文化的主体规模在不断萎缩，农村人口不断向城市迁移，并呈现分散状态；其二，非遗文化逐渐脱离了人们的日常生活场域，无法获得人们的价值关注与实践参与；其三，现代传播媒介改变了人们接收文化信息的方式，使人们在文化接受方面有了更多选择。这些因素复杂地交织在一起，从而使非遗的文化认同遭遇严峻的现实挑战。

（三）重构非遗文化与人们生活之间的意义关联

非物质文化遗产不是“遗产性”的僵化事物，在非遗文化中依然存有今天的人们对过去生活的某种记忆和再现，有无数的非物质文化遗产在当下仍然有着现实价值，是人们生活的某种纪念方式，因此非遗文化在当代社会生活中依然具有文化共享的意义。特别是对于那些具有开放性传承以及社会性意义强烈的非物质文化遗产来说，个体自由参与、社会集体传播，使得非遗文化被广泛接受与认同有了现实可能。但是，在肯定非遗文化具有现实价值的同时，也要认识到人们生活场景发生的改变，非遗亦须与时俱进，与现实生活建立新的联结。这里所说的联结，从本质上而言，就是要建立起文化产品或服务与使用者或传承者之间的价值传播与传递通道，让非遗价值可感知、有共鸣、易获得。

第一，要注重非遗精神内核与现代价值观念的联结。文化消费是满足人们精神需求的消费形式，核心是观念认同和价值共鸣。非遗作为农耕文化的延续，必须不断适应现代社会的传承环境，保持自身的文化活力和活态传承的特性。在当代社会要让非遗文化真正与现代生活联结，需要在尊重非遗生成本源和基本文化内涵的前提下，对其精神进行现代阐释和价值重塑，赋予其新时代的内涵与意义。

第二，推动非遗文化与现代生活文化需求的联结。我国已经公布的国家级非遗代表性项目有 1557 项，包括民间文学，传统音乐，传统舞蹈，传统戏剧，传统曲艺，传统体育、游艺与杂技，传统美术，传统技艺，传统医药，传统民俗十大类，利用非遗资源、非遗项目、非遗元素，建设更多有文化内涵和文化品位的休闲文化项目，创作、生产符合当代人审美、贴近当代人情感和心灵、能够吸引和打动当代人的非遗作品和非遗产品，打造适合当代人观赏、学习、体验、休闲需要的非遗空间，也是目前较为提倡的对非遗文化进行“生产性与生活性保护”的一种传承与保护理念。

第三，使非遗文化与现代生活美学接轨。美的观念与内涵随着时代的进步与环境的变化而发生着改变。传统的非遗之美脱胎于农耕文化之中，随着时代潮流与审美风向的变化，其难免与现代人的审美需求之间存在一定的隔阂。在科学保护的前提下，应运用现代的美学语言提炼传统非遗文化要素，进行传统与现代的重构，形成更加广受欢迎的文创产品。非遗不应是供在神龛里只可远观的塑像、记录在图像中只能缅怀的“乡愁”，而应是让人可观、可尝、可用或可把玩的日常生活用品，应出现在更多的生活场景中。

总之，强化非遗文化的认同机制、重构非遗文化与人们现实生活之间的意义关联，推动农民在追求美好生活的过程中实现“差异性集聚”，是增强乡村建设主体的凝聚力和主动性的重要保障之一。

二　粤剧非遗在南沙大岗镇乡村振兴中的转化路径

广州市南沙区大岗镇位于南沙新区西北部，北接番禺，东望东莞，西邻顺德、中山，地理位置优势明显，作为广州市 11 个统筹区之一，大岗镇是广州乡村振兴重点规划区域之一。近年来大岗镇高度重视对历史文化的传承和保护，为弘扬粤剧这一非遗艺术，2021 年 10 月大岗镇邀请大岗籍国家一级演员、红派艺术传人郭凤女在大岗镇镇南社区新时代文明实践所和岗城小学挂牌成立了“郭凤女粤剧工作室”，不仅标志着粤剧文化的推广增加了新的传承“驻点”，也在镇内营造了学唱、爱唱、唱响粤剧的浓厚艺术氛围。

虽然大岗镇的粤剧非遗文化开展尚不足一年时间，但已取得了一定成效，走出了一条颇具特色的文化振兴道路。

（一）大岗镇对岭南非遗文化的选择与定位

在选择某种非遗文化助力乡村文化振兴时，势必要选择那些能够表达地域文化的强力代表，一方面，从文化认同角度来说，非遗文化是人们有意或无意的记忆或回忆载体，文化记忆在建构认同的问题上发挥着的巨大作用，因此在选择某种非遗文化时，要充分考虑非遗文化在历史记忆中的意义。另一方面，古老的非遗文化与现代文化生活共时性地构建符合现代乡村生活的精神家园时，要让古老的非遗文化随着人们社会生活的进步而不断更新转变。有学者指出："保存、传承传统乡村文化的精华在文化全球化语境中具有建构民族文化身份与文化认同的文化战略意义。正因如此，我们有理由相信，传统乡村文化内蕴的生命力可以焕发新的生机，它的有效资源可以参与城乡两种文化形态的良性互动，进而培育真正意义上的'现代城乡文化共同体'。"大岗镇从当地历史文化中发掘粤剧这一颇具地域代表性与文化认同性的非遗文化，以此助力乡村文化的振兴。

粤剧是从乡土文化中成型的艺术形式，在20世纪的乡村粤剧依然有着广泛的群众基础，马师曾、薛觉先、何非凡、红线女等粤剧名家都曾到大岗镇演过戏，在那个文化资讯还不发达的年代，这些粤剧大师在城市与乡村之间，城市剧院与乡村戏台之间往返，也把粤剧文化带入乡村。百年来，大岗镇诞生了一批享誉海内外的粤剧名家，如曾创作出脍炙人口的粤曲《荔枝颂》的粤剧著名编剧、撰曲家陈冠卿，两次获得中国戏剧梅花奖的著名粤剧表演艺术家冯刚毅，以及一代粤剧宗师红线女的爱徒、国家一级演员郭凤女，他们都是从大岗镇走出来的。这些诞生于大岗镇的粤剧名家不仅是家乡文化的代表，同时在粤剧文化推广方面也具有很强的感召力，他们也非常乐于回到儿时生活的家乡进行非遗文化的传播与推广。郭凤女接受采访时就曾表示："能为家乡文化艺术事业发挥力量，自己感到非常荣幸。"她像红线女老师当年那样，奔走于校园：从幼儿园、中小学到高等院校，再到校外少儿粤剧培训基地，指导孩子们排戏，四处播撒红派艺术的种子。

大岗镇在乡村文化振兴中，找准了在粤剧历史发展中本镇颇有影响力的名家名人，以粤剧文化的传承与发展作为助力文化振兴的重要抓手，采用与粤剧名家合作的模式，引进名家讲堂、开展粤剧培训班、小剧场等，提供粤剧学习交流展示的平台，创设广大市民与艺术大咖面对面交流学习的机会。

（二）贯通多元化的传承模式

在非遗文化的传承、发展、传播方面，大岗镇借助“郭凤女粤剧工作室”的成立，大力开展乡村非遗进校园、进村居等活动，让更多人了解粤剧、欣赏粤剧、享受粤剧，感受传统文化的美，增强了广大群众的文化自信。

在中小学的美育教育中开展非遗课程，特别是乡村地区的中小学本身就肩负着传承本土优秀文化的责任，也是乡村地区开展美育教育的主要阵地。大岗镇开展的“粤剧文化进校园、进课堂”等活动，就是利用学校的课堂、特色社团，激发青少年对非遗文化的兴趣，体验非遗文化的乐趣，增强青少年对非遗文化的保护意识。2022 年 7 月 6 日，为展示粤剧艺术教学成果，发挥好粤剧文化培育时代少年的积极作用，南沙区大岗镇“粤剧进校园”成果展示节目会演在新时代文明实践所举行。岗城小学的学生在郭凤女老师的带领下，表演了粤剧身段操、少儿粤剧小组唱、折子戏《花木兰之还我大好河山》选段等节目。通过一系列粤剧进校园活动，岗城小学这群粤剧小接班人的演唱技巧、表演身段等都得到显著提高。第一期粤剧进校园活动成绩斐然，郭凤女也希望该活动能持续办下去，让粤剧艺术有更多的传承者和弘扬者，一代代发展传承，生生不息。

郭凤女粤剧工作室挂牌成立虽然只有短短几个月的时间，在大岗镇全镇范围内已营造了学唱、爱唱、唱响粤剧的浓厚艺术氛围，大岗镇也积极宣扬岭南传统文化，使大岗镇的曲艺文化事业再上一层楼。自工作室成立以来，郭凤女及其团队积极开展多项培训讲座和粤剧艺术教学，包括粤剧进村居活动 3 场、戏曲唱腔技巧等讲座 6 场、粤剧表演基本功和折子戏排练等课程 24 节。

在“郭凤女粤剧工作室”开展的系列活动带动下，大岗镇的曲艺协会、艺术团体在创作、表演方面也屡创佳绩。镇财政对群文社团提供资金扶持，文体部门对各群文社团的创作编排提供专业意见，积极选送作品参加比赛、表演，年均组织创作并展演的作品有 10 部以上，各群文社团每年参加比赛、演出活动 15 次以上。大岗镇与“郭凤女粤剧工作室”的协同合作，在学校开展青少年粤剧培训，进行素质教育；在社区进行粤剧讲堂，丰富居民生活；在基层鼓励激发文艺创作，创作出具有地域性主题特色的艺术作品，实现了粤剧文化在基层多层面、多维度的传承。

（三）重塑乡村文化生态体系

当前传统乡村文化生态现状不容乐观，如在经济利益的驱动下对文化资源过度开发；乡村经济、人口、居住等环境发生巨大变化，而依附其中的文化传统正快速衰落，物质与文化呈两极化发展态势；现代乡村文化生态重建过程中存在文化设施不足、民众参与不够、文化形态不多、文化育人效果不佳等问题。

新时代需要新的乡村文化，振兴乡村文化应该形成一套能够适应发达的物质生产与生活的文化形态。重塑乡村文化生态体系是一个复杂、有机的系统工程，中共中央、国务院印发的《乡村振兴战略规划（2018~2022 年）》指出，要“紧密结合特色小镇、美丽乡村建设，深入挖掘乡村特色文化符号，盘活地方和民族特色文化资源，走特色化、差异化发展之路。把民族民间文化元素融入乡村建设，深挖历史古韵，弘扬人文之美”。在乡村的文化生态建设中，培养本土优秀人才、培养基层文化骨干，充分激发民众参与乡村文化建设的积极性，支持他们创作文艺作品、开展文化活动，以村民喜闻乐见的形式，比如民俗表演、展览、观影、体育活动等宣传优秀传统文化。

据大岗镇相关负责人介绍，大岗镇委镇政府高度重视文化事业发展建设，近两年大岗指导成立曲艺协会 7 个，成立各类文体社团 20 多个。其中岗城曲艺社、乐天曲艺社原创作品《十八罗汉赏花颂》《党的光辉历程》及岗韵艺术协会《永远跟党走》等作品均在市、区各项文艺评比中取得佳绩。

非物质文化遗产是特定社会历史条件下的产物，对非物质文化遗产进行保护与适当开发，能够赋予其现代价值。在粤剧文化传承、表演、创作等方面初见成效的基础上，大岗镇南社区还打造了一条“粤剧文化长廊”，社区建筑景观的翻新改造体现了典型的地域特色，如岭南特有的镬耳屋、滴水瓦、彩绘玻璃等，整体建筑风格复古统一，在墙面上还彩绘了粤剧中的行当角色形象，使岭南民居与粤剧文化有机结合在一起，这一条“粤剧文化长廊”不仅上榜了广州市容貌品质社区的榜单，还成了网红打卡点。将乡村静态的历史遗迹与动态的现实生活相结合，带动了旅游业，增强了观赏效果，扩大了乡村知名度。

三　大岗镇乡村文化振兴的启发

大岗镇的乡村文化振兴采用了与本土粤剧名家合作的模式，将粤剧非遗文化与当地的教育、生活、旅游等进行了多维度、多面向的深入结合，实现了非遗文化在乡村振兴中的创造性转化。大岗镇的这一模式能够获得一定的成效，主要有以下三个方面的因素。

其一，在理念上，将非遗文化的传承与地方记忆的延续结合在一起。在乡村城市化的进程中，新的生产方式和社会生存法则会使乡村居民随时放弃传统的思维方式和行为习惯，以接受社会的再次教化。在这种情景下，必须加强传统文化与地域文化的结合，让粤剧文化通过名人工作室的成立，在村落文化中生根，呈现基于“非遗文化”与“地方性”双向互动而形成的独特文化品格，以此加强人们的历史文化记忆、重建文化心理结构，这种文化品格的延续也是非遗文化得以活态保护的重要因素。

其二，在机制上，扩大非遗传承面、优化传承模式也是建构文化认同的逻辑起点。实践是文化产生和发展的基础，只有将非遗融入现代生活，融入人们创造美好生活的实践之中，提高人们的参与感与获得感，非遗才能赢得人们发自内心的认可和赞同。通过成立“郭凤女粤剧工作室”，与学校教育进行合作，将粤剧的感受、实践普及给小学生，通过系列进校园活动的开展，使青少年有机会感触到非遗文化的魅力。

其三，在载体上，发展多种形式的乡村创意文化，培育乡村文化原创力。近两年大岗镇成立曲艺协会 7 个，成立各类文体社团 20 多个，在社会层面更是营造出良好的粤剧非遗文化传承氛围。大岗镇通过对粤剧文化的推广，一批基层文艺工作者创作了具有大岗文化名片意义的粤曲作品，如《十八罗汉赏花颂》《党的光辉历程》《永远跟党走》等，这些作品产生于乡村，是让民众感到亲切的朴实艺术作品。

四　乡村文化振兴路径探讨

在当下实施乡村振兴战略的背景下，非遗文化与乡村文化的结合发展已成为实践乡村振兴的重要议题之一，如何将这条文化振兴之路走稳还需要有更深入和长久的思考。

（一）城乡融合：形成城乡文化互动格局，建立文化下乡的长效机制

首先，针对乡村教育中技能培训、通识教育资源的短缺，利用南沙的地缘优势，将城市文化教育资源引入乡镇，形成城乡文化互动格局，开展长期的针对不同人群的包括粤剧培训在内的等其他素质教育培训，丰富基础教育资源，使乡村中的青少年获得与城市青少年同等的通识教育和素质教育机会。其次，吸引优秀文艺创作者或团队进驻乡村进行文艺创作，支持他们创作以乡村振兴、地方文化为主题的优秀作品，同时发挥乡镇文艺社团的功能，创作与自身有关的文艺作品，由地方文艺社团演出，更能激发群众参与的热情。最后，建立乡村文化体验基地，为城市大中小学生提供实践体验的环境。

（二）凸显特色：重塑乡村文化生态，打造地方文化名片

大岗镇具有特色的自然资源，文化资源也比较丰富。自然资源有十八罗

汉山森林公园，人造景观有粤剧文化长廊，文化资源有曲艺协会、文体社团20余个，应注重文化生态与自然生态的整体性协调发展，以特色发展为目标，将地区内的自然资源、文化资源充分联动，将自然生态与文化生态融为一体，更好地展示乡村人文风情。文化名片是地区自身特色及价值观念的载体，是建构文化认同感的元素之一，响亮的文化名片能够赋能地区文化软实力，着力挖掘历史文化底蕴，擦亮文化名片，活化传承非遗，在培育文化品牌的同时还能激活和发展乡村文旅市场，有力促进工艺产业、乡村健康休闲产业等的发展。

（三）数字+智慧：充分运用互联网等新技术和现代化媒介手段，不断扩展乡村非遗传播渠道

随着乡村数字网络的不断完善，乡村文化传播渠道也需要与时俱进，改变传统乡村社会信息被动的状态。大数据时代的现代信息技术，如互联网视听、全景摄影、AI技术等的普遍应用，为文化传播带来便捷的渠道，为乡村文化生态建设成果的宣传提供了更多的呈现手段。例如，将数字技术与展览馆、文化馆、博物馆等传统文化空间结合，将民族艺术、非遗资源等通过矩阵全景、虚拟游览等方式呈现，丰富乡村文化传播的形式和手段。还可以借助目前的短视频平台，通过平台直播、网络点播的方式，对民俗节日、地方文艺作品等进行展演和传播，宣传乡村文化建设的最新成果。通过建立自媒体公众号，以及聘请专业人士进行策划、推广及运营，定期推送乡村文化建设的丰富成果，图文并茂展现乡村文化的新气象、新面貌和新格局。

乡村文化振兴的内核是激发生活在乡村中的人们的文化认知、文化认同和文化自信，重塑乡村精神文明、提高乡村社会的文明程度；打造具有地方特色的文化品牌，培养、教育、引导人们形成一个健康向上、具有内向凝聚力的精神文化。其不仅能成为乡村精神生活的依托，还可以增强农村居民的文化认同感和自豪感。

参考文献

[1] 李静等：《城市化进程与乡村叙事的文化互动》，中国社会科学出版社，2015。
[2] 季中扬：《非物质文化遗产空间保护与文化认同困境》，《江苏社会科学》2013年第5期。
[3] 范玉刚：《乡村文化复兴视野中的乡愁美学生成》，《南京社会科学》2020年第1期。

B.18

建设“花漾年华”乡村振兴示范带的“花都样板”

赵媚妤*

摘　要： 广州市花都区是国家城乡融合发展试验区广东广清接合片区和粤港澳大湾区北部生态文化旅游合作区的重要组成部分，拥有良好的自然生态，发展现代农业、实施乡村振兴战略有得天独厚的优势。“花漾年华”乡村振兴示范带具有资源禀赋优良、产业基础良好、政策供给充足等发展优势，通过党建引领、产业富农、科技兴农和乡村建设等实践，目前已初见成效，为广州乃至广东、全国打造乡村振兴示范带提供了可借鉴的样本。“花漾年华”乡村振兴示范带建设的提质升级，可从完善规划设计、加强统筹协调、推动“点状”供地政策落地、灵活土地资源配置、撬动社会资本、深化联农带农惠农等方面接续用力，以辐射带动乡村全域振兴，为花都区加快建设临空农业融合发展示范区、率先打造粤港澳大湾区农业绿色发展先行区和乡村振兴引领地贡献力量。

关键词： “花漾年华”　乡村振兴示范带　粤港澳大湾区

广州市花都区现有188个村、近50万农村居住人口。近年来，花都区认真贯彻落实中央关于“三农”工作的决策部署和省、市工作要求，践行以人民为中心的发展思想，坚持农业农村优先发展，于2021年全面启动新乡村示

* 赵媚妤，中共广州市花都区委党校高级讲师，主要研究方向为乡村振兴与基层党建。

范带创建工作，作为新一轮乡村振兴战略实施的主抓手、主平台和主战场。“花漾年华”乡村振兴示范带，总长38.5公里，串联赤坭、狮岭2个省级“一镇一业”专业镇共20个村，覆盖花卉、渔业2个省级现代农业产业园的核心区，面积约100平方公里。该示范带以路为廊，联通马岭片区、岭南盆景小镇片区、九曲河片区等3大片区及18个主要产业及景观节点（见图1）。

目前，“花漾年华”乡村振兴示范带建设取得初步成效，美丽乡村风貌多点呈现，乡村产业发展提速，农文旅融合加快。2021年“花漾年华”乡村振兴示范带农业总产值超过15亿元，农民人均可支配收入超过4万元，高于全区平均水平的20%。2022年6月，广东省第三届“乡村振兴大擂台”竞赛全面启动，花都区代表广州市参赛，其中“花漾年华”乡村振兴示范带是主打项目，网络关注度排名同期首位，打造乡村振兴花都样板取得积极成效。

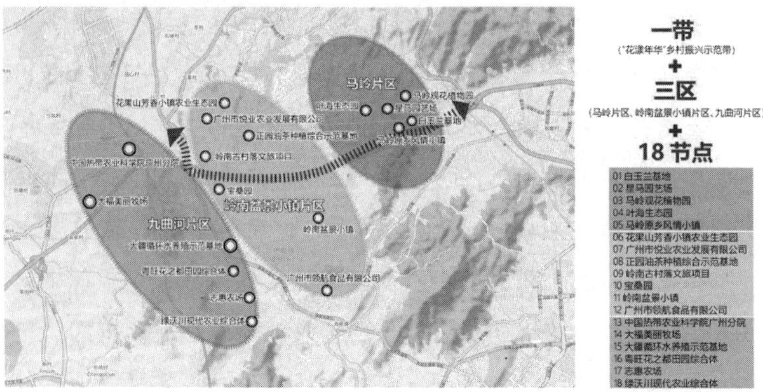

图1 “花漾年华”乡村振兴示范带空间结构

资料来源：广州市花都区农业农村局。

一 建设“花漾年华”乡村振兴示范带的优势

（一）资源禀赋优良，振兴潜力充足

1.“看得见山望得见水”的生态条件

狮岭镇拥有包括马岭观花植物园、马岭水库、叶海生态园、禾雀花基

地、白玉兰园在内的山、水、林、田、花、果、木等自然资源。赤坭镇是区内农业大镇，有农保区 7 万亩，约占全区 1/3，有丫髻岭、大军岭、巴江河、农田等自然要素，形成“山—水—田—城—村”生态格局。

2.“迎八方来客”的区位优势

花都区位于广东省地理的几何中心，坐拥白云机场、广州北站，处在珠江三角洲 2 小时经济圈内，域内有多条高速公路通过且设置出口，具有空铁陆联运的优势。

3.“记得住乡愁”的人文底蕴

赤坭镇耕读文化气息浓郁，历史上有“花都九进士，五人在赤坭”的说法，有缠岗、蓝田、莲塘三个省级古村落。竹洞村是“广东五大名拳”之一的洪拳创始人洪熙官故居所在地，也是“洪拳文化”的发源地。瑞岭村是“广东省民间（盆景）文化艺术之乡”，瑞岭盆景是广州市级非物质文化遗产，其艺术造型“古、灵、精、怪”，曾于 1986 年作为国礼赠送给英女皇。

（二）产业基础良好，发展动力强劲

花卉和渔业是“花漾年华”乡村振兴示范带的传统优势产业，示范带紧抓花卉、渔业两个省级现代农业产业园创建机遇，通过全产业链拓展产业增值增效空间。

1. 紧抓省级现代农业产业园创建机遇

广州空港花世界现代农业产业园、广州市花都区渔业产业园上榜广东省农业农村厅公布的 2020 年第一批省级现代农业产业园建设名单，其中渔业产业园重点打造“一龙头二品牌三示范”：水产品深加工国家级龙头，“花都脆罗非”和“花都鱼苗”品牌，设施渔业、数字渔业、渔业服务业三方面示范，构建现代渔业“生产加工+科技+品牌+营销”的全产业链集聚融合示范样板，努力实现花都区现代渔业全环节升级、全链条升值。在产业园建设带动下，2021 年渔业总产值 17.3446 亿元，产量 8.2463 万吨，同比增长 4.32%，创 19 年来新高。广州空港花世界现代农业产业园重点打造赤坭

"岭南盆景"特色小镇和辐射粤港澳大湾区的一二三产业融合发展的花卉产业综合体——马岭观花植物园综合体。全区现已成立花卉类专业合作社 39 家，2021 年新培育认定省市区级花卉龙头企业 5 家、市级农业公园 6 个，成立包括 60 家花卉企业和种植户在内的花都区花卉产业联合体暨花卉产业联盟。赤坭镇岭南盆景小镇成功创建国家级"一镇一业"专业盆景小镇，建成逸翠园、满春园等一批精品园和古树大道盆景展示长廊；瑞岭村获全国（盆景苗木）"一村一品"示范村、2021 年全国乡村特色产业亿元村等称号；竹洞村获评为广东省"十大特色产业名村"。截至目前，广州空港花世界现代农业产业园土地流转面积 4000 多亩，2021 年花卉总产值约 27.79 亿元，同比增加 7.2%。

2. 下功夫延链补链

扶持莲塘村桂花鱼省级"一村一品"专业村建设收储成品鱼 2000 吨容量的冷链仓储车间等一批田间地头冷库，解决了附近 15 个村的养殖场户高档鱼市场波动时的销售难题。推进水产品精深加工区建设，每天新增 15 吨成品鱼加工能力。引导集研发、制造、销售、服务于一体的集团化高端茶饮原料生产企业——广州领航集团与赤坭镇乡企签订有关黑皮冬瓜、马蹄、荔枝、龙眼等蔬果加工订单的农业战略合作协议，与恒泰公司签订甜玉米加工果汁茶饮合作协议。

（三）政策供给充足，发展助力明显

1. 国家城乡融合发展试验区带来新的发展机遇

依据《国家城乡融合发展试验区广东广清接合片区实施方案》，推进以城带乡、以工补农的试验区建设模式，聚焦试验任务进行改革探索，率先建立起城乡融合发展体制机制和政策体系，为全国提供城乡融合发展样本和可复制、可推广、利修法的典型经验。方案列出包括探索以县域为单元开展全域土地综合整治、创新产业类和公共配套类历史违建补办机制、支持建立生态产品价值实现机制等在内的 13 项省级支持事项，"花漾年华"乡村振兴示范带利用这些利好政策进行大胆探索、争取要素支持以提质增效。

2. 乡村振兴示范带是“十四五”时期广州市乡村振兴工作的重要抓手

2021 年，广州市要求各区制订完善乡村振兴示范带三年建设行动计划，明确细化“15 个元素”的建设要求，“花漾年华”乡村振兴示范带是广州市十条精选示范带之一。2022 年 4 月，广东省乡村振兴示范带建设工作视频会议召开。会议指出，乡村振兴示范带建设目的是打造以中心村为节点、以圩镇为枢纽，串点成线、连线成片、集片成带，同步推进乡村发展、乡村建设、乡村治理的先行示范带。2022 年 6 月，广东省委农办编制《广东省乡村振兴示范带建设指引（试行）》，明确党建引领、产业兴旺、环境改善、风貌提升、乡风文明、设施完善、治理有效、运营规范等 8 大基本要素，为“花漾年华”乡村振兴示范带指明提质升级的方向。

3. 花都区出台系列配套政策扶持乡村振兴

在干部配备方面，将加强班子建设并提升干部服务保障“三农”工作水平作为实施乡村振兴战略的重要抓手。近三年来，选派业务过硬、具有特长的机关干部到镇（街）任职，长期扎根基层一线、“三农”工作业绩突出的镇（街）干部得到提拔重用或职级晋升，2021 年镇换届，44 名熟悉“三农”的干部进入镇各级领导班子；高质量完成村（社区）“两委”换届工作，把精锐力量充实到基层一线。为区委、人大、政府、政协四套班子的每位党员领导分别选择 1 个有代表性的村或社区作为基层党建联系点，向 12 个乡村振兴示范村、重点帮扶村选派驻村第一书记，强化对村（社区）干部的培训，积极推进“羊城村官上大学”等工作。在要素配置方面，2020 年安排乡村振兴项目用地指标面积占全年用地指标的 15%，2021 年安排乡村振兴项目用地指标面积占比高达 49%。每年安排不少于 10%的新增建设用地指标，保障乡村振兴用地需求；新编区级国土空间规划安排不少于 10%的建设用地规模，重点保障乡村发展用地。在资金投入方面，截至 2022 年 5 月末，花都区涉农贷款同比增长 8.94%，全区现共有社区金融服务站 29 家、农村金融服务站 37 家、“裕农通”服务点 190 家。结合花都盆景、渔业养殖特色农业产业，农行花都分行创新推出“家鱼 e 贷”“盆景 e 贷”等促进乡村振兴系列的小额信用产品。截至 2022 年 5 月末，“家鱼 e

贷”共投放 293 笔合计约 6700 万元；“盆景 e 贷”共投放 42 笔合计约 560 万元。稠州村镇银行、广州农商行花都支行开展整村授信业务，截至 2022 年 5 月末，整村授信共涉及 62 个行政村，其中已贷款 1413 户。

二 建设“花漾年华”乡村振兴示范带的实践经验

（一）强化党建引领，以组织振兴夯实乡村振兴基础

农村工作千头万绪，抓好农村基层组织建设是关键。花都区着力提高农村基层组织建设质量，以跨区域、跨部门、跨行业联建党组织为抓手，建强乡村振兴主心骨，打造乡村振兴主引擎，为乡村振兴示范带建设提供坚强政治和组织保证。

1. 书记当好项目“组织员”

区委把“花漾年华”乡村振兴示范带作为乡村振兴的“一号工程”，组建由区委书记任第一书记的“花漾年华”乡村振兴示范带党委，联合赤坭、狮岭 2 个镇党委，瑞岭、竹洞等 20 个村党组织，联通区农业农村局、区文化广电旅游体育局等多方党组织力量，带头帮助村民找出路、兴产业、谋发展。

2. 党组织成为项目“指挥部”

将相关协会、合作社、龙头企业党组织负责人纳入组织架构，按照重点区域、重要产业、重大项目和重点人群划分，分别设立盆景、果蔬、花卉等功能性党组织及党小组，强化各领域组织联动、示范带动、融合互动，进一步增强基层党组织的创造力、凝聚力和战斗力，全面助推“花漾年华”乡村振兴示范带建设。以赤坭镇为例，该镇通过镇党委做媒、村企联姻的方式，搭建岭南盆景小镇产业“一个平台+三级组织”，创建岭南盆景小镇“大党委”。镇党委书记担任“大党委”书记，镇长、镇党委专职副书记担任副书记，以下辖的 13 个村社党组织为主体，联合各行业协会、农业企业等“两新”组织党组织，通过小镇“大党委”党建联席会议、共驻共建、

沟通服务等制度机制，组织农户“抱团”创业、“抱团”发展。

3. 党员干部当好“头雁”

设立“共产党员示范岗”，挂“共产党员户”牌匾，公开党员承诺，开展“亮身份、做承诺、树形象”活动，引导党员干部在入户宣传、项目用地、纠纷调处、产业发展等各项工作中充分发挥党员先锋模范作用。按照“党员骨干+党员志愿者+群众志愿者”模式，组建特色鲜明、兼具不同服务功能的志愿者队伍，带动广大村民群众参与乡村振兴工作。2021 年，瑞岭村获评全国乡村治理示范村，村党组织获评省先进基层党组织。

（二）坚持产业富农，因地制宜发展“花果渔旅”特色产业

乡村要振兴，因地制宜选择富民产业是关键。“花漾年华”乡村振兴示范带逐步形成以特色盆景、绿色瓜果、水产养殖、生态观光产业为主导的农业新格局。

1. 做强“盆景小镇”主导产业

加大政策支持力度，培育一批规模化龙头企业，形成“十里百园”盆景市场核心区。实施“能人回乡”工程，动员乡贤投资超 3 亿元，回村创办高端苗木种植企业。组建盆景花卉行业协会、成立农民专业合作社、设立产业扶持资金，推动“协会+合作社+企业+农户”协同发展，壮大盆景产业实力。扶持溪林园艺、活林园艺等企业，创新研发推出“微景观”网红盆景，将盆景的用途从庭院绿植拓展到家居办公桌面艺术品，有效破解盆景产业长期以来面临的产品体型大、运输流通难、消费群体偏窄等难题。目前，示范带盆景从业人员已超过 3000 户、1.5 万人，盆景年销售额达 5 亿元。2021 年，花都区获评以瑞岭盆景为特色主导产品的广东省特色农产品优势区，瑞岭村获评全国“一村一品”示范村、全国乡村特色产业亿元村，竹洞村获评广东特色产业名村。

2. 培育特色瓜果

发展桑果、草莓、甜桃、木瓜、嘉宝果、葡萄、西瓜等特色瓜果产业，开发休闲采摘体验点，策划花果节、桑果节、草莓节等休闲节庆活动，促进

瓜果产业与乡村资源有机结合。示范带内现有市级农业公园 9 家，特色农业休闲采摘体验点近 30 处。

3. 发展高质高效水产养殖

赤坭镇池塘养殖面积超过 4 万亩，接近占全区一半。通过开展渔业现代产业园建设和省级“一村一品一镇一业”专业村建设，指导悦业、顺源、大疆渔业等一批企业推广池塘工程化循环水养殖、工厂化循环水养殖等多种生态农业发展模式，目前已建成的 106 条（套）工程化养殖槽（桶），都可运用手机 App 实现溶氧、断电等自动报警及增氧、投料远程自动开启和控制功能，亩产量相比传统养殖技术提高 6~7 倍。示范带内渔业高值、高效发展趋势进一步强化，其中莲塘村桂花鱼“一村一品”专业村的年产值超过 2 亿元。

4. 推动农文旅深度融合

充分发掘示范带沿线岭南盆景、三角梅、月季、桃花、玉兰花、黄花风铃、金花茶花、油茶花、禾雀花等花卉资源，打造 30000 亩“花主题”特色景观。做大做强休闲农业经营主体队伍，扶持建设绿沃川、宝桑园、叶海生态园、志惠梦花海、马岭观花植物园等一批集农业创意、田园景观、特色农产品展示于一体的休闲农业园区，形成风光醉人、瓜果诱人、服务宜人的生态观光产业。2021 年“花漾年华”乡村振兴示范带接待游客总量达 60 万人次，绿沃川 2021 年被认定为省级休闲农业与乡村旅游示范点，竹洞村 2022 年获评省级文化和旅游特色村。

（三）坚持科技兴农积极推动农业与科技深度融合

农业现代化关键是农业科技现代化。花都区积极实施科技兴农战略，立足自身农业优势，不断推动互联网数字技术与农业深度融合。

1. 强化科技平台支撑

着眼强化热带特色农业发展动能，建设中国热带农业科学院广州研究院及高标准热带农作物示范基地；着眼农产品加工能力建设，扶持广东省农科院广州（花都）现代农业全产业链研究院加快落地，进一步扶持宝桑园新生态农业示范基地建设；着眼种质资源保护与研发，与仲恺农业工程学院合作共建广州花都仲花现代农业研究院，建设3000种观花植物的种质资源圃。

2. 积极发展智慧农业

强化大数据、物联网、区块链等现代信息技术运用，加快“数字田园”和“智慧农业”建设，提高智能化管理水平。大力培育高新科技农业龙头企业，发展智能化种植和水产养殖，推动生产、加工、销售等全流程数字化转型发展。绿沃川公司引进悬挂式温室种植和全自动蔬菜水培等农业栽培技术，播种、育苗、移苗、下苗、收割全过程依靠物联网系统控制，实现四季循环复种，全天候运行，年亩产量达20~25吨，产值为传统模式的5倍以上。七彩园林公司运用高温嫩枝快繁、潮汐灌溉均匀供水、专利控根花盆等多项技术，使其培育的月季新品种具有四季开花、花量多、低维护等优点，年种苗繁育量可达5000万株。

3. 做大做强农村电商

推进信息进村入户工程，示范带内所有行政村完成益农信息社建设，由区电子商务协会指导运营。花都区“互联网+农业”产业园2021年被成功列入省级产业园建设名单，以“1+20+200”（1个农村电商产业园，20家互联网+农业示范企业，200家益农信息社）为基础，建设农村电商产品供应链体系、人才培养体系、销售推广体系。2021年4月成功举办数字农业直播节，12月举办第二届盆景节，两节合计交易额超过3亿元。区电商直播中心正式运营，开展直播带货活动500多场，线上线下参与人数超200万人次。广州市2022年迎春“云上花市”启动当天，该区盆景电商直播带货超过3万盆，极大激发了企业和农户把盆景等优质农产品从自家院子“搬”上互联网的热情。广州市掌鲜电子商务有限责任公司、广州绿沃川高新农业科技有限公司、广东五龙岗水产科技发展有限公司获评2021年广州市农村电子商务优秀企业。

（四）建设美丽乡村，提升村民群众获得感、幸福感

花都区持续推进示范带基础设施建设，着力改善农村人居环境，积极营造乡风文明氛围，建设更加美丽宜居乡村。

1. 提升农村基础设施建设水平

示范带依托全长13.5公里的“花漾年华”乡村振兴大道建设，对沿线农房风貌、绿化美化、重要节点、出入口、高速公路桥梁桥墩进行提升改造，增加沿线标识系统，完善公交站、垃圾站、驿站、小公园、视频监控系统等基础设施，布局住宿、餐饮、停车场等服务设施。

2. 实施人居环境整治工作

实行垃圾分类党员网格化管理，探索形成“厨余垃圾不出村”的“竹洞模式”，该模式获住房和城乡建设部高度肯定，被央视“朝闻天下”栏目予以专题报道。

3. 开展乡风文明建设

深入开展“文明村”创建，深挖古村民俗、故居遗址等历史人文资源，建成洪熙官纪念馆并对外开放，并组建讲解员队伍。开展洪熙官武术文化节、盆景艺术节等节日民俗和乡村文化娱乐活动，丰富村民文化休闲生活，促进乡村文明发展。竹洞村获评广东省文明村。

4. 提升公共服务水平

为让更多市民享受“花漾年华”乡村振兴示范带建设的成果，花都区推出“花漾年华”乡村生态游精品线路，印制线路导览图，开通公交专线，沿线打造5个精品驿站，精准呈现示范带的景点、美食、特产、民宿。

三　“花漾年华”乡村振兴示范带提质升级路径

（一）完善规划设计，加强统筹协调

1. 完善规划设计

因地制宜开展“多规合一”实用性村庄规划编制工作，科学划定村庄规划区、农业发展区、农民居住区与生态保护区，立足村庄现有基础开展乡村建设。扎实做好农房管控，建立健全违法用地和违章建筑查处机制，坚决整治农村乱占耕地建房、废弃猪牛栏霸地、随意圈地建房等突出

问题，对清拆出来的空地引导建设“四小园”。分类分地区制定农房和风貌提升指引，统筹推进存量农房微改造和新建农房风貌塑造。改变单个节点单一业态的现状，深度融合发展壮大休闲农业、体验农业、创业农业等新业态新模式，延长产业链、提升价值链。支持有实力的社会资本投入，立足乡村发展实际和乡村建设现状，稳妥有序探索提供区域性系统性解决方案。

2. 注重品牌建设

整体深化打造“花漾年华”公共品牌，示范带内各节点统一标识，加大宣传推介力度，扩大品牌社会影响力。鼓励示范带内龙头企业打造企业品牌和特色优质农产品品牌，积极组织参加国内外展示展销，充分运用电商、实体店等销售渠道进行品牌推介，扩大社会影响力，不断提高品牌美誉度。

3. 加强统筹协调

目前示范带村庄建设的重点仍在基础设施领域，如村庄绿化、道路亮化等，在生态、乡风文明等领域投入还不充分，村庄和产业文化内涵挖掘不深，品牌特色、创意联动不突出。乡村振兴牵涉的部门很多，要发挥好领导小组牵头抓总的作用，健全议事协调、督查考核等机制，让各部门各展所长，互相补位，形成工作合力。

（二）打通政策堵点，灵活土地配置

1. 创新供地政策

以项目为主导，创造条件落实“点状供地”政策，强化土地要素保障，扎实推进产业振兴。对位于城镇开发边界以外，但确实需要使用国有建设用地的乡村振兴项目，争取在不占用永久基本农田和生态保护红线等控制区域的情况下，建立与都市现代农业产业发展相配套的用地保障机制；对于绿色生态、前景光明的优势农业产业，积极给予配套支持，保障先进栽培方式所需的硬化土地需求；合理研究出台土地流转政策和指引，在保证村民利益的前提下，使租地快到期的农业龙头企业顺利和村民协商

签订新的土地流转合同。

2. 灵活资源配置

在科学规划、合理布局的前提下，注重内部挖潜。进一步加大“僵尸企业”清理力度，将低效建设用地减量化和盘活集体建设用地产生的指标，优先用于龙头企业和现代农业。当前，正在推进的国土空间总体规划已经取消了总规限建区、禁建区划定，主要通过“三区三线”（“三线”即“基本农田、生态保护红线、城镇开发边界”，“三区”即“农业、生态、城镇”三个区域）进行管控，可优先将乡村振兴产业项目划入农业空间，为后续开发建设提供条件，待空间规划批准实施后，可推进项目实施。

3. 探索符合现代农业发展和管理所需的设施农业用地认定范围和标准

对农业设施用地的准入条件、标准（材料、面积、层数等）、数量、年限、用途、监管、到期恢复原状等具体内容进行细化，对违规情况的处罚办法进行研究并公布实施，对使用年限到期后的处置方法和使用单位责任义务等进行明确，稳定企业投资预期和信心，促使现代农业与现代社会发展同步。

（三）优化营商环境，撬动社会资本

“花漾年华”乡村振兴示范带通过财政投入撬动社会资本，现已成功引入保利集团、花卉之都公司、大佳农业、怡境文旅等企业参与示范带建设，对示范带风貌改善及一二三产业融合发展打下了良好的基础。要继续营造良好营商环境，继续发挥财政政策、产业政策的引导作用，引导、保护社会资本投资农业农村的积极性、主动性，更好满足全面推进乡村振兴多样化投融资需求。加大招商引资力度，积极引导鼓励国企、民企等参与乡村振兴示范带建设，参照工业项目管理模式，在现有“一镇一业”“一村一品”的基础上，分别搭建乡村产业重大项目管理平台，对投资达到一定规模的乡村重大产业项目全部进行入库管理，统筹解决用地保障、基础设施、政企服务、联农带农等问题。探索设立金融机构大力支持、社会资本广泛参与、市场化运作的乡村振兴基金，鼓励有实力的社会资本结合地方农业产业发展和投资情

况规范有序设立产业投资基金。充分发挥农业农村部门的行业优势，积极稳妥推进基金项目储备、项目推介等工作，充分发挥在乡村振兴产业发展、基础设施建设等方面的引导和资金撬动作用。加快培育种植大户、家庭农场、农民合作社、农业产业化龙头企业等新型经营主体，着力提升农业产业发展专业化生产、集约化经营和社会化服务能力，完善农业产业服务组织体系，促进新型经营主体力量凝聚和“抱团”发展。

（四）深化联农带农，保障农民权益

着力发挥龙头企业对小微主体的带动作用，建立紧密合作的利益共赢机制，充分尊重农民意愿，切实发挥农民在乡村振兴中的主体作用，把收益更多留在乡村，把就业岗位更多留给农民，带动农村同步发展、农民同步进步。以“花漾年华”乡村振兴示范带内的马岭村为例，依托马岭观花植物园、喜花里、叶海生态园等景观，该村约30栋闲置民居由项目相关企业统一开发运营，月租金由过去的5~6元/平方米提升至12~15元/平方米，企业与村民签订20年协议，租金每3年提升10%；该村一间旧厂房经过改造，变身游客中心，年租金由过去的30万元上涨至121万元，带动集体收入大幅增长；某社稻田经过集中流转统一经营，每亩年租金由1500元提升至2800元。此外，马岭观花植物园还提供了近百个岗位，让一批村民实现了家门口就业。应继续鼓励农民以土地经营权、水域滩涂、劳动、技术等入股，实施高素质农民培育工程和学历提升行动，通过实施“乡村工匠”工程和农业企业家、农村创新创业人才培育计划等，不断拓展农民增收致富渠道。支持农村集体经济组织通过股份合作、租赁等形式，参与村庄基础设施建设、农村人居环境整治和产业融合发展，多举措壮大集体经济。鼓励社会资本采用“农民+合作社+龙头企业”“土地流转+优先雇用+社会保障”“农民入股+保底收益+按股分红”等利益联结方式，与农民建立稳定的合作关系、形成稳定的利益共同体，做大做强新型农业经营主体，健全农业专业化社会化服务体系，提升小农户生产经营能力和组织化程度，让社会资本和农民共享发展成果。

（五）推进治理有效，引领乡风文明

乡村治理方面，强化区、镇、村三级书记抓乡村振兴工作机制，健全完善上下贯通、精准施策、一抓到底的乡村振兴工作体系。强化党建引领的自治、法治、德治相结合的乡村治理体系建设，把党的基层组织建在农业协会上、建在农业产业链上、建在农业合作社上。加快推进农村“三资”等涉及村民权益的各类信息公开制度、信息化建设，积极创建一批国家级、省级的乡村治理示范村。不断拓宽群众参与乡村治理的制度化渠道，让农民真正成为乡村治理的主体、乡村振兴的受益者。乡风文明方面，深层次挖掘村庄的历史文化资源，充分利用旧建筑、古民居、老祠堂等，把历史文化底蕴深厚的传统村落培育成传统文明和现代文明有机结合的特色文化村。制定乡风文明建设的具体指导意见，充分利用好现有文化阵地，引导广大农民传承创新优秀传统文化和乡土文化，大力弘扬社会主义核心价值观，提振农民精气神，凝聚正能量，为美丽乡村建设注入新的活力。

参考文献

[1] 习近平：《坚持把解决好“三农”问题作为全党工作重中之重　举全党全社会之力推动乡村振兴》，《求是》2022 年第 7 期。

[2]《中共中央国务院关于做好二〇二二年全面推进乡村振兴重点工作的意见》，《人民日报》2022 年 2 月 23 日。

[3] 孙荣风、宋晓龙、王冰主编《中国乡村振兴发展报告（2021）》，社会科学文献出版社，2022。

[4] 梁伟：《土地细碎化县域治理：体系构建与实践机制》，《西北农林科技大学学报》（社会科学版）2022 年第 2 期。

[5] 河南省乡村振兴研究课题组、杨秋意：《祥符区坚持党建引领乡村振兴“五措并举”“四轮驱动”的经验启示》，《农村·农业·农民（B 版）》2019 年第 12 期。

[6] 胡海良等：《坚持以“八八战略”为指引　积极探索乡村振兴新路子——浙江省永嘉县乡村振兴调研报告》，《观察与思考》2018 年第 11 期。

后　记

这部蓝皮书是广州行政学院、澳门科技大学开展学术研究与智库合作的新成果。该书的出版缘于一次学术交流访问。2021 年 5 月，应澳门科技大学社会和文化研究所所长林广志教授邀请，我带领广州行政学院代表团来到澳门，就“加强穗澳合作与推动粤港澳大湾区建设发展”议题与研究所的同行进行了广泛的学术交流。访问期间，我和林教授的多次交谈总是绕不开一个话题，那就是：我们可为推动穗澳合作做些什么？基于这种情怀，经过反复讨论，我们最终确定了共同研制出版《广州乡村振兴发展报告》的合作意向。

乡村振兴战略是关系全面建设社会主义现代化国家的全局性、历史性任务。习近平总书记对此深刻指出：“没有农业农村现代化，就没有整个国家现代化。”作为一线城市的广州，始终以粤港澳大湾区中心城市的站位和担当，把乡村振兴作为建设国际一流湾区和世界级城市群的应有之义，使美丽乡村的建设成为满足大湾区居民多种需求、提升城市能级和核心竞争力的战略空间，正努力走出一条超大城市集约高效、业态丰富的现代农业发展之路，不断推动农业高质高效、农村宜居宜业、农民富裕富足。在新时代新征程，广州行政学院理应发挥学术优势和学科优势，加强与各高校和科研机构的合作，以学术促宣传，把广州市乡村振兴的好经验、好做法进行总结提炼，对未来广州市乡村振兴工作提出意见和建议，为市委市政府决策提供有价值的参考。

这个合作项目的成功推进，得到了澳门科技大学副校长庞川教授的大力支持。这本书的出版，离不开社会科学文献出版社祝得彬先生和张苏琴女士等人的辛勤付出。我谨代表编委会对各位领导、作者和编辑老师的努力，对澳门科技大学广州校友会续红会长的大力支持表示感谢！希望以此为契机进一步推动穗澳智库合作迈上新台阶。

由于水平能力有限，本书还有很多不足，敬请读者批评指正！

广州行政学院常务副院长　孟源北

2023 年 3 月　于广州

Abstract

The strategy of rural revitalization is a national major strategy put forward by General Secretary Xi Jin-ping in the report of the 19th CPC National Congress. According to the report of the 19th CPC National Congress, issues relating to agriculture, rural areas, and farmers are fundamental to the national economy and people's livelihood. Thus we must take these issues as a top priority in the Party's work to implement the strategy of rural revitalization. The Report of the 20th CPC National Congress emphasizes again the significance and made a profound discussion and comprehensive plan for promoting rural revitalization. At the same time , the report made an important judgment that "the most arduous and onerous task for building a modern socialist country still lies in the countryside" . It also clarified the profound truth and internal logic of "the nation should be revitalized and the countryside should be revitalized", which the General Secretary Xi Jin-ping has emphasized on many occasions. The Party ' s Central Committee and the State Council have consecutively issued No. 1 documents, making general deployment for giving priority to agriculture and rural development and fully implement rural revitalization in the new stage, charting the course for our work on agriculture, rural areas, and farmers at present and in the future.

As the national center city, Guangzhou has fully implemented the the spirit of General Secretary Xi Jin-ping' important exposition, implementing "high-quality development project of hundreds of counties, towns and villages " put forward by Guangdong Province. Guangzhou has adhered to be problem-oriented and goal-oriented, giving full play to the leading role of Party building, focusing on exploring and exploiting the advantages of "city", the functions of "town" and the characteristics of "village", continuing to build a livable and career-friendly and beautiful countryside. A number of famous towns and products with national influence and competitiveness have been formed, and certain achievements have been made. Guangzhou has earnestly strengthened the Party's overall leadership over the work of "Agriculture, Rural areas, and Farmers", strengthened the political responsibility system of the fifth-level party secretary to grasp rural revitalization, and taken rural revitalization as the "top" project, which the head position must be the "top command" of rural revitalization. Guangzhou has promoted the continuous increase of farmers' income and ensured that the scale of poverty does not occur; consolidated the foundation of food security, advanced the key action of "strengthening the core of ear seeds", and created a plateau of innovation in Lingnan's characteristic seed industry. Guangzhou has strengthened urban modern agriculture, and built national and provincial modern agriculture industrial parks with high standards; fostered and expanded new forms of business such as rural e-commerce, rural tourism, and digital agriculture, and further raised the development level of modern agricultural industry chains such as featured agricultural products, fine flowers, and modern fisheries. Guangzhou has promoted rural development, improved the living environment in rural areas, and shaped the distinctive rural landscape of Lingnan, improved the rural governance system, further promoted the establishment of demonstration zones for rural revitalization based on Party building, comprehensively improved the quality of the "Leading Goose" project, and promoted comprehensive rural revitalization with greater efforts and more concrete measures. In 2022, the total output value of agriculture, forestry, animal husbandry and fishery in Guangzhou was 57.53 billion yuan, and year-on-year increase was 3.2%. Agricultural production and service activities in Guangzhou are becoming increasingly mechanized and refined. In 2022, the output value of agriculture, forestry, husbandry and fishery professional and auxiliary activities increased by 7.8% year-on-year, among which mechanical services, irrigation services, primary processing services of agricultural products and other agricultural services respectively increased by 58.0%, 52.9%, 16.6% and 24.8% year-on-year. By the end of 2022, 220 pure and prepared vegetable enterprises had been established in the city, and the prepared vegetable business has become another bright spot driving the growth of agriculture, forestry, husbandry and fishery professional and auxiliary activities.

This book explains the significance of the strategy of rural revitalization, systematically reviews the main methods of promoting the strategy of rural revitalization in Guangzhou, focuses on summarizing the experience of rural revitalization led by the Party building in Guangzhou, respectively from the aspects of industrial revitalization, talent revitalization, cultural revitalization, organizational revitalization, urban village governance and so on. In addition, special attention is paid to the strengthening of rural Party building, especially the construction of leaders, the Party building of the Economic Union and the ability improvement of the secretary. And this book also introduces the pratice of Conghua about rural organizations revitalization, the pratice of Banmai about red village party building, the experience of Wenchong about activation of nostalgia memory, the model of Zengcheng about retention and development , the model of Panyu about the cantonese opera of heritage protection, and the modern of Huadu about construction of rural demonstration plot .

In 2023, in accordance with the precise policy of "One Area One Strategy", Guangzhou will build the Baiyun, Huadu, Zengcheng and Conghua districts into urban and rural integration development demonstration area, build Huangpu, Panyu, and Nansha districts into benchmarking areas for integrated development of industry and city, build Yuexiu, Liwan, Haizhu and Tianhe districts into leading areas to realize the new vitality of the old city. At the same time, Guangzhou will make every effort to strengthen the function of connecting towns and streets with cities and villages, centralize the resources to build a group of top thousand strong towns in China, to form a group of famous towns and famous goods with influence and competitiveness in the Whole country, continue to build a livable, career-friendly and beautiful countryside,, vigorously promote urban and rural integration planning, construction and management, and open a new situation of agricultural modernization in Guangzhou.

Keywords: Guangzhou; Rural Revitalization; Development of Agricultural Modernization

Contents

I General Reports

Abstract: The "Fourteenth Five Year Plan" period is a key stage for Guangzhou to realize the new vitality of the old city, "four new and brilliant" and consolidate and improve the urban development position, and also an important window period for Guangzhou to comprehensively implement the rural revitalization strategy, implement the general policy of giving priority to the development of agriculture and rural areas, and promote the modernization of agriculture and rural areas to achieve high-quality development. Guangzhou, based on the new stage of development, implements the new development concept, serves and integrates into the new development pattern, adheres to the priority of agricultural and rural development, regards the countryside as the rare resources of international metropolises and an important carrier of urban comprehensive functions, focuses on fine agriculture, fine countryside and diligent farmers, adheres to the development direction of efficient ecological agriculture, deepens the structural reform of agricultural supply side, and continues to promote high-quality agricultural development Integrated development of primary, secondary and tertiary industries, focus on building a provincial and even national pilot area for urban agricultural modernization and a leading area for rural revitalization, promote high-quality and efficient agriculture, rural areas suitable for living and working, and farmers rich and affluent, comprehensively promote the construction of beautiful villages in the new era, take the road of rural revitalization of mega cities with Guangzhou characteristics, and continue to be a good example and model for rural revitalization of the province.

Keywords: Balance Urban and Rural Development; Common Prosperity; Rural Revitalization

Abstract: Guangzhou firmly establishes the working concept that to grasp party building is to grasp development. To grasp development, we must grasp party building. We actively seek the combination of party building and rural revitalization. Focusing on improving organizational strength, we should create a new power engine for party building to lead rural revitalization. We should comprehensively promote the economic and social construction of the party organizations, strengthen the personnel training of grass-roots organizations, create the project of the first secretary stationed in the village, highlight political guidance, and let ideas "enter the heart and promote "; Strengthen organizational guidance and let the industry "flourish"; Guided by innovative mechanisms, rural governance has reached a new level. The main experience enlightenment and countermeasures include: Adhering to the theory as the guide and take continuously to learn and implement the important discussion on the "agriculture, rural areas and farmers" work of General Secretary Xi Jinping as the fundamental principle of promoting comprehensive rural revitalization. Adhering to the guidance of Party building and constantly strengthening the strong leadership of the Party in the "three rural" work in the shaping era are the fundamental guarantee for promoting the overall revitalization of the countryside; Adhering to the people as the center and constantly meeting the new expectations of farmers for a better life is the fundamental purpose of promoting the overall revitalization of the countryside; The fundamental way to promote the overall revitalization of the countryside is to adhere to innovation as the driving force and constantly break the shackles of the system and mechanism to achieve agricultural and rural modernization.

Keywords: High-quality Party Building; Rural Revitalization; Experience Enlightenment

Ⅱ Sub-reports

B.3 Guangzhou Rural Industrial Revitalization and Development Report

— "Vegetable Basket" Project for the Guangzhou-HongKong-Macao Greater Bay Area and Innovation Practices in Modern Agriculture Industrial Systems *Chen Qiaoyu* / 044

Abstract: "Vegetable Basket" project for the Guangdong-Hong Kong-Macao Greater Bay Area is an important measure of Guangzhou in implementing the strategy of building a "dual circulation" development pattern in which domestic economic cycle plays a leading role while international economic cycle remains its extension and supplement. It is also an important pillar for stimulating innovations in modern agricultural systems and serving rural revitalization. In the context of profound changes unseen in a century such as once-in-a-century Covid-19 pandemic, locals wars and conflicts, the "Vegetable Basket" project faces new challenges, and becomes increasingly significant for improving modern agricultural systems. This study deals with bottlenecks and challenges faced by the "Vegetable Basket" project with qualitative and quantitative methods, aiming to serve innovative development of modern agriculture based on Guangzhou's geographical and industrial advantages, improve the production and circulation of agricultural products, lead the high-quality development of Chinese agricultural products, build open upstream and downstream supply chains for modern agriculture, create modern agricultural systems with the "Vegetable Basket" project as the hub, and establish the core position of agricultural products in the dual circulations.

Keywords: Guangdong-Hong Kong-Macao Greater Bay Area; Modern Agricultural System; "Vegetable Basket" Project

Abstract: Talents play a key role in comprehensively promoting rural revitalization. Talents is a solid foundation for the revitalization of rural industry, a basic element for the revitalization of rural culture, a major driving force for the revitalization of rural ecology. Talents plays an important role in comprehensively promoting rural revitalization in Guangzhou. In recent years, Guangzhou has taken multiple measures to promote the revitalization of rural talents , such as adhering to the guidance of Party building, strengthening the introduction of talents and technology, improving policy support, and improving the public service system etc. Which providing an important source of motivation for comprehensively promoting rural revitalization. In particular, Guangzhou implemented the project of "Yangcheng Rural Officials Going to University" to promote the construction of rural development leaders, providing the Guangzhou model and Guangzhou experience of strategic training of rural grass-roots cadres for the whole country. At present and in the future period, in order to accelerate the revitalization of rural talents in Guangzhou, it is necessary to face up the problems and weakness, fully understand the strategic position of the rural talents revitalization, improve the talents mechanism of introduction, cultivation and incentive . Gathering talents from all over the world and to use them. To guide various talents to gather in rural areas, continuously optimize the environment for talent development, and stimulate the vitality of talents.

Keywords: Rural Revitalization; Talent Revitalization; Yangcheng Rural Officials Going to University

Abstract: The revitalization of rural culture is a project to achieve the "two centenary goals" and promote the rural revitalization strategy. It is also a project to benefit the people to meet farmers' expectations for a better cultural life. In 2021, Guangzhou deepened the implementation of the strategic deployment of rural revitalization and the key points of rural cultural revitalization of the CPC Central Committee and Guangdong Provincial Party Committee, and continued to deepen the creation of rural civilization and rural construction actions in Guangzhou. In rural rural ideological and moral construction, excellent traditional culture inheritance, rural development, rural public cultural service performance rich spiritual and cultural life, rural cultural economic boom has made significant progress, but in rural culture service system, to mobilize the efficiency, innovation, professional quality, there is still insufficient talent strength, etc. In 2022–2023, guangzhou further as a whole to develop rural cultural revitalization of each work, further improve the local custom civilization construction, the rural system of public cultural services, continue to intensify development of rural culture industry, to promote cultural and tourism and leisure and the leisure agriculture development, beautiful countryside construction, rural revitalization, the combination of construction of "civilized village" happiness, We will strive to form a rural landscape with unique Lingnan characteristics, and play an important supporting role in realizing Guangzhou's "New vitality of old cities" and "four New Colors" with its unique charm.

Keywords: Revitalization of Rural Culture; Civilization Practice; Cultural Services; the Cultural Industry

Abstract: Social organizations are an indispensable constructive force for rural revitalization. This study focuses on the internal mechanism, policy measures and Guangzhou practice of social organizations' participation in rural revitalization. Through the study of internal mechanism, it is found that social organization is help to enhance rural social trust and promote the prosperity of the industry; It is helpful to balance the contradiction between rural ecological development and rural production and operation subjects, and improve the ecological livability. It is helpful to scientifically enrich farmers' leisure ways and improve the level of rural civilization construction. Through the study of "Guangzhou Policy Measures and Practical Experience", five enlightenments were obtained: First, in the terms of industrial revitalization, rural industrial organizations were taken as the starting point to carry out characteristic industry activities; Second, in terms of ecological livability, pay attention to the coordination and cooperation between internal and external organizations in rural areas to effectively improve the level of rural ecological governance; Third, in terms of rural style and civilization, further establish a new model of collaborative governance, farmers' governance subject, and rule of law governance to effectively improve the level of rural modernization and civilization ; Fourth, in terms of effective governance, it actively promoted the transformation of a single management subject into multi governance subject, effectively improves the level of rural governance. Fifth, in terms of living well, we vigorously carried out warm and activities to effectively increase farmers' income.

Keywords: Social Organization; Rural Revitalization; Guangzhou Experience

B.7 Practice and Trend of Urban and Rural Integration Development in Guangzhou

—The Effect and Experience of Guangzhou's "Village in City" Development under the Background of Rural Revitalization

Li Mingze / 106

Abstract: The 19th National Congress of the Communist Party of China put forward the strategy of rural revitalization, which injected a strong impetus into the integration of urban and rural areas. The "village in city" is the first village "involved" in the process of urbanization, and is the "outpost" of urban-rural integration. In recent years, Guangzhou has accelerated the innovation of ideas, measures and systems, and promoted the development of "urban villages" to achieve significant changes in space transformation, social governance, public services, etc. The practice of the development of "villages in cities" in Guangzhou shows that it is necessary to adhere to and strengthen the leadership of the Party as the fundamental guarantee, take the improvement of people's livelihood as the ultimate goal, and take innovation in social governance as an important starting point. To further promote the integrated development of urban and rural areas, we need to take comprehensive measures in the transformation and upgrading of the industrial structure of "villages in cities", the gathering of talents and elites, the building of a common spiritual home, the improvement of the living environment, and the improvement of the organizational strength of the Party organization.

Keywords: Urban-rural Integration; Rural Vitalization; Guangzhou; "Village in City"

Ⅲ Monographic Studies

Abstract: The key to running China's affairs well lies in the Party. In promoting rural revitalization, rural grass-roots party organizations have the functions of focusing on political guidance, leading rural governance, uniting and mobilizing the masses, and promoting reform and development. However, in practice, there are still problems such as limited political functions, rural governance capabilities, service and leading the masses, and leading rural social change capabilities to be improved. For this, while organizing and strengthening the rural grass-roots party organization system, By developing the new rural collective economy, occupying the ideological and cultural positions in rural areas, embedding the rural governance system to promote rural governance, and improving the system and mechanism, we will continue to improve the organizational, economic, ideological, social and institutional basis for rural grass-roots party organizations to lead rural revitalization, so as to ensure the full play of the leading function of rural grass-roots party organizations and lead and promote rural revitalization, Accelerate the process of agricultural and rural modernization.

Keywords: Rural Grass-roots Party Organization; Rural Revitalization; Leading Function

B.9 Capacity Building of the Secretaries of CPC in Rural Communities under the Background of Rural Revitalization Strategy

Li Zhiqing, He Shaoqing / 135

Abstract: Strengthening the capacity building of the secretaries of CPC in rural communities is the key to strengthen the building of rural primary Party organizations and boost rural revitalization in the new era. Guangzhou earnestly implemented the three-year action plan for strengthening the construction of primary-level Party organizations, adhering to combine the political standards and setting up guidance, overall selection and cultivation of towns and villages, strengthening the foundation and consolidating the core, strict management and positive incentives, Party building leadership and business work, and so on. Those measures have effectively improved the secretaries' comprehensive abilities. However, according to the new requirements of the CPC Central Committee and the Party building in the new era, the secretaries have problems such as their abilities to stress politics and grasp Party building need to be improved, their training and selection channels need to be widened, their training level of professional skills needs to be improved, their quality and efficiency of contacting and serving the masses need to be optimized, and their abilities to resist corruption and prevent degeneration need to be strengthened. In order to strengthen the team of the secretaries and provide a strong organizational guarantee for the comprehensive promotion of rural revitalization, we should take the following measures: improving the secretaries' political quality by strengthening their political experience and practice, controlling the secretaries' ability level from the source by optimizing the selection mechanism, forging the secretaries' ability to perform duties by strengthening their professional training, cultivating a solid mass foundation for secretaries by strengthening their practice exercise, building the secretary's incorruptible defense line by managing them strictly and concerning them deeply at the same time.

Keywords: Rural Revitalization; Rural Primary Party Organizations; Secretaries of party organization

Abstract: In order to promote the rural vitalization, we should strengthen the leadership role of village branch of CPC, and improve the capacity of the village secretaries. The secretaries' capacity-building of Village Branch of CPC still cannot meet the requirement of the new era. The cognition bias in the role and capability requirement of the village secretaries needs to be corrected. We should strengthen the leadership responsibility of the party committee of the higher level, and improve the policy circumstances, to form good surroundings for cultivating career for the village secretaries. We should improve the incentive mechanism, amplify the surveillance mechanism, and improve the training effectiveness, to produce a village secretary team of high quality, who will play a strong leading role of Village Branch of CPC in rural revitalization.

Keywords: Rural Vitalization; Secretary of Village Branch of CPC; Grassroots' Working Ability

Abstract: As a "village-in-city" collective economic organization, The economic association is not only the nerve endings of the Party's organization, but also the cornerstone of Party development at the most basic level. There are 21 economic cooperatives in Liwan District. They are very important to the economic and social development of Liwan District. They usually take not only the tasks of economic development , rural revitalization, but also the responsibility of community-level social governance and public services. So their development is vital to the overall situation of social stability and the optimization of urban governance. And party development of the economic association lies in that the party organization of economic association should be strong and powerful, and the party development of the economic association should be solid and hard. In the context of comprehensively promoting the rural revitalization strategy in the new era, the party development of the economic association needs to strengthen the building , select the best leader and play the role of a battle fortress, then it can full play to the Party's role in leading everything.

Keywords: Economic Association; Party Development; Path Optimization

Ⅳ Case Reports

Abstract: The 19th National Congress of the Communist Party of China proposed to implement the strategy of rural revitalization, and Conghua District implemented the strategy of rural revitalization As the general handle of the work of "agriculture, rural areas and farmers" in the new era, the strategy, in the process of implementation, adheres to the Party building leading the construction of rural revitalization demonstration areas, strengthens the battle fort by gathering the consensus of rural revitalization ideas, and implements projects such as the standardization and grid of Party building, so as to promote rural revitalization by organizing revitalization, and promote Conghua to achieve outstanding achievements in rural revitalization. But at the same time, there are also problems in the grass-roots party organizations, such as the insufficient comprehensive quality of the "head geese" team, the lax implementation of the organizational system, and the inadequate play of the vanguard role of party members. With the further implementation of the rural revitalization strategy, Conghua is required to innovate in the organizational revitalization, make efforts to strengthen the "head geese" team, improve the organizational leadership and combat effectiveness, and finally achieve the overall rural revitalization.

Keywords: Grass-roots Party Organization; Rural Revitalization; Organization Revitalization; Conghua

Abstract: The work of "Red Village Organization Revitalization and Building Red Beautiful Villages" is an important measure to implement the Party's organizational line in the new era, to demonstrate and drive the Party building to promote the rural revitalization in a deep and solid way, to continuously stimulate the vast power of the masses to create a better and happy life with the inheritance of the red spirit, and to consolidate the ruling foundation of the Party in rural areas. Lanhe Town, Nansha District is the hometown of Xian Xinghai, the "People's Musician". The town party committee and government fully rely on red resources, focus on inheriting the red gene, carrying forward the "Star Sea Spirit", coordinate the party building work and digital rural construction, and combine the new characteristics of rural governance, initially explore and form a new path of the party building demonstration project in red famous villages featuring "party building with voice" and "governance with voice".

Keywords: Red Famous Village; Party Building Demonstration Project; Lanhe Practice

B.14 The Status quo, Problems and Countermeasures of Intangible Cultural Heritage Protection and Inheritance in Zengcheng District of Guangzhou

Xia Wensheng, Zou Xiaoqiong and Li Tao / 204

Abstract: Protecting and inheriting the historical tradition and making active use of intangible cultural heritage play an important part in enhancing the comprehensive strength of urban culture and building an example of a strong socialist cultural city. In order to meet the people's yearning for a better life, taking green as the background color, culture as the soul, and industry as the support, Zengcheng District of Guangzhou City has promoted the integrated development of culture, tourism, sports and film and television, built a system of high-quality public cultural services, improved the modern cultural industry system, and created space for high quality culture in the city so that with the city's publicity and reputation enhanced, it is gradually becoming a modern medium-scale ecological city suitable for living, working and traveling. As an urban area with a long history in Guangzhou, Zengcheng has various of cultures and intangible cultural heritages. This report presents the general situation of protection and inheritance of intangible cultural heritage in Zengcheng District of Guangzhou and its development status, from which it condenses immaterial cultural gene, exploring the path of intangible cultural heritage protection, inheritance and development, and detecting the achievements, so as to highlight the profound intangible cultural deposits of Guangzhou, and promote the inheritance and innovation of urban culture by summing up experiences and inspirations. As a modern medium-scale ecological urban area of Guangzhou, Zengcheng should further effectively utilize intangible cultural heritage, assist Guangzhou to play the role of cultural hub in the Guangdong-Hong Kong-Macao Greater Bay Area, and demonstrate the historical accumulation and resource advantages of intangible cultural heritage for Guangzhou to build a strong socialist cultural city.

Keywords: Intangible Cultural Heritage in Zengcheng District; Protecting and Inheriting; Activated Utilization

Abstract: Wenchong Street, Huangpu District, keeps in mind its mandate, adheres to the important concept of building a people's city and a people's city for the people, strives to promote the new vitality of the old city with embroidery skills, focuses on the two themes of "nostalgia" and "spirit", takes the organic renewal of the city as the main line, enriches the connotation of "nostalgia" from three aspects of personal memory, centennial party history, and national rejuvenation, and creates a spiritual highland for inheriting the red gene and carrying forward the traditional culture of family style, It has formed the spiritual coordinate "clocking point" of "Guangzhou Happy Lane", which interprets nostalgia and happiness, bookishness and spirit, renewal and concentration, classics and charm.

Keywords: Nostalgia; City Renewal; Guangzhou Happy Lane

Abstract: Building a national agricultural modernization demonstration zone is an effective way to accelerate agricultural modernization. This research takes the experience exploration of Zhucun Street, Zengcheng District, Guangzhou City, to create the core area of the national agricultural modernization demonstration zone as the research object. It is found that Zhucun Street takes the creation of the golden signboard of Zengcheng silk and rice as the soul, takes the overall revitalization of Zengcheng silk and rice industry as the leading role, and takes the promotion of farmers' resources to participate in the management of new agricultural enterprises as the main starting point, forming an innovative mechanism for sharing rich farmers and new agricultural enterprises, focusing on the prosperity of the industry, The local experience of constructing the "three systems" of modern agriculture. In order to solidly promote Zhucun Street to build a national agricultural modernization demonstration zone, this paper also proposes that Zhucun Street should focus on two strategic positioning of "building a national silk seedling rice modern agricultural industrial park and a national silk seedling rice paddy field pastoral complex", and implement three development strategies of "further promoting rural farmers' capital investment to participate in the innovation of new agricultural enterprise management mechanism; polishing the value brand of Zengcheng silk seedling rice and cultivating a new business model of deep integration of three industries".

Keywords: Agricultural Modernization; Demonstration Zone; Silk and Rice; Zhu Village Experience

Abstract: Cultural revitalization is one of the important contents of rural revitalization. Exploring regional cultural characteristics, especially regional intangible cultural heritage, and establishing a comprehensive local cultural brand featuring intangible cultural heritage is a practical path for rural cultural revitalization. In concept, the creative transformation of intangible cultural heritage in rural revitalization should combine the inheritance of intangible cultural heritage with the continuation of local memory. In terms of mechanism, we should expand the non-genetic inheritance surface and optimize the inheritance mode. On the carrier, various forms of rural creative culture should be developed to cultivate the originality of rural culture.

Keywords: Rural Revitalization; Cantonese Opera; Intangible Cultural Heritage; Creative Transformation; Dagang Town

B.18 Building the Huadu Model of the Demonstration Belt for Rural Revitalization of the "Huayang Age"

Zhao Meiyu / 251

Abstract: Huadu District of Guangzhou City is an important part of the national urban-rural integration development pilot zone, Guangqing junction area of Guangdong Province, and the ecological and cultural tourism cooperation zone in the north of the Guangdong Hong Kong Macao Greater Bay Area. It has good natural ecology, and has unique advantages in developing modern agriculture and implementing the rural revitalization strategy. The "Huayang Age" Rural Revitalization Demonstration Belt has such development advantages as excellent resource endowment, good industrial foundation, and adequate policy supply. Through the practice of leading the Party building, enriching farmers through industry, promoting agriculture through science and technology, and rural construction, it has achieved initial results, providing a reference sample for Guangzhou, Guangdong, and the country to build a rural revitalization demonstration belt. The improvement and upgrading of the construction of the "Huayang Nianhua" rural revitalization demonstration zone can continue to make efforts from the aspects of improving planning and design, strengthening overall coordination, promoting the implementation of the "spot" land supply policy, flexible land resource allocation, leveraging social capital, deepening the linkage between agriculture and farmers to benefit farmers, and so on, so as to promote the revitalization of the whole countryside with radiation, and accelerate the construction of the airport oriented agricultural integration development demonstration zone in Huadu District, Take the lead in building a pilot area for green agricultural development and a leading place for rural revitalization in the Guangdong Hong Kong Macao Greater Bay Area.

Keywords: Huayang Age; the Demonstration Belt for Rural Revitalization; Guangdong-Hong Kong-Macao Greater Bay Area

S 基本子库

SUB DATABASE

中国社会发展数据库（下设 12 个专题子库）

紧扣人口、政治、外交、法律、教育、医疗卫生、资源环境等 12 个社会发展领域的前沿和热点，全面整合专业著作、智库报告、学术资讯、调研数据等类型资源，帮助用户追踪中国社会发展动态、研究社会发展战略与政策、了解社会热点问题、分析社会发展趋势。

中国经济发展数据库（下设 12 专题子库）

内容涵盖宏观经济、产业经济、工业经济、农业经济、财政金融、房地产经济、城市经济、商业贸易等12个重点经济领域，为把握经济运行态势、洞察经济发展规律、研判经济发展趋势、进行经济调控决策提供参考和依据。

中国行业发展数据库（下设 17 个专题子库）

以中国国民经济行业分类为依据，覆盖金融业、旅游业、交通运输业、能源矿产业、制造业等 100 多个行业，跟踪分析国民经济相关行业市场运行状况和政策导向，汇集行业发展前沿资讯，为投资、从业及各种经济决策提供理论支撑和实践指导。

中国区域发展数据库（下设 4 个专题子库）

对中国特定区域内的经济、社会、文化等领域现状与发展情况进行深度分析和预测，涉及省级行政区、城市群、城市、农村等不同维度，研究层级至县及县以下行政区，为学者研究地方经济社会宏观态势、经验模式、发展案例提供支撑，为地方政府决策提供参考。

中国文化传媒数据库（下设 18 个专题子库）

内容覆盖文化产业、新闻传播、电影娱乐、文学艺术、群众文化、图书情报等 18 个重点研究领域，聚焦文化传媒领域发展前沿、热点话题、行业实践，服务用户的教学科研、文化投资、企业规划等需要。

世界经济与国际关系数据库（下设 6 个专题子库）

整合世界经济、国际政治、世界文化与科技、全球性问题、国际组织与国际法、区域研究 6 大领域研究成果，对世界经济形势、国际形势进行连续性深度分析，对年度热点问题进行专题解读，为研判全球发展趋势提供事实和数据支持。

法律声明